THOMAS ADERS

Allah ist groß, die Hoffnung klein

Begegnungen im Nahen Osten

Hoffmann und Campe

1. Auflage 2015
Copyright © 2015 by Hoffmann und Campe Verlag, Hamburg
www.hoca.de
Satz: pagina GmbH, Tübingen
Gesetzt aus der ITC Franklin Gothic und Albertina
Druck und Bindung: GGP Media GmbH, Pößneck
Printed in Germany
ISBN 978-3-455-50360-9

Ein Unternehmen der
GANSKE VERLAGSGRUPPE

Für Hannsky

Inhalt

Vorwort von Jörg Armbruster　9

Das Kalifat des Schreckens.
Auf den Spuren des Islamischen Staats　14
Syrien und Irak

Zum ersten Mal am Nil　41
Kairo und Luxor (Ägypten)

Im Gefrierschrank der Macht　51
Bagdad (Irak)

Schock am Schatt el-Arab　66
Basra (Irak)

Das Kinderzimmer　81
Bagdad

Im Hause Saddam　92
Tikrit (Irak)

Anschlag auf das Rote Kreuz　106
Bagdad

Die Helden von Bagdad	110
Bagdad	
Die Peschmerga	127
Kurdistan	
Buchhalter des Todes	139
Bagdad	
Der Präsident und die Schildkröte	148
Quneitra, Damaskus und Aleppo (Syrien)	
Rückkehr in den Bürgerkrieg	156
Damaskus	
Die Blume auf dem Kindergrab	168
Sanaa und Aden (Jemen)	
Tränen auf dem Dorfplatz	182
Yida und Mundri (Südsudan)	
10 years after	200
Basra	
Fasten mit den Muslimbrüdern	216
Kairo	
Zuckerbrot und Peitsche	226
Riad und Dschizan (Saudi-Arabien)	
Anmerkungen	249
Dank	254

Vorwort
Jörg Armbruster

Ein dieser Tage immer wieder zitiertes Bild: ein Kämpfer der Terrororganisation *Islamischer Staat* in Siegerpose. Angeblich eine Chiffre für den Nahen Osten. Für einige ist es sogar so etwas wie eine Ikone.

Seine schwarze Hose spannt über dem Bauch, die Hosenbeine hat er in seine Militärstiefel gestopft, sein langärmeliges Hemd ist natürlich auch schwarz, darüber eine Weste mit Taschen für Gewehrmagazine, auf dem Kopf eine Wollmütze, schwarz, versteht sich. Sein ungepflegter Vollbart erinnert mehr an zerzauste Schafswolle als an eine Gesichtsdekoration. Irgendetwas scheint er zu grölen, seinen Mund hat er auf dem Foto jedenfalls sperrangelweit aufgerissen, wahrscheinlich stößt er gerade einen dieser Flüche gegen alle Ungläubigen aus. So posiert, dschihadistisch korrekt, ein Kämpfer der Terrorbande *Islamischer Staat* vor dem Fotografen. Denn so sehen sie sich selbst am liebsten: drohend, herrisch, siegessicher. Um seine Macht zu demonstrieren, reckt er mit einer Hand eine Kalaschnikow hoch, mit der anderen schwenkt er die IS-Fahne, auch diese schwarz bis auf das sogenannte Prophetensiegel mit der Schrift: »Es gibt keinen Gott außer Allah.« Und schaut man genau hin, dann kann man auch noch den Koran in der Faust erkennen, die die IS-Fahne umklammert.

Schwarz – die Erkennungsfarbe dieser Terroristen, die versuchen, ein Netzwerk brutalster Gewalt über dieser Region auszuwerfen, die Andersgläubige abschlachten wie Vieh. Schwarz wird aber inzwischen auch immer mehr zum Markenzeichen der arabischen Welt. Nicht mehr das freundliche Grün des Propheten steht für den Islam, es ist zunehmend die Farbe des Todes, die Farbe der Angst und des Terrors. Genau das wollen die Dschihadisten.

Terror und Naher Osten lassen kaum noch voneinander, Islam und Gewalt wachsen immer enger zusammen, zumindest in der Phantasie vieler Nachrichtenkonsumenten im Westen – eine nur schwer aufzuhaltende Folge dieser Brutalisierung jenseits des Mittelmeers. Wenn nämlich aus dem Nahen Osten berichtet wird, dann hat es fast immer mit Tod und Terror zu tun. Kein Wunder, denn IS ist ein neues, so noch nie gekanntes Phänomen, Selbst Bin Ladens al-Qaida hat die eigene Grausamkeit nicht derartig lustvoll zur Schau gestellt, wie es die Medienabteilung von IS liebt, die sich auf Youtube und in einer eigenen Online-Zeitung mit Gekreuzigten und Geköpften brüstet wie ein Fußballverein mit seinen Pokalen. Dabei ist noch nicht einmal klar, ob diese Killer des Kalifen nur die besonders blutrünstigen Enkel Bin Ladens sind oder tatsächlich eine ganz neue Variante des internationalen Terrorismus. Jedenfalls beherrschen diese Kämpfer zurzeit unser Bild von der arabischen Welt wie kaum ein anderes Ereignis, und es droht unwiderruflich zum Zerrbild zu werden. Das schwarze Kriegerkäppi hat gewissermaßen das Palästinensertuch abgelöst. Auch das ist ganz im Sinne von IS.

»Araber müssen Terrorgene haben«, dröhnen inzwischen Stammtische. Oder: »Terrorismus wird denen schon in die Wiege gelegt.« Oder: »Der Islam ist die Religion der Gewalt.« Auf den Pegida-Demonstrationen sind solche Parolen mittlerweile regelmäßig zu hören. Außerdem haben etliche solcher Sprüche die Wirtshäuser schon verlassen und sind Thema ernst zu nehmender Fernsehsendungen geworden. Auch einige politische Parteien entziehen sich immer weniger dem Sog solcher Parolen.

Aus dem Westen starren mittlerweile viele auf die arabische Welt und ihre Muslime, als würden alle 350 Millionen Menschen in den 22 Ländern schwarze Klamotten, eine Kalaschnikow und den Koran unter dem Arm tragen wie der eingangs beschriebene IS-Krieger. Dass dem nicht so ist, braucht eigentlich gar nicht groß erklärt zu werden. Die Kleiderordnung im Orient reicht vom Anzug bis zum Kaftan, vom Abendkleid bis zur Abaya. Schließlich ist diese Welt genauso vielfältig und bunt wie unsere. Ein paar andere Farben vielleicht, etwas zurückhaltender, nicht ganz so schrill wie unsere. Gottesfürchtiger ist das Leben dort allemal als in unserer der Religion entwöhnten Welt. Der Kosmos der arabischen Menschen lässt sich aber genauso wenig über einen Kamm scheren wie der der Europäer. Als hier einst IRA, RAF oder ETA ihre Bomben zündeten, hat niemand in Kairo ganz Europa dafür verantwortlich gemacht. Auch umgekehrt sollte dies eine Selbstverständlichkeit sein – eigentlich.

Doch dank der Massaker des IS, dem Trommelfeuer der Berichterstattung über diese Terroristen und der Neigung der Menschen, Unterschiede möglichst wenig wahrzunehmen, ist mal wieder alles in einen großen Topf geflogen. Dort rührt jeder, der will, um und holt sich am Ende raus, was ihm passt. Im Augenblick sind dies das schwarz uniformierte Schreckgespenst von IS und der angeblich so gewalttätige Islam, dessen wichtigstes Ziel es sein soll, die nichtmuslimische Welt zu unterwerfen.

Tatsächlich aber töten diese Terroristen viel mehr gläubige Muslime als sogenannte Ungläubige. Ihre Vorbilder und Lehrmeister leben allerdings nicht nur in den Höhlen des Hindukusch, sondern auch in den Wüsten Saudi-Arabiens.

Saudi-Arabien? Das ist doch das Land mit dem vielen Öl und deswegen unser »best friend« da unten. Die machen so was? Richtig!

Der in viele Länder der islamischen Welt exportierte Wüstenwahhabismus der Saudis, eine extrem engherzige Auslegung des Korans, ist gewissermaßen der Nährboden und das Vorbild für den Steinzeitislamismus des IS. Das beginnt beim Zwang zur Totalverschleierung der Frauen, geht über das Verbot und die Verfolgung anderer Religionen bis hin zur Todesstrafe durch Köpfen, alles überwacht durch eine mächtige Religionspolizei, die unter anderem auch Geschäftsleute bestraft, die nicht rechtzeitig zu den Gebetszeiten ihre Läden verrammelt haben. Genauso wie die Tugendwächter des IS. Die meisten der rund 1,57 Milliarden weltweit lebenden Muslime können allerdings mit einem solchen Religionspurismus nicht viel anfangen, sind gemäßigt, friedliebend und fromm.

Man muss also schon sehr genau hinschauen, ehe man urteilt über die islamische Welt. Um zu einem ehrlichen Bild zu kommen, ist es also fast zwingend, sich schneller Pauschalurteile zu verweigern, sich stattdessen auf die Schicksale einzelner Menschen einzulassen, auf die Mühen ihres Alltags, auf ihre Hoffnungen, aber auch ihre Verzweiflung. »Allah ist groß«, daran werden die Menschen festhalten, dieser Satz ist Teil ihres Lebens, vielleicht werden sie sich sogar immer stärker an ihn klammern als letztem Rettungsanker. Denn ihre Hoffnung wird immer kleiner, ihre Hoffnung auf ein besseres Leben, auf Perspektiven und auf Würde, besonders seit die Rebellionen auf den Tahrirplätzen der arabischen Hauptstädte gescheitert sind. Die Schicksale Einzelner sollten also bei einem Gesamturteil berücksichtigt werden – nicht umgekehrt. Solche Geschichten erzählt Thomas Aders in seinem Buch. Man darf hoffen, dass sie ein wenig zum Verständnis und zur ideologischen Abrüstung beitragen, dass sie helfen, Stereotype abzubauen und den Blick zu weiten.

Wie aber reagiert die arabische Welt selbst? Sie schaut zu und schweigt, als wäre sie gelähmt, als hätte sich die Erde aufgetan und Monster wären aus der Hölle aufgestiegen. Einzig eine Frau hat dieses Schweigen durchbrochen, Klartext gesprochen und damit die arabische Männerwelt mutig aufgemischt.

Bei der Eröffnung eines Mediengipfels in Abu Dhabi im November 2014 machte die jordanische Königin Rania ihrer Wut über die Medienerfolge der Extremisten Luft: »Eine kleine Minderheit areligiöser Extremisten nutzt die sozialen Medien, um unsere Geschichte umzuschreiben, unsere Identität zu kidnappen und uns zu diskreditieren. Das ist ihre Version der arabischen Welt, ihr Plot, ihre historische Erzählung und Interpretation. Und der Rest der Welt hört und schaut zu. Die Extremisten sind abnorm und abstoßend und müssten jeden Araber kochend vor Wut machen«, hatte sie den arabischen Herrschern zugerufen und dieser hilflosen Männerriege ins Stammbuch geschrieben: »Unser Schweigen spricht Bände, es ist das größte Geschenk für den IS.«

Jörg Armbruster, Januar 2015

Das Kalifat des Schreckens
Auf den Spuren des Islamischen Staats
Syrien, Oktober 2014 / Irak, November 2014

Unser Taxi schraubt sich über steile Serpentinen aus Beirut hinauf in die Hügel, es ist ein Umweg. In der libanesischen Hauptstadt behindern Straßensperren die Fahrzeuge, die auf der großen Ausfallstraße gen Osten unterwegs sind. Vor wenigen Tagen gab es mehrere Sprengstoffattentate im schiitischen Hisbollahviertel Harek Hreik, die Nerven der Sicherheitskräfte sind zum Zerreißen gespannt. Die Hisbollah, die »Partei Gottes«, kämpft an der Seite des syrischen Regimes und ist den sunnitischen Extremisten von al-Qaida, al-Nusra und dem sogenannten *Islamischen Staat* ein Dorn im Auge.

So kommen wir durch kleine Stadtteile, die ich noch nie zuvor gesehen habe. Feigenbäume, blühende Bougainvilleabüsche und Pinien säumen unseren Weg wie ein Verabschiedungskomitee. Immer weniger Häuser sind zu sehen, die Steigung ist jetzt so groß, dass eine Bebauung kaum möglich wäre. Plötzlich öffnet sich der Blick, und unter uns liegt Beirut – pastellfarben, dazwischen grüne Flecken Zedernwald. Und dahinter: das Mittelmeer, verschleiert, verschwommen hinter seinen eigenen Ausdünstungen. Von hier oben aus: eine beinahe irreal schöne Szenerie, Bilder, die in Deutschland nur die wenigsten mit dem Nahen Osten verbinden.

Unser Ziel ist Syrien – zum achten Mal seit dem Ausbruch des Bürgerkriegs. Es ist für Journalisten eines der heikelsten Länder auf der Welt, unsere schusssicheren Westen und das Atropin als

Gegengift bei einem Einsatz von Chemiewaffen liegen griffbereit im Kofferraum. Ich sehe auf die Schönheit Beiruts und versuche mir die syrische Stadt Maalula vorzustellen, zu der wir reisen wollen. In dem christlichen Wallfahrtsort hielten bis Ostern 2014 Gotteskrieger der al-Nusra-Front mehrere Viertel besetzt und trieben in den Klöstern ihr Unwesen. Wie sieht der Ort nun aus, über den so viel berichtet wurde?

Wir fahren aus dem Felsmassiv des küstennahen Libanon-Gebirges hinunter in die saftig grüne Bekaa-Ebene und dann wieder hinauf zur Gebirgskette des Anti-Libanon im Osten. Etwa eine Stunde brauchen wir bis zur syrischen Grenze. Am Grenzübergang Jdeideh stehen nur ein Dutzend Männer und Frauen an den Passschaltern, bei unserem letzten Aufenthalt im Juni warteten dort noch Hunderte. Kaum jemand will jetzt mehr nach Syrien. Unser Gepäck wird wenig später äußerst gründlich untersucht, wie jedes Mal bei der Einreise. Die Grenzsoldaten suchen nach BGAN-Laptops, mit denen man per Satellitenverbindung Beiträge direkt in die Redaktionen schicken und von fast überall auf der Welt Livegespräche führen kann. Natürlich liegt das nicht im Interesse des Regimes von Baschar al-Assad, und wir verzichten sogar auf den Importversuch, denn sonst könnten wir gleich wieder umkehren. Interessanterweise werden sogar unsere zwei Bodytracker beschlagnahmt. Wenn man sie aktiviert, ermitteln sie per Satellitenortung unsere Position und senden die Daten an einen Server. Unsere Kollegen in Kairo und Stuttgart können so auf dem Monitor immer genau verfolgen, wo wir uns gerade aufhalten. Eine Sicherheitsmaßnahme in Krisengebieten, die in diesem Falle aber nicht zum Tragen kommt.

Überall Poster von Baschar al-Assad, alleine auf unserer Seite der Gepäckkontrolle zähle ich 45: Baschar grüßend, lächelnd, sprechend. Baschar in Anzug, Militäruniform, Hemd. Baschar mit Sonnenbrille, Baschar, wie er ernst ins Ungewisse schaut.

Baschar der Freund, Baschar der Landesvater. Wir haben auf unserer ersten Syrienreise im Januar 2012 eine Druckerei in Damaskus besucht, die diese Art von Devotionalien seit dem Putsch von Vater Hafez al-Assad zu verantworten hat, also seit 1970. Im Hamidie-Souk an der Umayyaden-Moschee drucken Vater Shafiq und Sohn Radvouan Mousolie in ihrem Familienbetrieb, Mindestabnahme 100 Stück pro Motiv. Sie waren nicht untätig seit meiner letzten Reise im Sommer, ein braun gehaltenes Plakat im Orientstyle kannte ich noch nicht.

Dann lassen wir die Grenze hinter uns. Die Autobahn öffnet sich, unser Fahrer Majid drückt auf die Tube, doch nur sehr kurz. Bis zum ersten von gefühlten zwanzig Checkpoints. Der zuständige Soldat lässt sich auch von unseren offiziellen Papieren der syrischen Behörden nicht beeindrucken und geht erst mal telefonieren. Wir warten derweil untätig am Straßenrand, bis er zügig zurückkommt, sich entschuldigt und uns unterwürfig eine gute Fahrt wünscht. Irgendwann tauchen rechter Hand die beiden Vororte Al-Moadameyya und Dareyya auf. Hier sind wir 2013 einmal zwischen die Fronten geraten, links stand Assads Artillerie, rechts die Rebellen. Heute jedoch: keine Militärbewegungen, nur eine schwarze Rauchwolke über der Siedlung, es könnte sich auch um einen Fabrikschornstein handeln.

Damaskus kommt mir vor wie immer: geordnet, sauber, beinahe still. Kein Gehupe wie in Kairo, die Autos halten vor Ampeln sogar an. Auf den ersten Blick eine Hauptstadt, die sich vor allem durch ihre Aufgeräumtheit von anderen Metropolen des arabischen Raums unterscheidet. Die Menschen nehmen ihre Busse, schlendern mit Softeis über die Bürgersteige, sonnen sich in den Parks, trinken Macchiato und rauchen ihre Wasserpfeife. Selbst die zweistöckigen Schutzmauern vor dem Informationsministerium sind fein säuberlich in den Farben Syriens bemalt: rot, weiß und schwarz mit zwei grünen Sternen in der Mitte.

Als wir vor dem Eingang des Hotels *Dama Rose* parken, zeigt Producer Mumtaz nach oben auf die Fassade des Gebäudes. Neben dem Büro seines Freundes von der Nachrichtenagentur AP prangt ein riesiger schwarzer Fleck. Vor etwa einer Woche wurde das *Dama Rose* wieder einmal von einer Mörsergranate getroffen. Wir passieren eine besonders straffe Sicherheitskontrolle mit wünschelrutenartigem Sprengstoffdetektor, unser Gepäck wird geröntgt. Und dann betreten wir die glänzend gewienerte Marmorlobby, in der uns grausam pathetische Keyboardmusik begrüßt – auch das ist nichts Neues.

Beim Aufstehen und dem gemeinsamen Frühstück hören wir massives Artilleriefeuer ganz in unserer Nähe, Kameramann Martin Krüger, Cutter Frank Sauer und ich zucken jedes Mal zusammen. Um zehn nach zehn, als wir gerade unseren Wagen mit dem Equipment beladen, erfolgt eine Salve von Schüssen.

»In or out?«, fragt Frank besorgt.

»Outgoing«, beruhigt der Syrer Mumtaz.

Die Medienbeauftragte des Informationsministeriums, die wir im Anschluss treffen, spricht ein hervorragendes Englisch mit britischem Akzent. Wir sagen ihr, dass wir nach Maalula wollen. Sie werde ihr Möglichstes tun, sagt sie, aber nur mit Begleitung des Militärs. Freundliche Aufmerksamkeit auch angesichts unserer Bitte um ein Interview mit einem möglichst hochrangigen Vertreter der syrischen Regierung. Ansonsten könnten wir im Stadtgebiet von Damaskus drehen, was immer wir wollten. Und das tun wir dann auch.

An einem militärischen Posten, unter einem von einem großen Projektil zerstörten Wasserturm, haben die Soldaten Zeugnisse des Bürgerkriegs gesammelt: Vielleicht 50 Mörser und Granaten liegen auf einem verdorrten Blumenbeet in Haufen, 15 bis 80 Zentimeter lang sind die Geschosse, von den Gegnern mit einfachsten Mitteln zusammengeschweißt und dennoch tödlich. Allein in dem Viertel Dscharamana, in dem wir uns jetzt bewegen, sind seit Ausbruch der Kämpfe im Frühjahr 2011 insgesamt 7000 Sprengkörper niedergegangen, abgeschossen von den Rebellen und den Dschihadisten, die Assad gemeinsam stürzen wollen. Wir erreichen eine Baustofffirma – Ziegelsteine, Kalkberge und Sandhügel versperren zunächst die Sicht, bis wir auf weitgehend freies Feld kommen.

»Duckt euch lieber«, sagt der zuständige militärische Abschnittskommandant.

Nur 300 Meter von uns entfernt verläuft die innerstädtische Front. Eine ganze Häuserkette, fast 100 Meter lang, ist zerbombt und zerschossen worden, offene Wohnungen, deren Trümmer in den Himmel starren. Wie in der Rebellenhochburg Homs, denke ich.

Hier wird es sichtbar: Das Assad-Regime ist so geschwächt, dass es mehr als zwei Drittel seines Landes seinen Gegnern überlässt. Nur noch in ihrer Machtbasis kann die Regierung so viele Truppen aufbieten, dass man von militärischer Präsenz reden kann – etwa von der Stadt Daraa im Süden an der Grenze zu Jordanien über die Hauptstadt bis hin zum alawitischen Kernland rund um den Mittelmeerhafen Tartus. Der Rest ist von den Rebellen der syrischen Opposition, den Kurden und den verschiedenen Fraktionen der Gotteskrieger erobert worden. Doch selbst in der Hauptstadt muss sich die Armee gegen unentwegte Angriffe ihrer Gegner wehren, nicht einmal Damaskus kann Assad kontrollieren. Seit unserem letzten Aufenthalt zur Präsidentenwahl vor vier Monaten hat der Konflikt sich sogar zugespitzt, meine ich zu erkennen. Zum einen haben die Kampfhandlungen in der Hauptstadt wieder zugenommen, zum anderen weitet die syrische Armee ihre Angriffe auf Standorte von Opposition und Islamisten weiter aus. Die frühere Industriestadt Aleppo beispielsweise wird massiv bombardiert und steht offenbar kurz vor dem Fall. Nach der Rückeroberung von al-Qusseir im Juni 2013 und der ehemaligen Rebellenhochburg Homs im Mai 2014 wäre Aleppo für das syrische Regime ein weiterer, diesmal ungleich bedeutenderer Sieg.

Für das Regime Assads ist die Lage nun deutlich komfortabler: Seit dem Erscheinen der äußerst aggressiven und äußerst blutrünstigen Terrortruppe *Islamischer Staat* (IS) bekämpfen sich nun zwei von Assads Gegnern gegenseitig, die Kurden und der IS. Warum sollte sich die syrische Armee dort einmischen? Sie hätte keine Ressourcen dafür, und selbst wenn – solange ihre Feinde sich gegenseitig schwächen und die von den USA geführte Anti-IS-Allianz den Job übernimmt, den *Islamischen Staat* aus der Luft zu bekämpfen, kann der syrische Präsident sich zurücklehnen.

Zu Beginn der Aufstände war die Aussage des Regimes, es handele sich bei den Aufständischen um dschihadistische Terroristen, fraglos eine Lüge. Seit die Gotteskrieger der al-Nusra-Front und des IS aber in Syriens Städten wüten, hat es im Nachhinein jedoch zum Teil recht bekommen. Man fragt sich, warum das Regime nicht endlich zwischen gemäßigten Oppositionellen (auch wenn sie gegen Assad kämpfen) und den wesentlich radikaleren Gotteskriegern unterscheidet und Erstere mit einer Amnestie vielleicht sogar auf seine Seite zurückholt. Doch von einem auch nur verbalen Versöhnungsangebot kann keine Rede sein.

Unsere Reise dient einer 60-Minuten-Dokumentation in der ARD, Ende Oktober 2014. Titel: *Das Kalifat des Schreckens. Bedrohung durch den IS-Terror.* Wie konnte der IS so schnell so groß und mächtig werden, dass er weite Teile des Irak und Syriens kontrollieren kann? Woher kommt das Geld, das er für seine Herrschaft benötigt? Warum gehen immer mehr Freiwillige aus Deutschland und ganz Europa über die Türkei nach Syrien, um sich den Gotteskriegern anzuschließen? Zehn Korrespondenten und Reporter der ARD sind unterwegs, um die Hintergründe dieses erst einige Monate existierenden Phänomens zu analysieren, die Einsätze werden von meiner Heimatredaktion beim SWR in Stuttgart koordiniert. Etliche westliche Fernsehteams stellen jede Woche Anträge, um aus Damaskus berichten zu können, nur unser Team aus Kairo hat es bislang jedes Mal geschafft, dank unserer langjährigen Kontakte.

Termin im alten Damaszener Präsidentenpalast, unsere Gesprächspartnerin ist Buthaina Schaaban. Sie gehörte schon zum engsten Kreis um Baschars Vater Hafez al-Assad, nun ist sie mediale und politische Beraterin des amtierenden Präsidenten im Range einer Ministerin. Was sie sagt, sagt die syrische Führung. Frau Schaaban ist die hochrangigste Vertreterin des Regimes, mit der ich jemals gesprochen habe, darüber kommt nur noch Baschar al-Assad selbst. Sechs bis sieben Minuten Interview hat sie uns vorab zugestanden; ich habe kein gutes Gefühl. Jede zeitliche oder gar inhaltliche Einschränkung empfinden wir Journalisten als Drangsalierung. Da speziell im arabischen Raum unsere Gesprächspartner zudem zu minutenlangen Antworten neigen, erwarte ich von der Unterredung nicht allzu viel. Doch als sie in das Vorzimmer kommt, frisch frisiert und elegant gekleidet, als sie behände, aber nicht eilig auf mich zuläuft und ihr professionellstes Lächeln aufsetzt, als sie Smalltalk macht, während wir die Kamera einrichten und der Fotograf sie nebenbei ablichtet, als sie ganz nebenbei die wichtigsten Fragen zur Gesprächsführung abklärt und in professioneller Weise zusagt, ihre Antworten so kurz wie möglich zu halten – da bin ich tatsächlich gespannt auf das kommende Interview.

»Rolling«, sagt Martin Krüger, die Kamera läuft.

»Wie gefährlich ist der sogenannte Islamische Staat?«, frage ich zur Einleitung.

»Sehr gefährlich!«, sagt die Dame Anfang sechzig. »Denn es handelt sich weder um einen Staat noch ist er islamisch. Er ist eine terroristische Organisation, die Menschen tötet, Menschen abschlachtet, Land okkupiert. Er ist extrem gefährlich – nicht nur für Syrien, sondern für die ganze Welt!«

»Wie konnte der IS so stark werden?« Ich kenne die Antwort, bin aber erstaunt, wie präzise und plakativ sie ausfällt.

»Der IS hätte niemals so stark werden können ohne die Hilfe von Staaten und Ländern, die ihn unterstützt, finanziert und gefördert haben. Seit dem Beginn der Krise in Syrien haben wir oft gesagt, dass die Türkei, Saudi-Arabien und Qatar Terroristen innerhalb unseres Landes finanziert, bewaffnet und unterstützt haben.«

Und nun die Frage, die mir sehr am Herzen liegt: »Wer von beiden Gruppen ihrer Gegner ist gefährlicher: die Rebellen der Opposition oder die Islamisten?«

»Wir haben unter Massakern gelitten – in Idlib, in Aleppo, in Homs –, vor und nach dem Auftauchen des sogenannten Islamischen Staates«, antwortet die Medienexpertin. »Die Oppositionellen und die Dschihadisten haben die gleiche Mentalität: Sie denken alle, dass ein menschliches Leben wertlos ist. Dass sie jede Frau und jedes Kind töten können. Dass sie grauenhafte Massaker verüben können. In Homs haben sie 50 Kinder getötet. In der Schule. Jeder, der sich in einer Gruppe von Kindern selbst in die Luft sprengt, ist nichts anderes als ein Verbrecher – egal, was für einen Namen er verwendet.«

Nach wie vor also wirft die Regierung jeden ihrer Gegner in einen Topf, eine Unterscheidung zwischen Rebellen und Gotteskriegern, zwischen Syrern und ausländischen Kämpfern, zwischen Befürwortern und Gegnern der Demokratie gibt es für Damaskus nicht. Das syrische Regime ist so starr geblieben, wie ich es im Jahr 2005 bei meiner ersten Reise vorgefunden habe. Es erkennt nicht an, dass die syrischen Oppositionellen nichts anderes getan haben als ihre Mitstreiter in Tunesien, Ägypten, Libyen und anderen arabischen Staaten: für eine Befreiung von den verknöcherten Strukturen zu kämpfen, für ein Ende von Korruption, Postenschacher und fortgesetzter Verletzung der Menschenrechte. Nun könnte das Regime – aus einer Position der Stärke heraus – mühelos einen Schritt auf die Rebellen von der Freien Syrischen Armee zugehen, aber ebendas wird unterlassen. Mit fatalen Folgen: Ein Ende des überaus blutigen Bürgerkriegs in Syrien ist unter diesen Voraussetzungen praktisch ausgeschlossen.

Die Augen des Westens und der freien Welt sind meiner Ansicht nach viel zu einseitig auf die Terroristen des Islamischen Staates fokussiert; das Grundübel – die unversöhnliche Haltung der Damaszener Regierung – gerät immer mehr aus unserem Blickfeld. Und das, obwohl dadurch weiterhin Menschen umkommen, von denen wohl die meisten unbeteiligte Zivilisten sind. Fast jeden Tag schmeißt das Regime Fassbomben auf Flüchtlingslager, aber keiner interessiert sich mehr dafür angesichts eines spektakulären Gefechts zwischen dem IS und den Kurden, das die Kameras live ins Haus liefern. Die syrische Regierung kann sich die Hände reiben, weil das Publikum wegschaut und vergisst.

Nach dem Ende unseres ebenso interessanten wie auch letztlich frustrierenden Interviews brechen wir umgehend auf nach Maalula, die Drehgenehmigung kam in der vergangenen Nacht. An diesem Ort sieht die Regierung gerne Journalisten, denn die Bilder und Eindrücke, die sie dort sammeln, können der Verifikation der These, dass ihre Gegner die Bösen sind, nur dienlich sein. Im Wissen, dass man uns benutzen will, besteigen wir unseren Teamwagen und machen uns auf den Weg.

In einem der Armeestützpunkte, in dem man uns sagt, es stehe heute keine militärische Begleitung für uns zur Verfügung, ziehe ich mich in einer Toilette schnell um. Anzug und Krawatte lege ich in eine Plastiktüte und tausche sie gegen Jeans und Hemd aus. Wir haben freies Geleit und fahren in Richtung Nordwesten, die Trasse ist an vielen Stellen in Sandsteinhügel gefräst worden. Von den Parks in der Hauptstadt und den grünen Feldern im Umkreis von Damaskus bleiben nur vereinzelte Olivenplantagen übrig, die Vegetation wird immer wüstenhafter. An einer einzigen Straßenkreuzung mache ich nicht weniger als vier Armeeposten aus, mit Scharfschützen und Panzern.

Zwei-Sterne-General Baschar al-Sharany begrüßt uns in der letzten Militärbasis vor Maalula – groteskerweise unter einer Plastikplane des UNHCR, des Flüchtlingshilfswerks der Vereinten Nationen. Die Armee, letztlich verantwortlich dafür, dass mehr als neun Millionen Syrer und Syrerinnen auf der Flucht sind – im Ausland wie im Inland –, macht es sich gemütlich unter Planen, die für die Notleidenden gedacht sind. Der General inszeniert sich als humoriger Kommandant, er bietet uns Kaffee, Tee und Zigaretten an. Nebenbei will er uns in eine längere Diskussion über Hitler, Rommel und die deutsche Militärgeschichte verwickeln, doch wir pochen auf möglichst zügige Weiterfahrt. Heute ist unser letzter Tag in Syrien, morgen früh schon geht es zurück; über Beirut nach Amman, von wo aus wir am Tag danach zu einer weiteren Reportage für die ARD-Dokumentation in den Süden Jordaniens aufbrechen wollen. Nach zehn Minuten entlässt er uns und stellt uns einen anderen General an die Seite, der sich von einem Fahrer im Mittelklassewagen vor unserem Transporter herfahren lässt. An einem weiteren Checkpoint vor den Toren der christlichen Stadt legen wir unsere kugelsicheren Westen an, Level IV, mit Schutz vor Langwaffenmunition mit Vollmantel und Hartkern. Gegen einen Scharfschützen jedoch, so wissen wir, würden sie keinen ausreichenden Schutz bieten.

Maalula kommt aus dem Aramäischen und bedeutet Eingang. Ein massiver Kontrast schon hier zu Beginn, die steilen, felsigen Kalamun-Berge erheben sich ockergelb und majestätisch hinter dem von Granaten und Panzern durchlöcherten Stadttor. Die Spuren der Zerstörung sind nicht zu übersehen. Wir fahren weiter, an Mehrfamilienhäusern vorbei, die nach massiven Treffern stockwerksweise in sich zusammengesunken sind. Je näher wir dem Ortskern kommen, desto deutlicher erscheint eines der Viertel, das sich über einen nahezu kugelrunden Hügel ergießt. Als wir am zentralen Platz aussteigen und die Menschen uns anstarren, fühle ich mich unwohl; meine Schutzweste hätten die Bewohner gebraucht, als die Gotteskrieger ihre Stadt in Schutt und Asche gelegt haben.

»Sehen Sie hier«, sagt ein General namens Iyad, der sich nicht filmen lassen will und der die ganze Zeit über bis zur Rückeroberung an Ostern 2014 hier gekämpft hat, »dieser Tunnel unter der Stadt hat Hunderten von Menschen das Leben gerettet. Durch ihn sind sie aus dem von den Islamisten besetzten Westen zu uns herübergekrochen. Bis die Angreifer das gemerkt haben …«

Der Tunnel ist über eine Länge von drei Häuserfassaden gesprengt worden, niemand konnte danach mehr fliehen. Auch der Bürgermeister Naji Wehbeh denkt mit Grauen an die Zeit der Okkupation durch die Kämpfer der al-Qaida-nahen »Siegesfront« Dschabhat al-Nusra.

»Gleich zu Anfang haben sie zwei Stellungen hoch oben auf den Hügeln erobert«, sagt der offiziell gekleidete, noch sehr junge Gemeindevorsteher mit rauchiger Stimme. »Von dieser idealen Position aus haben sie die Menschen im Westen von Maalula aufs Korn genommen. Gleich am ersten Tag haben sie drei junge Männer erschossen und sechs Menschen gekidnappt.«

Eine Kirche am Platz neben unserem Teamwagen ist zerschossen, der Innenraum wurde durch ein verheerendes Feuer zerstört. Von der Treppe am Eingang, die voller Glassplitter, Ruß und Steinen liegt, erblicke ich das Minarett einer Moschee auf der anderen Straßenseite, auch dieses Gotteshaus wurde von Granaten durchsiebt. Das, was im syrischen Maalula geschehen ist – wie auch in al-Raqqa und in Kobane, im irakischen Mosul und in der Provinz Anbar –, wirkt angesichts dieser Eindrücke auf mich wie ein mittelalterlicher Glaubenskrieg.

Ein Metallschild weist am erhöhten Mittelstreifen des Platzes auf eines der melkitischen griechisch-katholischen Klöster hin. Es ist symbolträchtig auf der Höhe des Ortsnamens durchschossen, von einer Panzergranate mit zehn Zentimetern Durchmesser.

Wir fahren nun über sehr steile Straßen bergan zu jenem Konvent, das mein Korrespondentenkollege Jörg Armbruster 2012 besucht hat, etwa ein Jahr nach Ausbruch des Bürgerkriegs. Damals schon war im Kloster der heiligen Thekla die Angst der Nonnen vor einem Überfall durch die Islamisten mit Händen greifbar. Ein einzigartiger Ort auch heute, nach zwei Seiten sind die Gebäude umgeben von den hoch aufragenden Felsformationen und zum Teil in die natürlichen Höhlen hineingebaut. Von hier aus hat man den wohl schönsten Blick auf die Stadt, die sich an die ockerfarbenen Steilhänge schmiegt.

Durch enge, nur zu Fuß begehbare Schluchten sind die Krieger der al-Nusra-Front genau an dieser Stelle in die Stadt eingedrungen und haben das Kloster eingenommen. Die Islamisten setzten sich hier fest und begannen ihr von maßlosem Hass auf Andersgläubige geprägtes Vernichtungswerk.

Außer dem Militär, das uns auch hierher begleitet hat, finden wir nur zwei Menschen in den Ruinen: einen Architekten, der das Ausmaß der Zerstörungen aufzeichnen und Pläne für eine Rekonstruktion erstellen soll. Er will nicht vor der Kamera sprechen, zu groß ist seine Angst vor einer Rückkehr der Islamisten und ihrer Rache. Und einen Mitarbeiter des Klosters, von Beruf Bäcker. Michael Ouba, selbst gläubiger Christ, hat bis zu den Vorfällen Ende 2013 bei Gottesdiensten assistiert, mit Handwerksarbeiten geholfen und das Brot für die Nonnen sowie die Hostien gebacken. Jetzt räumt er auf, so gut er kann. Unrasiert, seine Hosen fleckig, sein Hemd eingerissen, obwohl die Ereignisse mehr als ein halbes Jahr zurückliegen – als wäre es der sichtbare Ausdruck seines seelischen Zustands. Anders als der Architekt ist Ouba sofort bereit, uns Bericht zu erstatten und durch das Kloster zu führen.

»Als die Kämpfer der al-Nusra-Front hier eingedrungen sind«, erzählt er aufgeregt, »haben sie die 14 Nonnen gekidnappt und das ganze Kloster von unten bis oben zerstört. Sie sehen es überall: Sie haben die uralten Ikonen aus frühchristlicher Zeit zerhackt, das sind unwiederbringliche Unikate gewesen; sie haben die Kirchenglocken abgerissen und mitgenommen; sie haben alle Kreuze auf den Kirchtürmen abgebrochen; und sie haben die bronzene Jesusstatue enthauptet. Schauen Sie sich selbst um, es ist alles kaputt!«

Zunächst gehen wir in die Kapelle direkt neben dem Innenhof, in dem wir Michael Ouba getroffen haben. Schwarz ist die alles dominierende Farbe, die Wände bis hin zur 20 Meter hohen Kuppel mit ihren Fresken sind hinter einer Schicht aus Ruß und Dreck verborgen, von den großen Ölgemälden ist nur ein Haufen verschmorter Holzpartikel übrig. Auf einem Fenstersims: mehrere uralte Bibeln mit kyrillischen Schriftzeichen, bis zur Unkenntlichkeit verbrannt. In der Apsis: ein Maria-und-Jesus-Fresko, das die Extremisten mit Messern bearbeitet und aus der Wand gebrochen haben. Im Hauptraum: ein Porträt, möglicherweise das der Namensgeberin des Klosters, von der aber zwei Drittel fehlen, nur die Beine und ein danebenliegender Löwe sind noch zu erkennen; eine Marienminiatur, deren Gesicht eingedrückt oder eingeschlagen wurde; eine Abendmahlszene, in mehrere Teile zerrissen; Abraham, dem nur noch ein Arm geblieben ist; eine Heilige mit einem Auge.

Natürlich, jede vom syrischen Regime abgeworfene Fassbombe tötet Menschen, der *Islamische Staat* bringt Geiseln um, jede Bombe in einer schiitischen Moschee kostet Menschenleben. Diese Handlungen sind weitaus schlimmer als die Zerstörung von Gegenständen. Und trotzdem: Die bewusste Vernichtung von einzigartigen Kulturschätzen, wie wir sie jetzt im Thekla-Kloster mit eigenen Augen sehen, ist ein Verbrechen, das mich erschüttert. Bis zu 1800 Jahre alt waren die Kunstschätze, die nun für alle Zeit verloren sind, Zeugnisse des frühen Christentums. Über Jahrhunderte kamen Pilger, um sie sich anzuschauen und vor ihnen zu beten. Nun ist das Thekla-Kloster nur noch ein Skelett seiner selbst. Denn – bei weitem schlimmer noch als die Zerstörung einzelner Gemälde oder Bibeln – das spirituelle Zentrum des Komplexes ist nach dem Auftauchen der al-Nusra-Front nicht mehr vorhanden.

Michael Ouba geht vor uns her die Treppen zum Allerheiligsten hinauf. Schleppend, als würde sein Körper sich dagegen wehren, den Ort aufzusuchen. Noch einmal bekreuzigt er sich, bevor er den Vorraum durchmisst: eine der großen, halboffenen Felshöhlen, die so geräumig ist, dass ein Baum dort wächst, seine Äste an der Decke entlang nach draußen zum Licht ragend. Er zieht seine Schuhe aus, wir tun es ihm nach. Drinnen ist die winzige Grabkammer fast stockdunkel, nur der Schein einiger Kerzen lässt ihre steinerne Begrenzung erahnen. Als unsere batteriebetriebene LED-Lampe das Szenarium grell erleuchtet, fällt mein Blick zunächst auf eine Reihe von Ikonen, die jemand fein säuberlich an der Wand aufgerichtet hat, fast keine ist unbeschädigt. Dann sehe ich Michael, er wirkt getroffen, verletzt. Er stöhnt und schüttelt seinen Kopf, als könnte er es noch immer nicht fassen, was die Dschihadisten aus der Stätte des Glaubens gemacht haben.

»Als wir in die Grabkammer kamen, waren die Ikonen in drei Teile zerbrochen, das Grab der heiligen Thekla geschändet, der goldene Schmuck geraubt. Wir haben alle geweint, wir sind bis heute fassungslos.«

Zu mehr Worten ist Michael jetzt nicht in der Lage. Wir verabschieden uns und fahren mitgenommen zurück nach Damaskus. Noch einmal, bevor wir in den Wagen steigen, schweift unser Blick über das kleine Maalula an der syrisch-libanesischen Grenze – früher ein Schmuckstück, heute ein Ort der Trauer. Wie oft schon bin ich mit einem ähnlichen Gefühl abgereist von Stätten der Verwüstung und der Hoffnungslosigkeit? Das Schlimme ist: Seit meinem ersten Aufenthalt in der Region vor mehr als 15 Jahren scheinen es immer mehr zu werden.

Angesichts der vielen Opfer der Unruhen in Tunesien, Ägypten, Libyen dachte man im Jahr 2011, dass der Nahe Osten nicht zur Ruhe kommt, hatte aber zumindest eine Spur von Zuversicht. Dann brach der Bürgerkrieg in Syrien aus, und alles wurde noch viel schlimmer: Mit unfassbarer Brutalität bekämpfte das Regime jeden Gegner, die Zahl der ums Leben bekommenen Menschen durchbrach irgendwann die für unmöglich gehaltene Grenze von 100 000. Als die Gotteskrieger von al-Nusra und anderen Terrororganisationen aus aller Herren Länder in Syrien auftauchten, verübten sie grässliche Massaker an Armeeangehörigen und Andersgläubigen, sie zerstörten schiitische Moscheen und christliche Klöster – wie in Maalula. Massaker geschahen nun auf beiden Seiten, noch einmal hatte die Lage sich zugespitzt. Aber damit noch immer nicht genug: Das plötzliche Auftauchen der Terrororganisation, die sich damals noch ISIS nannte, Islamischer Staat im Irak und in Syrien, im Sommer 2014 hatte eine nochmalige Steigerung von Unmenschlichkeit zur Folge. Die al-Qaida-nahe Siegesfront al-Nusra – lange Zeit für das denkbar Schlimmste gehalten – entpuppte sich als vergleichsweise berechenbare Vorstufe der Mordkommandos des *Islamischen Staates*, wie er sich nach der Gründung des Kalifats im Irak und in Syrien nannte. Massenerschießungen von Soldaten und Zivilisten, Verstümmelungen von Frauen, Enthauptungen von Journalisten und Hilfskräften – nach menschlichem Ermessen ist damit die unterste Stufe der Zivilisation erreicht.

Geradezu bedrohlich nahe kommen wir den Terrormilizen auf einer weiteren Drehreise Ende November 2014 in den Irak. Nach einem Jahr hat das irakische Militär unseren Antrag auf Begleitung der Soldaten in ihrem Antiterrorkampf genehmigt, wir werden in einer Militärmaschine aus Bagdad in die Unruheprovinz Anbar an der Grenze zu Syrien gebracht, die die Milizen weitgehend unter ihrer Kontrolle haben. Die Piloten fliegen ihre Maschine in großer Höhe, denn jenseits des Euphrat, der sich unter uns in ausladenden Seen sammelt, beginnt die Todeszone der Islamisten.

Zum ersten Mal sehe ich die Geländewagen des *Islamischen Staates* in dem Dörfchen Dulab an den Gestaden des Euphrat, das die Extremisten für zwei Monate erobert hatten, bis die Armee Ende Oktober eine Gegenoffensive startete und einige Dutzend Orte zurückeroberte. Es sind aktuelle Modelle, von den Pick-ups ist jedoch nicht mehr viel übrig, Raketen der Armee haben sie zerfetzt. Die Halterungen für die schweren Maschinengewehre auf der Ladefläche sind kaum noch zu erkennen, halbverbrannte Notizen bedecken die Sitze. Wir begehen das ehemalige Hauptquartier der Extremisten in einem Wohnhaus: Farbige Gebetsketten, schlichte weiße Kopfbedeckungen, auf einem Tischchen liegt ein rot eingebundener Koran und auf der Sitzbank unter dem Fenster eine Tüte Pflaster und Medikamentenschachteln.

Banale Zeugnisse eines vermeintlich Heiligen Krieges. Einer der Terroristen scheint demnach unter einem Glaukom zu leiden. Daneben: eine große, grüne Plastikküchenwaage. Damit, sagt mir der lokale Kommandant, sei TNT abgewogen worden für die Minen und Sprengfallen, mit denen der IS die Gegend unsicher macht. Scharfe, runde Metallplättchen liegen auf dem Kühlschrank, die in Ladungen gemischt werden, um die tödliche Wirkung zu potenzieren.

Nur eine Familie ist zurückgekehrt nach Dulab, die anderen scheinen der Kampfkraft der Armee nicht zu trauen – trotz ihrer gerade stolz verkündeten, unbestreitbaren Erfolge. Sollten die Islamisten wiederkommen, so befürchten die Anwohner, könnte sie der Hass der Gotteskrieger mit voller Wucht treffen. Die Familie, die trotz Bedenken dennoch gerade wieder hier lebt, tut es aus finanziellen Nöten. Überall unter den hohen Palmen stehen PVC-Säcke in Reihen nebeneinander. Es ist Erntezeit für die süßen braunen Datteln, die im ganzen Irak geschätzt werden. Würde der Bauer, der in abgetragener Kleidung zusammen mit seinen Kindern unermüdlich arbeitet, jetzt nicht den Ertrag eines Jahres einsammeln, wäre seine Familie völlig verarmt.

Bei dieser Gelegenheit kann ich endlich einige Fragen loswerden, die mir schon seit dem Sommer nicht mehr aus dem Kopf gehen: Warum schafft es die US-geführte Antiterrorallianz nicht, mit dem Problem IS fertig zu werden? Warum gelingt es den 60 angeschlossenen Staaten nicht, den Gotteskriegern Herr zu werden, mit ihren Drohnen und Kampfflugzeugen, indirekt unterstützt vom syrischen und direkt vom irakischen Militär, von Hunderttausenden der schiitischen Freiwilligenmilizen und den kampferprobten Peschmerga? Wenn man einmal von 50 000 Kämpfern des IS ausgeht, dann sind es im Irak höchstens 25 000 bis 30 000. Warum schlägt die Armee mit ihren weit mehr als 200 000 Soldaten die Extremisten nicht einfach in die Flucht?

Und warum nahm sie Reißaus, als der IS im Sommer eine Offensive von Mosul bis vor die Tore von Bagdad startete?

Ich stelle sie dem Kommandeur der lokalen Armeeeinheiten in Dulab und Umgebung. Schaaban Bersan ist ein zupackender Vertreter des irakischen Militärs, er trägt einen dichten schwarzen Schnurrbart, seine Augen lodern vor innerer Energie, seine laute, tiefe Stimme zeugt von natürlicher Autorität. Von seinen Soldaten wird er – nicht zuletzt wegen seines Etappensieges gegen die Gotteskrieger vor einer Woche – als Held verehrt. Und dennoch kommen seine Antworten eher wie Ausreden daher, er schiebt die Schuld für den insgesamt schmachvollen Rückzug der irakischen Armee den dafür verantwortlichen Truppen nördlich der Hauptstadt zu.

»Die Terroristen haben viel bessere Waffen als wir«, sagt er entschuldigend, »und die Grenze zu Syrien ist offen, sodass ihr Nachschub gesichert ist und sie sich zurückziehen können.« Und dann hebt er an zu einer dieser Forderungen, die die eigene Verantwortung abschwächen sollen: »Die Amerikaner sollen mit ihren Flugzeugen die Grenze sichern, dann können wir den Irak befreien!«

In der Nacht können wir beobachten, wie gut die Versorgung der Militärbasis funktioniert. Ein Lkw-Konvoi kommt durch ein Lagertor, 340 Tonnen Lebensmittel und Treibstoff für die Armee.

Von einem solch üppigen Nachschub kann Scheich Naim al-Gaoud, das Oberhaupt des Stammes der Albu Nimr, nur träumen. Wir treffen ihn in der letzten Nacht vor unserer Abreise, als wir schon kurz davor sind, unsere Dreharbeiten für unseren *Weltspiegel* am 3. Dezember 2014 frustriert abzubrechen. Vier Tage hat man uns untätig in Bagdad warten lassen, auch am fünften Tag, an dem wir in die Militärbasis geflogen sind, war aus bürokratischen Gründen und fehlender interner Kommunikation jede filmische Tätigkeit unmöglich. Ein zugesagtes Interview mit dem Verteidigungsminister wurde für unmöglich erklärt, genauso wie ein Helikopterflug zur Front. Selbst der Ausflug nach Dulab – obwohl nicht uninteressant – konnte unsere Interessen als Reporter nicht zufriedenstellen.

Und dann diese Begegnung, die unsere Perspektive verändert: Scheich Naim sitzt im Empfangszimmer jenes spartanischen Wohnhauses, in dem das Militär ihn, seine Assistenten und uns als Gäste untergebracht hat. Vier Telefone klingeln ununterbrochen, seine Helfer fädeln die Anrufer in die Warteschlange ein, manchmal harren sie stundenlang am anderen Ende der Leitung aus. Völlig übermüdet ist Scheich Naim al-Gaoud, Abgeordneter im irakischen Parlament. Dunkle Ringe rahmen seine halbgeschlossenen Augen, er trinkt starken türkischen Kaffee und raucht ohne Unterlass. Monatelang hat Scheich Naim in der Hauptstadt um Unterstützung für seine Albu Nimr geworben, gebeten und gefleht, doch sie wird bis zum heutigen Tage aus fadenscheinigen Gründen verweigert. Weder einen Sack Reis noch eine einzige Patrone haben die Stammeskämpfer bislang erhalten, und doch sind sie es, die sich tägliche Gefechte mit dem *Islamischen Staat* liefern. Wie eine Erlösung aus der Untätigkeit ist es, als Scheich Naim uns gegen Mitternacht verspricht, dass wir ihn morgen früh begleiten können.

Von nun an sind Schutzwesten wieder Pflicht in unserem Team, begleitet von mehreren gepanzerten Militärwagen und etwa zehn Soldaten beginnen wir unsere Reise. Zunächst geht es wie schon am Vortag über die Pontonbrücke über den Euphrat, die die Armee errichtete, nachdem die Islamisten das Original gesprengt hatten. Dann kommen wir durch mehrere Ortschaften, die meisten sind Geisterstädte. Schließlich nehmen wir eine kleine Straße, die uns weg von dem üppigen Grün am Flussufer führt, hinauf in eine verlassene Bergregion. Wir müssen uns festhalten, um nicht gegen die stählernen Türen oder das Dach geschleudert zu werden. Mehrere der Schlaglöcher, erklärt uns Fahrer Abu Mohammed, sind entstanden, als die Armee vor einer Woche die Strecke von über 300 Sprengkörpern geräumt hat. Diese Minen – von denen wir in einem stark gesicherten Bunker in der Militärbasis mehrere Tonnen gesehen haben – waren von den Islamisten vergraben worden, um einen Vorstoß der Armee zu verzögern oder zu verhindern.

Neben der mittlerweile mühsam geräumten Straße steht eine Gruppe von Kühen in der Felswüste, offenbar kurz vor dem Verdursten. »Der Besitzer«, sagt der Fahrer, »ist geflüchtet. Wie die meisten hier.«

Wir erreichen Machbubie, ein kleines Dorf mit einem zentralen, von Häusern umgebenen Platz. Dort haben sich die lokalen Albu Nimr versammelt, ihre Kleidung hängt in Fetzen an ihrem Leib, fast alle sind abgemagert. Kaum noch Nahrung haben sie übrig, in ihrem Abwehrkampf gegen die Islamisten stehen sie auf verlorenem Posten. Man erzählt uns von ungezählten Familien, die vor den IS-Angriffen in die Wüste geflüchtet sind und nun kurz vor dem Verhungern stehen.

Zunächst begrüßen die Männer ihren Scheich wie einen Hoffnungsträger, Maschinengewehrsalven werden vor Begeisterung in den Himmel über der Provinz Anbar geschossen. Jeder der vielleicht 200 Stammeskrieger hat ein Gewehr, viele haben ihre Patronengurte zusammengebunden und tragen sie wie einen martialischen Schmuck. Batterien von Handgranaten überall an der Kleidung, dazu Sonnenbrillen und hoch erhobenes Kriegsgerät – wenn wir nicht wüssten, dass Scheich Naim seine Leute im Griff hat, wäre uns sicher unwohl.

Dann hebt der Scheich zu seiner Rede an, die Krieger gehen kollektiv in die Hocke und hängen an seinen Lippen. Es ist der erste Besuch ihres Anführers seit den furchtbaren Ereignissen der vergangenen Monate. Als die Gotteskrieger in Scharen Anfang Oktober über ihr Stammesgebiet herfielen, töteten sie überall Angehörige der Albu Nimr. Das schlimmste Massaker ereignete sich in der Stadt Hit, die nur zwölf Kilometer von unserem Standort entfernt ist und die die Gotteskrieger bis heute besetzen. Zwei Augenzeugen berichten uns, dass die Extremisten an einem Tag Ende Oktober 250 Menschen getötet haben, sie benutzen dafür ein anderes Wort: abschlachten. Auf einem Platz in Hit wurden die Anwohner zusammengetrieben, in Reihen mussten sie sich hinknien und wurden dann – einer nach dem anderen – erschossen.

»Ich schwöre es«, sagt Allah Karim al-Nimwawi, der alles aus der Distanz beobachtet hat, »es war kein einziger von uns Kämpfern darunter, es waren alles Zivilisten: Schüler, Viehzüchter, Händler.« Ein weiterer Augenzeuge steht dabei, aber obwohl wir ihn bitten, schweigt er zu den Erlebnissen. Er ist – so begreifen wir und lassen deshalb sofort von ihm ab – völlig traumatisiert.

Insgesamt über 1000 Stammesmitglieder sind in den Monaten seit Sommer 2014 bereits von den Islamisten getötet worden, die Albu Nimr sind die Hauptleidtragenden des Antiterrorkampfes im Irak.

Noch immer redet Scheich Naim zu seinen leidgeprüften, hungernden Gefährten, doch die Stimmung ist umgeschwungen. Aggressive Fragen, vorgetragen von mehreren Kämpfern, offene Kritik, maßlose Enttäuschung. Denn ihr Stammesführer hat nach Monaten der Vorbereitung außer Worten der Ermutigung nichts mitgebracht, weder Milchpulver noch Munition, kein Brot, keine Granaten. Ihr Anführer kann sich nur entschuldigen und auf die untätige Regierung verweisen und auf die Armee, die nicht bereit ist, den Albu Nimr etwas von ihrem reichhaltigen Nachschub abzugeben.

Nur noch ganz wenige Mörsergranaten sind übrig, wir fragen,

ob wir sie sehen können. In einem kleinen Häuschen, hinter einer zusätzlichen Mauer gegen Feindbeschuss gesichert, lagern vielleicht 20 Artilleriegeschosse, noch verpackt in Plastikröhren. Sie seien von den Stammeschefs aus eigenen Mitteln angeschafft worden, versichern die Schützen. Wir hatten nicht erwartet, auch noch Zeugen eines Abschusses zu werden, doch offenbar ist dafür gerade eine gute Zeit. Die Männer tragen zwei der Geschosse ins Freie, die ich auf 15 bis 20 Kilo schätze, nehmen sie vorsichtig aus ihrer Schutzhülle und lassen sie in ein etwa ein Meter langes Stahlrohr sinken. Abschussrichtung: Nordnordost, Entfernung 3000 Meter. Ein Lager der IS-Kämpfer. Bevor Kameramann Martin, Producer Mohammed oder ich unsere Ohren geschützt haben, ist der Schütze bereits zu einem am Boden liegenden Seil gegangen, das mit der Lafette verbunden ist, und reißt daran. Nur die Explosion nehme ich wahr und dass der Boden unter mir bebt; die Granate selbst ist in einem Sekundenbruchteil außerhalb meiner Sichtweite. Selbst beim zweiten Abschuss, als ich mich darauf konzentriere, sehe ich nur den Rauchschleier, den sie hinter sich herzieht.

Auf 200 bis 300 Kämpfer schätzen die Albu Nimr ihre Gegner in jener Stellung, auf die die beiden Granaten soeben abgefeuert wurden. Als wir mit Scheich Naim und seiner großen Entourage zur Frontlinie gehen, schlagen mehrfach Granaten nahe des Dorfes Machbubie ein, zum Glück detonieren sie in einem Palmenhain. Wir beschließen jedenfalls, unseren Aufenthalt zeitlich nicht über Gebühr zu dehnen.

Dann sehen wir einen Erdwall, hinter dem die Milizionäre sich verschanzen, davor öffnet sich eine weite Ebene, im Nordwesten eingerahmt von einer Hügelkette.

»Genau vor uns liegen die ersten Stellungen des IS«, sagt der Kommandant, »drei Kilometer von hier entfernt.« Schusswechsel gebe es häufig, eine neue Offensive sei derzeit aber nicht zu befürchten. Die Terroristen hätten die ganze Ebene mit Sprengstoff vermint und so einen schnellen Vormarsch unmöglich gemacht, egal von welcher Seite.

Bevor wir Machbubie verlassen, kehren wir ein letztes Mal zurück auf den Dorfplatz. Die Kämpfer haben – eingestimmt von einem Vorsänger – ihre traditionellen Lieder angestimmt, lautstark und kämpferisch, sie tanzen. Ihre Gewehre ragen trotzig in die Höhe.

Die Albu Nimr seien ein großer und wichtiger Stamm im heutigen Irak, sagt Scheich Naim. Sie sind selbst Sunniten, und umso bewundernswerter ist es, dass sie den radikalsunnitischen Extremisten vom *Islamischen Staat* Widerstand leisten, nachdem sie schon nach dem Irakkrieg 2003 gegen al-Qaida gekämpft haben. Sie wollen keinen Gottesstaat in ihrer Heimat, sie haben sich nach dem Sturz von Diktator Saddam Hussein für einen neuen, demokratischen Irak entschieden. Umso verwerflicher ist es, dass sie von diesem keinerlei Hilfe bekommen. Damit schneiden sich die Regierung und die Armee ins eigene Fleisch. Denn im Kampf gegen die Terroristen agieren die Albu Nimr deutlich effektiver als die Armee, sie stellen es jeden Tag unter Beweis. Im irakischen Antiterrorkampf steht der Stamm weiterhin allein an vorderster Front.

Rund vier Jahre nach den ersten Aufständen im Nahen Osten zerbröckeln die Strukturen vieler Staatengebilde, ob in Syrien, dem Irak, Jemen oder Libyen, um nur die augenfälligsten zu nennen. Andernorts sind bereits die ersten Anzeichen eines Auflösungsprozesses zu beobachten, etwa im Libanon oder in Jordanien. Und in Ägypten und den reichen Golfmonarchien kann eine ähnliche Erosion nur mit massivem Aufgebot von Sicherheitskräften verhindert werden.

Wir beobachten den Zusammenbruch jener Gebilde, die die

Siegermächte nach dem Ersten Weltkrieg – vor allem Großbritannien und Frankreich – am grünen Tisch aufgezeichnet haben. Stammeszugehörigkeit wird immer größer geschrieben, und staatliche Grenzen werden zunehmend negiert. Die Religionszugehörigkeit ist wichtiger geworden als ein Reisepass. Regierungen, hat man den Eindruck, können in der Region leicht abgesetzt werden. Und der Begriff Demokratie, der einige Zeit in den Straßen von Tunis, Kairo, Tripolis, Damaskus, Riad und Manama lautstark zu vernehmen war, ist wieder zum Unwort geworden. Anarchie oder Diktatur – das scheint auf absehbare Zeit das Schicksal der Region zu sein, auch wenn wie in Ägypten zumindest ein positives Resultat der Umbrüche zu verzeichnen ist: Die Menschen lassen sich nicht mehr so einfach den Mund verbieten wie noch vor 2011.

Berechtigte Hoffnung? Vielleicht in einigen Jahrzehnten.

Denn die Internationalisierung und Professionalisierung des islamistischen Terrors, wie wir sie zunehmend seit den Anschlägen in den USA im Jahr 2001, spätestens aber seit dem Erscheinen seiner brutalsten Variante beobachten können, den Milizen des *Islamischen Staates*, wirkt wie ein Katalysator der Auflösungsprozesse. Die Fehler, die die syrische Führung begangen hat, als sie die Schülerproteste gleich zu Beginn des sogenannten Arabischen Frühlings niederknüppelte; die Fehler der irakischen Führung unter dem schiitischen Premierminister Nuri al-Maliki, der jahrelang die kurdischen und sunnitischen Minderheiten übervorteilte; die Fehler der westlichen Welt, die lange fast untätig den Entwicklungen in den beiden Ländern zuschaute; die zynische Haltung der Türkei, die jahrelang die Dschihadisten förderte, um ihren Gegner Assad in Damaskus loszuwerden, bis die Kameras der TV-Sender das Massaker des IS in der syrischen Grenzstadt Kobane in unsere Wohnzimmer übertrugen – alle diese historischen Missgriffe rächen sich heute. Und sie destabilisieren eine der empfindlichsten und anfälligsten Regionen der Welt. Mit bislang unabsehbaren Folgen.

Drei Phasen hatte mein Leben als Fernsehjournalist in der Auslandsredaktion des *Südwestrundfunks*. Von 1998 bis 2005 war ich als Reporter und Vertreter der Korrespondenten Andreas Cichowicz und Jörg Armbruster in der arabischen Welt unterwegs, vor allem im Irak. Von 2006 bis 2011 arbeitete ich als ARD-Korrespondent im Südamerika-Studio mit Sitz in Rio de Janeiro. Und schließlich Phase drei: Seit dem 1. Januar 2012 bin ich als Korrespondent in meine »alte Heimat«, das Studio Kairo, zurückgekehrt. Unsere Zuständigkeit erstreckt sich von Libyen bis zum Irak, von Syrien bis zum Jemen, dazu kommen der Sudan und der Südsudan. Hier habe ich unglaublich viele neue Erfahrungen machen können und hatte die hervorragende Gelegenheit, meine früheren noch einmal nachvollziehen zu können, wie etwa im Kapitel *10 years after* (S. 200). 2003 war ich nach Basra im Südirak als einer der allerersten Journalisten nach dem Krieg gereist, 2013 kam ich zurück an diesen Ort und stellte fest, dass die Gegenwart schlimmer war als die Vergangenheit.

Ich möchte in diesem Buch aus meiner Zeit als Reporter im Nahen Osten über einige für mich bedeutsame Begegnungen mit Menschen berichten, die mich zum Teil bis heute nachdenklich machen. Es sind zumeist Geschichten, die in den Programmen der ARD gesendet wurden, als Bericht und Reportage für *Tagesschau*, *Tagesthemen*, *Morgen-*, *Mittags-* und *Nachtmagazin*, im *Weltspiegel* oder als Teil einer längeren Dokumentation. In allen diesen Fällen aber hatte ich das Gefühl, diesen Begegnungen nicht gerecht geworden zu sein. Meistens weil die Länge der Beiträge in keinem Verhältnis zu der Bedeutung standen, die sie in meinen Augen haben. 150 Sekunden für eine Mutter, die ihre Söhne mehr als zwei Jahrzehnte vor der Welt versteckte? Sechseinhalb Minuten über die tollkühnen Männer der Bombenentschärfungseinheit in Bagdad? Sieben Minuten für Säuglinge und Kinder, die der radioaktiven Strahlenbelastung zum Opfer fallen? Mit jeder dieser Geschichten ist meine Unzufriedenheit über die notgedrungen unzulängliche Berichterstattung ein Stückchen größer geworden.

Ich will daher diesen Begegnungen hier nicht nur mehr Platz einräumen, ich möchte auch das Verhältnis zwischen Schlagzeilen und den Menschen, die dahinter stehen, umkehren: Hier sollen die Frauen, Männer und Kinder stärker im Vordergrund stehen, ihre Lebenssituation, ihre Hoffnungen, ihre Qualen. All das, was nachrichtenrelevant oder historisch ist, soll dazu dienen, die Welt meiner Protagonisten besser zu verstehen.

Die Begegnungen, von denen ich im Folgenden erzähle, haben allesamt in einem arabischen Umfeld stattgefunden und wenden sich immer wieder der gleichen Frage zu: Welche Auswirkungen haben die meist negativen Strukturen auf den Einzelnen? Das Schicksal der Familie Hafez macht auf einer individuellen Ebene erlebbar, dass im Jemen heute viele Kinder an Unterernährung sterben, zeigt aber auch, warum der Staat zu schwach ist, etwas dagegen zu unternehmen. Durch die Begleitung des jungen Muslimbruders Ammar Yasser Hassanein im Kairoer Protestcamp gegen die Absetzung des islamistischen Präsidenten Mursi – wenige Tage vor seiner brutalen Auflösung durch die ägyptischen Sicherheitskräfte – wurde mir die Gedankenwelt der mittlerweile als Terroristen verfolgten Muslimbrüder verständlich, wie auch die Dringlichkeit, sie wieder in den politischen Prozess zu integrieren. Durch die Gespräche mit radikalislamischen Terroristen in einem geheimen Gefängnis im nordirakischen Kurdistan im Jahr 2004 wird bereits zehn Jahre vor der Gründung des irakisch-syrischen Kalifats durch den IS klar, wie menschen- und lebensverachtend diese Radikalen denken und welche Schrecken sie willens sind zu verbreiten.

Der Nahe Osten ist eine der kompliziertesten Regionen der Welt, und ich habe auch heute noch oft das Gefühl, mit meinem Lernprozess am Anfang zu stehen. Und trotzdem: Seit meiner ersten Reise nach Ägypten im Jahr 1998 bis heute habe ich dort mehr erlebt, als mir manchmal lieb war. Im Lauf der Jahre hat sich von Reise zu Reise, von Land zu Land, von Begegnung zu Begegnung langsam aus der Summe meiner persönlichen Erfahrungen ein Gesamtbild zusammengefügt. Dieses ist zwar noch übersät mit weißen Flecken, aber es ist in sich geschlossen. Einige der für mich wichtigsten Momente auf diesem Weg sollen hier hautnah beschrieben werden, ohne eine lückenlose akademische Abhandlung verfassen zu wollen.

Viele der Erlebnisse in Ägypten, Syrien, dem Südsudan, Saudi-Arabien und vor allem dem Irak, auch wenn sie zum Teil mehr als ein Jahrzehnt zurückliegen, habe ich bisher nicht wirklich verarbeiten können. Sie waren zu intensiv. Hier unternehme ich den Versuch, mich diesen Situationen, die mich so stark bewegt haben, noch einmal zu stellen und diesen Menschen, die mich bis heute beschäftigen, noch einmal zu begegnen.

Thomas Aders, Januar 2015

Zum ersten Mal am Nil
Kairo und Luxor, Mai 1998

Ich habe die Augen geschlossen. Der heiße Wind auf meinen Armen und dem Hals. Die Sonnenstrahlen greifen an, wo sie können, beißen sich auf dem Oberarm fest, treiben Wasser aus dem Körper, der sich kühlen will – vergeblich. Nach all den Treppen, die jetzt hinter mir liegen, atme ich noch schwer. Nebenan, einen Schritt entfernt, in den Wandelgängen neben den Säulen, steht wie ein kühler Block der Schatten, man kann ihn durch das Hemd spüren. Ich rieche die Wüste.

Ich bin am Totentempel der Pharaonin Hatschepsut vor dem steil aufragenden Felsmassiv, hinter dem das Tal der Könige liegt. Doch ich kann die vollkommene Schönheit dieser wunderbar erhaltenen Anlage nicht genießen, vor einem halben Jahr hatte der Tempel im Fokus der Weltöffentlichkeit gestanden, denn sechs Aktivisten der radikalen *Gamaa al-Islamiya* hatten hier am Morgen des 17. November 1997 insgesamt 62 Menschen umgebracht, um dem Tourismus den Todesstoß zu versetzen und dadurch das verhasste Regime Mubarak zu treffen. 36 der Getöteten stammten aus der Schweiz, auch zehn Japaner und vier Deutsche gehörten zu den Opfern. Ich hatte als zuständiger Ersatzberichterstatter in Stuttgart mehrere Nachrichtenfilme über dieses Massaker produziert, mit den wenigen aussagekräftigen Bildern, darunter den Punkten, die durch die Wüste rennen, weg von dem Ort, wo die Männer gerade unschuldige Menschen umgebracht haben. Was sind das für Menschen? Was denken sie? Wie denken sie?

Im Mai 1998 bin ich zum ersten Mal für die Auslandsredaktion des SWR unterwegs, zum ersten Mal am Nil, als Vertreter des Korrespondenten im ARD-Studio für die arabische Welt in Kairo. Von dort aus bin ich – auch dies eine Premiere für mich – nach Oberägypten geflogen, nach Luxor, um einen Beitrag über die pharaonische Mumifizierungskunst zu produzieren. Jetzt stehe ich mit geschlossenen Augen auf der ersten Ebene des Tempels, dem Tal zugewandt und der Rampe. Über diesen langgezogenen Zugang vor mir waren die Touristen gekommen, zu Fuß, den Bus hatte der Fahrer abseits auf dem Parkplatz stehen lassen. Genau hier waren die Terroristen in den Tempel vorgedrungen, hatten ihr grausames Werk vollbracht und waren dann geflüchtet, bis die Polizei sie schließlich irgendwo in der sandigen Ebene mit der Hilfe von Anwohnern stellte und erschoss. Seit diesem Attentat befasse ich mich mit dem islamistischen Extremismus und den Menschen, die ihn verinnerlicht haben. Wie waren sie so geworden? War es ihnen egal, dass sie sterben würden? Hätten sie sich selbst Terroristen genannt? Woher kam ihr Hass, woher kamen sie?

Heutzutage kommen die Extremisten aus der ganzen islamischen Welt, von Somalia bis Marokko, vom Libanon bis zum Jemen, von Afghanistan bis Indonesien – und neuerdings verstärkt auch aus Europa. Sie sind so unterschiedlich wie ihre Nationalitäten, aber es gibt eine Art Grundkonsens: die Feindseligkeit gegenüber »dem Westen« und seinen Werten, die radikale Fokussierung auf den genauen Wortlaut des Koran, die Ablehnung jedes Liberalismus. Wer für ein friedliches Zusammenleben der Religionen ist, der zieht sich ihren Hass zu. Ich werde an späterer Stelle noch thematisieren, wie wichtig Saudi-Arabien für die Entwicklung des islamischen Extremismus war, aber in der Neuzeit hat er seine Wurzeln tief im Sande Ägyptens.

Zu Beginn des 20. Jahrhunderts war der Bedeutungsverlust dieses Landes in vollem Gange. Dass Kairo »Umm id-Dunya« genannt worden war, »Mutter der Welt«, traf schon lange nicht mehr zu. Heute ist davon nur übrig geblieben, dass Kairo eine der größten Städte in Afrika ist und Ägypten das bevölkerungsreichste arabische Land. Ende der zwanziger Jahre aber strahlten die politischen, kulturellen und gesellschaftlichen Ereignisse am Nil noch aus in die Region. Damals gründete der Volksschullehrer Hassan al-Banna, ein Gegner westlicher Dekadenz und ein puristischer Anhänger der islamischen Weltsicht, die Muslimbruderschaft.[1]

Zusammen mit sechs Arbeitern der Suezkanalgesellschaft warf er dem ägyptischen König Fuad I. (seit 1922) vor, von Frankreich und mehr noch von Großbritannien abhängig zu sein. Die europäischen Kolonialisten seien seit Jahrzehnten dabei, die Kultur des Landes und den Islam zu verraten und zu verkaufen. Al-Banna und seine Mitstreiter forderten deshalb die Rückbesinnung auf die kulturellen und vor allem religiösen Werte. Al-Banna wandte sich Mitte der dreißiger Jahre in einem offenen Brief an König Faruq (den 16-jährigen Sohn des soeben verstorbenen Fuad) und andere Führungspersönlichkeiten in der arabischen Welt und forderte sie auf, sich für eine durch und durch islamische Gesellschaftsordnung einzusetzen: Auflösung der politischen Parteien, Ende der Trennung von Staat und Religion, Kampf gegen Korruption und inhumane Bürokratie, Einführung der Scharia, des islamischen Rechts, radikale Reform von Verfassung und Gesetzgebung.

Der Islam war zum ersten Mal in der Neuzeit aus den Koranschulen herausgetreten in die Welt, hatte sich eine politische Programmatik gegeben, war initiativ geworden und forderte etwas, statt sich zu beklagen. Die Muslimbrüder waren die ersten islamistischen Aktivisten, und ihr Ruf verbreitete sich wie ein Lauffeuer in der gesamten islamischen Welt. Zusammen mit dem kämpferischen, unerschrockenen, ehrenhaften Ruf der *Ichwan al-Muslimin* verbreitete sich aber auch deren Weltanschauung, die schon in der Entstehungsphase schwer ins Ideologische kippte. In seiner Schrift *Dschihad im Islam*[2] schreibt Hasan al-Banna: »Der Islam erlaubt den Dschihad als ein Mittel, um Unterdrückung zu verhindern, doch die Muslime haben das schon zu lange vergessen. […] Jedermann sollte eifrig und geduldig auf den Tag warten, an dem Allah ihn anrufen wird, damit er seine Bereitschaft zeigt, sein Leben zu opfern. Wir sollten uns alle fragen, ob es einen schnelleren Weg in den Himmel gibt.«

Das ist nicht mehr nach innen, sondern nach außen gekehrt, nicht mehr passiv, sondern aktiv, nicht mehr auf Ausgleich angelegt, sondern auf Angriff. Im Koran ist der Dschihad eigentlich ein innerer Kampf gegen die Sündhaftigkeit; bei al-Banna wird der Begriff transformiert in einen Kampf gegen äußere Feinde. Der Märtyrer wurde zum Vorbild.

Islamistische al-Qaida-Terroristen, mit denen ich im Irak gesprochen habe, äußerten sich ganz ähnlich. Al-Bannas Programmatik, seine Diktion, seine Radikalität, findet sich als Grundgerüst in jeder islamistischen Organisation.[3] Die Muslimbruderschaft hatte einen rasenden Zulauf, Anfang der vierziger Jahre waren es bereits 60 000 Mitglieder, Ende des Jahrzehnts eine halbe Million. Dazu kamen Hunderttausende von Sympathisanten; nicht nur in Ägypten, sondern in der ganzen Region. Kennzeichen der Bruderschaft: die absolute Hierarchie vom obersten Führer bis zum untersten Mitglied. In neuerer Zeit bekleidete Mohammed Badie, der Chef von Ex-Präsident Mohammed Mursi, das Amt des *Murschits*, des Spitzenfunktionärs. Badie droht die Todesstrafe, gegen Mursi sind mehrere Verfahren anhängig.

Die Bruderschaft hatte im Geheimen einen bewaffneten Arm geschaffen, der sich an antibritischen und antiwestlichen Aktionen beteiligte. Als die Beteiligung der Muslimbrüder an

Anschlägen auf verfeindete Politiker von der nationalistischen Wafd-Partei aufgedeckt wurde und ein Staatsstreich in der Luft zu liegen schien, verbot sie der amtierende Premier Mahmoud Pascha im Jahr 1948. Im Dezember des gleichen Jahres kam der Regierungschef bei einem Attentat militanter Muslimbrüder ums Leben. Endgültig war der Bann gebrochen, dass ein Menschenleben unbedingt zu schonen sei. Die Reaktion ließ nicht lange auf sich warten: Nur zwei Monate später wurde der Gründer der Bruderschaft, Hassan al-Banna, in Kairo erschossen, mutmaßlich von Schergen des Königshauses.

Zunächst wurde die Übergangsphase von der Monarchie zur arabischen Republik von den Islamisten unterstützt; doch die Spannungen nahmen nach dem Umbruch im Jahr 1952 stetig zu. Nach einem Attentat der Muslimbrüder auf den neuen Präsidenten Gamal Abdel Nasser im Jahr 1954 wurde die Bruderschaft zum zweiten Mal verboten. Unter den Verhafteten war der neue, noch militantere Vordenker Sayyid Qutb. Sein Ziel, auf das er seine Anhänger einschwor, war die Errichtung eines reinen Gottesstaates um jeden Preis. Er wurde 1966 hingerichtet.

Präsident Anwar al-Sadat, selbst früher ein Anhänger der Muslimbrüder, versuchte nach seiner Amtsübernahme im Jahr 1970 die Konfrontation zu beenden, duldete die Bruderschaft und entließ ihre inhaftierten Mitglieder im Jahr 1971. Über eine Million aktive Mitglieder hatten die Muslimbrüder jetzt, und mehrere Millionen Bewunderer in der arabischen Welt. Gegen Ende der siebziger Jahre war die Bruderschaft zu einem Sammelbecken für islamistisch denkende Araber geworden. Den Jungen, den Wilden, aber war dieser Mainstream zu angepasst. Zwei radikale Gruppen spalteten sich in Ägypten von den Muslimbrüdern ab: zum einen die *at-Takfir wa-l-Higra* (die die Mehrheit des ägyptischen Volkes für ungläubig erklärten und aus dieser Gesellschaft auszogen wie der Prophet Mohammed aus Mekka), zum anderen die *Gamaa al-Islamiya*, deren Ziel es ist, die säkulare ägyptische Regierung zu stürzen und einen Gottesstaat zu errichten. Die ehemals radikalen Muslimbrüder waren endgültig überholt worden.

1981 erschoss der *Islamische Dschihad*, eine Abspaltung der *Gamaa al-Islamiya*, Anwar al-Sadat, den Unterzeichner des Friedensabkommens mit Israel, während einer Militärparade. 1984 wurde der geistige Führer der *Gamaa*, der blinde ägyptische Prediger Omar Abdel-Rahman, aus dem Gefängnis entlassen. Er war ein Anhänger der radikalen Lehren des Muslimbruders Sayyid Qutb und hatte gute Beziehungen zum afghanischen Warlord Gulbuddin Hekmatyar. Zu Beginn der neunziger Jahre kam es in Ägypten zu einer Serie von Attacken muslimischer Radikaler auf Busse, Hotels, Cafés und Kreuzfahrtschiffe, bei denen auch westliche Touristen verletzt oder getötet wurden. 1993 wurde der erste Bombenanschlag auf das New Yorker World Trade Center verübt und drei Jahre später Abdel-Rahman als mutmaßlicher Drahtzieher zu lebenslanger Haft verurteilt, die er bis heute in North Carolina verbüßt. Kurz danach bezeichnete ihn Osama bin Laden in seiner zweiten Fatwa brüderlich als »Mudschahid«, als Gotteskrieger, den die »zionistische Kreuzritter-Allianz« verhaftet habe. Ebenfalls 1996 wurden in einem Luxushotel bei den Pyramiden in Kairo 16 Griechen erschossen. Die Täter waren bewaffnete Terroristen der *Gamaa al-Islamiya*. Im September 1997 starben neun deutsche Touristen und ihr ägyptischer Fahrer bei einer Bombenattacke vor dem Ägyptischen Museum in Kairo. Und schließlich am 17. November 1997: Terroristen der *Gamaa* erschossen in Luxor 58 Touristen und vier Ägypter.

Dies sind ein paar Ausschnitte des Faktengerüsts über die arabische Welt, das ich mir vor meiner ersten Reise für die Auslandsredaktion nach Ägypten zurechtgelegt hatte. In ihrer Tragweite begriffen habe ich all das jedoch erst, als ich selbst in Luxor stand und das Massaker vor Ort nachempfinden konnte. Ein grausamer Kontrast: hier die lange geplanten und eiskalt ausgeführten Morde radikalmuslimischer Terroristen – und dort dieses wunderbare Land im Norden Afrikas mit seinen humorvollen, offenen, gastfreundlichen Menschen. Der Schrecken und die Verzückung – beides ist von Anbeginn bis heute vorhanden, sowohl in Ägypten als auch in den meisten anderen Ländern des Nahen Ostens, die ich im Auftrag der ARD bereise. In diesem Spannungsfeld drohte ich lange, innerlich zerrissen zu werden. Diese Gleichzeitigkeit des Unmenschlichen und des Menschlichen schien keine Schnittmenge zu haben, haben zu können. Mit den Jahren aber gewann ich eine professionelle Perspektive: Es gibt beide Welten, und sie sind auf beinahe mysteriöse Weise miteinander verbunden.

Worte des Hasses gegen »Zionisten und Kreuzritter« finden ihren Platz in der Freitagspredigt einer Moschee in Kairo, die von eigentlich friedliebenden Muslimen besucht wird – der Bodensatz einer antiwestlichen und antisemitischen Propaganda. Rhetorische Brandstiftung, gar nicht so unähnlich den Pamphleten, mit denen Extremisten ihre Überzeugungen dokumentieren. Andererseits: Selbst in den Terrorcamps am Hindukusch, in Syrien oder dem Irak begegnen sich die Extremisten mit ausgesuchter Höflichkeit, bieten ihre Schlafgelegenheit einem anderen Kämpfer an, versorgen ihn aufopferungsvoll bei Verwundungen, teilen ihre letzte Mahlzeit. Gerade diese »Kameradschaft«, dieses Symbol für eine hehre, edle Gemeinschaft, ist heute imstande, Tausende junger Europäer an die Fronten eines »Heiligen Kriegs« zu locken.

Mit anderen Worten: Der Alltag eines Arabers, wo immer er lebt, ist gedanklich meist durchdrungen von Zitaten der Selbstaufopferung in einem Krieg gegen die Feinde des Islam, während viele radikalsunnitische Terroristen – unabhängig von ihren blutigen Handlungen auf den Schlachtfeldern – von ihren Mitstreitern durchaus als ehrliche und vorbildliche Muslime angesehen werden können. Im Guten liegt der Kern des Bösen, und im Terror steckt ein Hauch ethischer Vorbildlichkeit.

Meine Ankunft in Kairo: Ich sehe zum ersten Mal in meinem Leben den Nil. Den letzten Kilometer mit dem Wagen an seinen Gestaden entlang, und wir sind da. Ein unscheinbares, im Niedergang begriffenes Hochhaus vis-à-vis zur *Cornishe*, wie die Uferpromenade in Ägypten genannt wird. Hoch in die 12. Etage, wo ich herumgeführt werde.

Korrespondent Andreas Cichowicz – ein umtriebiger Workaholic, wie er im Buche steht, bestens vernetzt und erstaunlich zuvorkommend – zeigt mir die Kollegen und dann den berühmten Balkon. Auf ihm hat man die schönste Liveposition der ganzen ARD, speziell jetzt, als die Sonne langsam über der Nilinsel Zamalek uns gegenüber untergeht. Nachdem er das ganze Ausmaß meines Nichtwissens begreift, druckt er mir eine Liste mit den wichtigsten Telefonnummern der ARD aus: von *Tagesschau*, *Tagesthemen*, *Nachtmagazin* in Hamburg über das *Mittagsmagazin* in München bis zum *Morgenmagazin* in Köln. Dazu natürlich die vier *Weltspiegel*-Redaktionen.

Obwohl ich außer einem Dreieinhalbstundenflug nicht viel getan habe, bin ich nach all den Eindrücken erschöpft. Als ich mit dem palästinensischen Producer Zafer und dem ägyptischen Kameramann Obaida abends noch ein wenig um die Häuser ziehe, rauche ich die erste Wasserpfeife meines Lebens in einem der Bürgersteig-Teeläden. Der Apfeltabak ist ein Genuss, der Pfefferminztee rinnt wie Öl durch die Kehle, Hände werden geschüttelt, wir reden bis in die Nacht. Der Orient hat mich gefangen. Mein Telefonat nach Hause mit meiner Frau und meiner fünfjährigen

Tochter aus dem Hotelzimmer dauert unfassbar lange, weil ich so begeistert bin. Und weil es noch kein WLAN gibt und kein Skype, habe ich am Ende den Tagesverdienst für dieses Gespräch auf den Kopf gehauen.

Am nächsten Tag ist Andreas Cichowicz schon im Urlaub, und ich bin plötzlich zuständig für das Büro Kairo. Wäre ich am Abend nicht so hundemüde gewesen, ich hätte womöglich vor Aufregung nicht schlafen können. Es ist eine »kleine« Vertretung, sie dauert von Mitte bis Ende Mai 1998. Gerade einmal zwei Wochen. Der momentane Nachrichtenwert des Nahen Ostens ist überdies nicht allzu hoch, denn die nächste Krise lässt auf sich warten. Wir machen vielleicht eine Handvoll *Tagesschauen* und einen längeren Beitrag über Mumien, drehen nicht nur im Ägyptischen Museum in Kairo, sondern eben auch in Luxor, Oberägypten. Keine langen Überzeugungsgespräche sind notwendig, keine komplizierten Finanzierungskonstrukte müssen vorgelegt werden. Im Nahen Osten – so lerne ich bei der Gelegenheit – redet man weniger und macht mehr.

Als ich zum ersten Mal in der Totenstadt der Pharaonen in Theben-West (Qurna) stehe, bin ich überwältigt: Gerade habe ich Kairo zum ersten Mal gesehen und Ägypten und die Kollegen und diesen Verkehr und die Pyramiden und das Landesmuseum und das Hotel und den Khan el Khalili, diesen großen Suk … Und schon bin ich weitergezogen flussaufwärts, nach Luxor. Die Gräber im Tal der Könige, der alte ehemalige Grabräuber, der Tempel von Luxor, die Ausgrabungen von Karnak – all diese Eindrücke lösen sich nicht nur im Minutentakt ab, sondern überlagern sich. Ich brauchte Zeit, sie zu verarbeiten. Aber das ist nicht der Fall. Weder heute noch irgendwann in diesem Jahr, noch irgendwann später in diesem Job.

Dennoch habe ich den Eindruck, dass dieser Job genau das Richtige für mich ist. Auch wenn dieses Leben mich dauerhaft unter Hochspannung versetzen, mir keine Zeit zum Durchschnaufen lassen, mich stets in neue Welten hineinziehen wird, obwohl ich die vorhergehende noch gar nicht zu Ende erlebt und oft nicht einmal verstanden habe. Spannend, ein sich permanent füllendes Gefäß von Geschichten, beinahe eine Überforderung der Sinne. Schon hier in Luxor begreife ich dies und ahne, dass es keine Alternative gibt, sich diesen aufwühlenden Gedanken und Gefühlen zu überlassen – außer man steigt aus.

Was ich nicht weiß zu diesem Zeitpunkt, an dem ich in Theben-West stehe und die Augen geschlossen habe, ist, dass ich später diese Gefühle und Eindrücke mit anderen Orten des Grauens vergleichen werde und eine Übereinstimmung bemerke: Man merkt es einem solchen Flecken Erde an, dass etwas Schreckliches passiert ist. Das Massaker im Tempel der Hatschepsut in Luxor, Oberägypten: Es ist mein erster – wenn auch noch indirekter – Kontakt mit dem islamistischen Terror.

In die Symphonie der Gastfreundschaft, der Farben, Geräusche und Gerüche des Orients, meiner Begeisterung über den Eintritt in eine gänzlich neue Welt – in diese einzigartige Komposition allumfassender Anregung beginnt sich so von Beginn an ein Oberton hineinzuschleichen. Der Ton des unnatürlichen Todes.

Im Gefrierschrank der Macht
Bagdad, November 2002

Im September 2002 war ich wieder einmal in Kairo für meine vielleicht zehnte Nahostvertretung im dortigen ARD-Studio. Es war schon jetzt – vor meiner allerersten Reise in den Irak, die ich mit innerer Unruhe auf mich zukommen sah – eine sehr abwechslungsreiche und spannende Zeit am Nil. Ich berichtete über die unterschiedlichsten Dinge – über die Eröffnung einer militärischen Air Base in Saudi-Arabien (schon das war ein deutlicher Hinweis auf womöglich bevorstehende kriegerische Entwicklungen), über einen fahrbaren Roboter zur Erforschung schmaler Schächte in der Cheops-Pyramide von Gizeh, über das Tal der Wale in der ägyptischen Wüste, wo fossile, gut und gerne 15 Meter lange Walskelette der Gattung *Basilosaurus* im Sand liegen, völlig ungeschützt. Ich produzierte Beiträge über den maritimen al-Qaida-Selbstmordanschlag auf den Öltanker *Limburg* im Jemen am 6. Oktober, über die Eröffnung der prächtigen Bibliothek von Alexandria am 16. Oktober, über die Suche nach vorsichtig zurückkehrenden Touristen nach Oberägypten, fünf Jahre nach dem Massaker von Luxor.

Am 1. November 2002 ging es dann los: Ich sollte den Korrespondenten Jörg Armbruster im Irak ablösen und flog deshalb von Kairo nach Jordanien, in die Hauptstadt Amman. Vom Hotel holte uns der langjährige irakische ARD-Fahrer Salaam am nächsten Morgen ab, gegen 3:00 Uhr in der Frühe, sodass wir etwa zum Sonnenaufgang an der Grenze zum Irak sein würden.

Schon um diese Uhrzeit standen dort riesige, bis nach draußen reichende Menschenschlangen an den Passschaltern. Geduldig, stoisch, schicksalsergeben. Irgendwann, als ich schon nicht mehr daran glaubte, stempelte ein Beamter dann tatsächlich das Visum in den Reisepass.

Sechs Stunden beinahe von der Grenze – an Ramadi vorbei, an Falludscha – bis in die Hauptstadt. Ich überquerte zum ersten Mal den Tigris, einen der beiden Flüsse des Zweistromlands. Wir checkten ein im später einmal so berühmten *Hotel Palestine*, und dann ging es gleich weiter zum Informationsministerium, in dessen Nähe mein Kollege und Förderer Jörg Armbruster und seine Kollegen ein sehr teures Zimmer bezogen hatten, in dem wir nun arbeiten und unsere Beiträge schneiden konnten. Alle Sender mussten tief in die Taschen greifen, denn die irakischen Behörden hatten ein Monopol, das sie sich teuer bezahlen ließen. Überall wuselte es, die italienische RAI, das ZDF, die Schweden, Holländer, Chinesen, Türken, alle waren sie nach Bagdad gekommen, um die Ereignisse zu verfolgen, es roch förmlich nach Krieg. CNN hatte eine eigene Produktionsetage. Das *Cable News Network* aus Atlanta war der einzige westliche Sender, der in der Vorphase des Irakkriegs ein Interview mit Saddam Hussein bekam, nicht mal die BBC hat das geschafft. Offizielle Anfragen wurden von uns eingereicht wie man Lottoscheine abgibt: mit einem Fünkchen Hoffnung, aber in der Überzeugung, dass es keinen Sinn haben würde.

Tareq Aziz zu sprechen, den Vizepremier und engen Berater Saddams, war nicht reizvoll und zu einfach, denn er sprach mit jedem. Einerseits war er rhetorisch sehr begabt und andererseits eitel genug, sich des Medienandrangs insgeheim zu erfreuen. Die Mächtigen im Irak ließen Tareq Aziz auftreten, wenn sie seiner diplomatischen Fähigkeiten bedurften, aber sie hatten mit dem weltgewandten Christen nicht viel gemeinsam – außer der

Machtverliebtheit. Das gesamte Regime war wesentlich brutaler, kälter, kompromissloser und mörderischer als er.

Es waren nur ganz wenige, denen Saddam völlig vertraute, nicht einmal seine Söhne Udai und Qusai gehörten dazu. Einer dieser Privilegierten: Taha Yasin Ramadan. Er war die Nummer zwei des Regimes, schon seit Saddams Machtübernahme 1979 war er Vizepremierminister und seit 1991 auch Vizepräsident. Kaum jemals hatte er ausländischen Medien ein Interview gewährt, und schon gar nicht in dieser äußerst kritischen Phase Ende 2002. Genau das reizte mich, ich richtete alle Energien unseres bescheidenen Studios auf ihn. Die Loyalität des ehemaligen Bankangestellten aus dem nordirakischen Mosul gegenüber Saddam war legendär. Ramadan tat nicht nur das, was Saddam von ihm verlangte, sondern auch das, was der Diktator vielleicht verlangen würde. Als einer der ganz, ganz wenigen hatte Ramadan die verschiedenen blutigen Säuberungswellen des Diktators überlebt, weil er stets das tat, was dieser von ihm verlangte, und wenn es noch so ruchlos war. So war er einer der Hauptverantwortlichen für das Massaker von Dudschail. Nach einem gescheiterten Attentat auf Saddam am 8. Juli 1982 ließ Ramadan 600 Dorfbewohner verschleppen, von denen 148 aus den Gefängnissen und Folterzentren nie mehr aufgetaucht sind. Für dieses Massaker wurde Ramadan im Jahr 2007 hingerichtet, auch Saddam Husseins Todesurteil bezog sich ausdrücklich auf die Ereignisse in Dudschail, es war der erste von zwölf Anklagepunkten.

In der Phase vor dem angekündigten Krieg funktionierte der Staatsapparat perfekt, jedem Team wurde zur Kontrolle ein »Begleiter« zur Seite gestellt. Wir mussten bei ihnen unsere Themen einreichen, und die Chefs im Informationsministerium segneten oder – wie meistens – lehnten sie ab. Stets fragte ich bei unserem Aufpasser Mohammed, einem ernsten, kleinen und pfiffigen

Schiiten, wegen des Interviews nach. Mit Mohammed verband uns nach und nach so etwas wie eine Vertraulichkeit, trotz seiner Funktion, durch die er uns ständig bei der Berichterstattung behinderte. Wir hatten das Gefühl, dass er sich bei seinen Vorgesetzten ehrlich für uns einsetzte. Gleichzeitig machte er uns unmissverständlich klar, dass eine journalistische Überstrapazierung unserer Freiheiten nicht nur für die ARD das Aus bedeuten würde, sondern sehr wohl auch für ihn selbst. Eigentlich nur deshalb haben wir es immer bis zum Äußersten getrieben, aber niemals darüber hinaus. Wir mochten und schätzten ihn, was sich daran zeigt, dass wir Mohammed auch *nach* dem Krieg zu unserem Irak-Produzenten machten. Wenn sich jemand wirklich auskennt, dann er.

Meine Anfrage, Taha Yasin Ramadan zu treffen, war in meinen Augen ein völlig legitimes journalistisches Anliegen, für die Behörden jedoch eine journalistische Anmaßung. Hitzige Debatten waren die Folge. Doch nach einigen Wochen stellte ich meine Anfragen immer öfter fatalistisch und aggressionslos, während die Jungs vom Informationsministerium sie meist gar nicht mehr beantworteten. Sarkasmus hatte Einzug gehalten in unserem Office. Den Wunsch meines Teams, abends endlich essen zu gehen, beantwortete ich öfter mit: »Okay, ich bin dabei! Aber fast hätte ich's vergessen – vorher müssen wir noch kurz zu Taha ...«

Es war der letzte Abend vor unserer Rückreise. Zwei Tage zuvor waren die UN-Gesandten Hans Blix und Mohammed el-Baradei nach Zypern abgeflogen, schließlich hatte der Irak zugesagt, die bald beginnenden Waffeninspektionen nach Kräften zu unterstützen – das letzte verbale Entgegenkommen vor dem offenbar unvermeidlichen Krieg. Unsere Zeit in Bagdad war vorüber, morgen würden wir abgelöst werden vom nächsten Team, wir packten bereits. Verabschiedungsanrufe bei *MomaMimaNama*[4], verbales Händeschütteln mit den Redakteuren und Redakteurinnen, bis zum nächsten Mal. Die Kollegen und ich waren gerade beim Abbauen unseres Schnittsystems, als Producer Mohammed buchstäblich in den Raum stürmte.

»Thomas, wir haben dein Interview!«

»Schade«, sagte ich im sicheren Glauben, mein Überwacher wolle sich über mich lustig machen, »sag denen, wir haben einen Tisch beim Italiener. Vielleicht morgen ...«

»Nein, das ist echt, diesmal.« Mohammed schien zu hyperventilieren. Und das war schon sehr ungewöhnlich.

Ich drehte unbeeindruckt ein Tonkabel in Schlaufen, wendete Mohammed den Rücken zu. Der erhob jetzt seine Stimme so laut, wie ich es von dem Mann der leisen Töne noch nie gehört hatte.

»Thomas, das ist kein Witz! Wir müssen sofort los, der Interviewtermin ist in einer halben Stunde!«

Jetzt erst drehte ich mich langsam um. Neben dem rotwangigen Mohammed, der mit seinen Armen wild gestikulierte, standen Fahrer Salaam und Tonmann Raad. Sie nickten.

Wie wurde der Irak eigentlich vom Liebling des Westens zu dessen Lieblingsfeind, zu einem von ganz wenigen Punkten auf der von US-Präsident George W. Bush definierten Achse des Bösen?

Irakische Generäle stürzten 1958 den irakischen König Faisal II. und gründeten die Republik Irak. Es folgten Putschversuche und Attentate. Dabei spielte die Baath-Partei eine immer größere Rolle. »Einheit, Freiheit, Sozialismus«, lauteten die Schlagwörter der Partei: Einheit der arabischen Nationen, Freiheit von Kolonialmächten, dazu die arabische Form des Sozialismus.

Der aus der Stadt Tikrit stammende Saddam Hussein übernahm in der Partei immer wichtigere Posten, nach Niederlagen und Umstürzen musste er zweimal flüchten. Der letzte erfolgreiche Putsch fand im Juli des Jahres 1968 statt, Saddam gehörte zu den Siegern. Ein Revolutionärer Kommandorat übernahm die

Macht im Staat, die Baath-Partei hatte obsiegt. Nun begannen die blutigen Säuberungen, die von Saddam Hussein durchgeführt wurden, damals zuständig für Staatssicherheit und Propaganda. Hunderte von Todesurteilen wurden vollstreckt, nicht selten öffentlich – um »eine epidemieartige Furcht zu verbreiten«[5]. 1979 wurde Saddam Staatspräsident und Regierungschef, jetzt ließ er nicht auf Geheiß, sondern aus eigenem Antrieb tatsächliche und potenzielle Gegner liquidieren. Er errichtete einen Staat, in dem die Minderheit der Sunniten (20 %) herrschte und die Mehrheit der Schiiten (60 %) und Kurden (15 %) unterdrückte. Der Irak war auf Öl und Angst gebaut.

Auch im Nachbarland Persien hatte sich 1979 Dramatisches ereignet: Der schiitische Ajatollah Chomeini war aus seinem französischen Exil nach Teheran zurückgekehrt und erschuf die bis heute existierende Theokratie im Iran. Die Absetzung des von den USA eingesetzten Schahs Reza Pahlewi und die monatelange Geiselnahme von amerikanischen Staatsbürgern ließen Washington nach einem Verbündeten suchen, um den Iran daran zu hindern, eine unberechenbare Regionalmacht zu werden. Dieser Partner war der Irak. Auf einem Treffen des Sicherheitsberaters von US-Präsident Jimmy Carter mit Saddam Hussein in der jordanischen Hauptstadt Amman wurde eine »heimliche Allianz« geschmiedet.[6] Grenzstreitigkeiten mit dem Nachbarn am Schatt al-Arab (dem Zusammenfluss von Euphrat und Tigris im Süden des Irak nahe der Stadt Basra) nutzte Saddam, um den Iran im September 1980 anzugreifen. Es war der Auftakt zum achtjährigen Ersten Golfkrieg, in dem viele Staaten eine unrühmliche Rolle als Waffenlieferanten spielten, auch Deutschland.[7]

Besonders gravierend: der Einsatz chemischer Waffen gegen die iranische (1987) und die eigene Bevölkerung (1988). Im nordirakischen, kurdischen Halabdscha, direkt an der Grenze zum Iran, ließ Saddams Vetter Ali Hasan al-Madschid – genannt »Chemie-Ali«, der Gouverneur der Nordprovinzen – Senfgas, Sarin und Tabun von Flugzeugen auf das Zentrum der kurdischen Autonomiebewegung abwerfen. Etwa 5000 Menschen starben, drei Viertel aller Opfer waren Frauen und Kinder. Seit spätestens 1975 arbeitete der Irak an der Herstellung von Massenvernichtungswaffen: atomaren, biologischen und chemischen. Auch hier kamen Grundsubstanzen und Know-how aus Deutschland.[8] Bis zum Jahr 1991 hatte der Irak sage und schreibe 3850 Tonnen chemische Kampfstoffe produziert, und 90 Prozent davon in Fliegerbomben und Artilleriemunition gefüllt. Solange der Irak gegen den verhassten Iran kämpfte, war die Kritik aus den westlichen Hauptstädten an der unmenschlichen Kriegführung des Verbündeten auffallend verhalten. Erst als der Irak selbst in Ungnade gefallen war, wurden die Massenvernichtungswaffen zum *casus belli*.

Ende 2002, vor dem drohenden Irakkrieg, stellte sich nicht die Frage, ob Saddam Hussein Massenvernichtungswaffen hergestellt hatte, sondern ob diese vollständig vernichtet worden waren.

Die Infrastrukturen des Iran und des Irak hatten Schäden von jeweils rund einer halben Billiarde US-Dollar erlitten, die Kriegsgegner waren pleite. Als man Saddam seine Schulden nicht erließ, begann er umgehend nach einer Finanzquelle zu suchen, und fand sie schnell: das kleine, reiche Kuwait. Der Emir habe sich durch unterirdische Bohrungen an irakischem Öl gütlich getan, behauptete Saddam. Seine finanziellen Forderungen in Milliardenhöhe würde er notfalls auch militärisch durchsetzen. Man nahm den Diktator nicht ernst – bis der Zweite Golfkrieg begann.

Am 2. August 1990 überfiel der Irak das Öl-Emirat Kuwait mit 100 000 Soldaten. Kurz darauf verabschiedete der Sicherheitsrat der UNO eine Verurteilung der Invasion und ein Wirtschafts-

und Finanzembargo, durch das der Ölexport des Irak schnell zum Erliegen kam. Saudi-Arabien und die Vereinigten Arabischen Emirate ersuchten die USA um Militärhilfe, um ein Übergreifen der irakischen Truppen auf ihre Länder zu verhindern.

Die gegen den Irak gerichtete Koalition (*Operation Desert Storm*[9]) umfasste schließlich 660 000 Soldaten aus 34 Ländern, Deutschland beteiligte sich finanziell und lieferte Militärgerät. Die dreimonatigen Kämpfe von Januar bis April 1991 endeten mit der Niederlage des Irak. Die Folgen sind beträchtlich.

Die Umweltschäden waren immens. Am Ende des Krieges brannten gut 700 der insgesamt 1200 Ölquellen; die irakischen Truppen hatten bei ihrem Rückzug aus Kuwait ein Flammeninferno zurückgelassen. Neun Monate braucht der texanische Löschexperte Red Adair, um die Brände mit Dynamit zu löschen. Acht Millionen Tonnen Öl liefen aus, rund 500 000 Tonnen verbrannten durchschnittlich am Tag, der Qualm enthielt mehrere Tausend Tonnen Schwefeldioxid, Stickstoffoxide und Kohlenmonoxid, dazu Cadmium, Blei, Vanadium und Chrom. Zudem verschossen Amerikaner und Briten Dutzende von Tonnen Geschosse mit schwach radioaktivem, abgereichertem Uran, um den Stahl von Panzern und sonstigen Militärwaffen der Iraker zu brechen. Die umstrittene Munition mit der erhöhten Durchschlagskraft sollte auch im Irakkrieg 2003 wieder eingesetzt werden. Zehn Jahre später konnte ich die verheerenden Folgen im südirakischen Basra selbst erleben (siehe S. 200).[10]

Auch weitreichende Sanktionen waren die Folge. US-Präsident Bush sen. war nicht in Bagdad einmarschiert. Teile seiner US-Regierung hatten ihn vor einem Machtvakuum im Irak ohne Saddam und vor einem Bürgerkrieg zwischen Sunniten, Schiiten und Kurden gewarnt. Ein umfassendes Wirtschaftsembargo sollte verhindern, dass er jemals wieder Waffen produzieren oder kaufen könnte. Dabei war man aber deutlich über das Ziel hinausgeschossen: Trotz des *Oil-for-food*-Programms, durch das der Irak Nahrung für Ölexporte erhalten sollte, begann die Bevölkerung bitter zu leiden. Viele Kinder starben an verschmutztem Wasser, fehlender medizinischer Versorgung oder Unterernährung.[11] Der Irak war zu Beginn des Jahrtausends praktisch auf dem Stand eines Entwicklungslandes gefallen.

Zudem schufen die Vereinten Nationen unmittelbar nach dem Zweiten Golfkrieg die UNSCOM, die »Sonderkommission der Vereinten Nationen«. Alle chemischen und biologischen Waffen des Irak sowie Raketen mit einer Reichweite von mehr als 150 Kilometern sollten aufgespürt und zerstört werden. Die Mission endete 1998 mit gegenseitigen Vorwürfen: Die Iraker behaupteten, die Waffeninspekteure seien Marionetten der USA. Umgekehrt warfen die Kontrolleure dem Irak vor, sie bei ihrer Arbeit an der Nase herumgeführt zu haben. Im März 2000 wurde die Nachfolgemission UNMOVIC (UN-Kommission für Überwachung, Überprüfung und Inspektion) beschlossen.

Und diese sollte nun im November 2002 starten. Wir berichteten intensiv über die Drohresolution 1441 des UN-Sicherheitsrats vom 8. November.[12] Von dem siebenseitigen Text gingen als Kernbotschaft genau zwei Wörter um die Welt: Letzte Chance.

Der Irak habe – so die Resolution – seinen Abrüstungsverpflichtungen nachzukommen: vollständig, umfassend, uneingeschränkt. Jede falsche Angabe oder Auslassung stelle eine weitere erhebliche Verletzung der Verpflichtungen Iraks dar. Für diesen Fall warnte der Sicherheitsrat den Irak vor »ernsthaften Konsequenzen«. Als UNMOVIC-Chef Hans Blix und der Leiter der Internationalen Atomenergieorganisation (IAEO) Mohammed el-Baradei am 27. November 2002 nach Bagdad kamen, war dies ein Vorbote des heraufziehenden Irakkriegs. Es begann die entscheidende Phase der Kontrollen, danach drohte dem Irak eine weitere kriegerische Auseinandersetzung mit den USA und ihren

Partnern. Die bedrohliche Stimmung war in Bagdad überall zu spüren.

Wir hatten während des Blix/el-Baradei-Besuchs beinahe rund um die Uhr gearbeitet: Am Tag ihrer Ankunft zum Beispiel waren wir 13-mal mit neuen Beiträgen im Programm der ARD, vom *Morgenmagazin* bis zum *Nachtmagazin*, mit Beiträgen und vielen Livegesprächen. Zum ersten Mal in meinem Leben stand ich im journalistischen Fokus.

Und jetzt, am allerletzten Abend, als wir schon beim Packen sind, soll auch noch das nicht mehr für möglich gehaltene Gespräch mit der Nummer zwei des Irak zustande kommen. Gerade drei Minuten später sitzen wir in Salaams dickem Geländewagen und fahren durch das abendliche Bagdad. Zwei der drei Minuten habe ich dafür verwendet, die *Tagesthemen* zu verständigen, die ihr Programm umstellen wollen für den Fall, dass wir das Interview tatsächlich liefern können. Kameramann Sherif Asfour, »Aufpasser« Mohammed, Tonmann Raad, Fahrer Salaam und ich – keiner von uns hat jemals in seinem Leben so einen brisanten Termin gehabt.

Wir fahren am monumentalen Regierungssitz vor, es gibt rund ein Dutzend Kontrollen, dann werden wir zu einem der Hintereingänge geleitet. Als wir aussteigen, sind alle atemlos vor Anspannung. Wortlos nehmen wir unser Equipment aus dem Kofferraum und steigen eine hohe Freitreppe hinauf. Es ist – obwohl die Sonne schon untergegangen ist – noch sehr warm, eine leichte Brise trägt den Geruch von Bäumen und frisch gemähtem Gras zu uns herauf. Die Abendluft ist so angenehm, dass ich für einen Augenblick anhalte und tief einatme. Dabei sehe ich mich um: Ein grüner, üppiger, riesiger Park breitet sich vor mir aus. Paradiesisch und vollkommen unwirklich.

Als wir oben beim Eingang unter dem Vordach angekommen

sind, werden wir einer weiteren sehr körperbetonten Kontrolle unterzogen, dann führen uns mehrere bewaffnete Soldaten kommentarlos durch den ersten Flur. Der Beginn einer Odyssee durch das fast menschenleere Betongebäude. Fotos und Gemälde von Saddam Hussein in jedem Winkel. Verschachtelte Wege, Treppenhäuser, mal laufen wir auf blankem Beton, mal auf dicken Teppichen. Endlose, hallenartige Gänge.

Nach etwa einer Viertelstunde erreichen wir das Vorzimmer von Taha Yasin Ramadan. Mehr als zehn militärische Würdenträger und Soldaten mit entsicherten Maschinengewehren erwarten uns, ein letztes Mal werden unsere Papiere gecheckt, unser gesamtes Equipment durchleuchtet und wir selbst geradezu rüde abgetastet. Grimmig dreinschauende Militärs bedeuten uns, die Gerätschaften aufzubauen. Es ist ein riesiges Besprechungszimmer, zeitlos und plüschig. Kostbare Teppiche, gediegene Sitzgruppen und ein schwarzbrauner Holzschreibtisch, dahinter die Irakfahne und ein Porträt Saddams.

Es dauert noch einmal 20 Minuten, während der man Ramadans raue, fast krächzende Stimme durch die Tür zu seinem eigentlichen Büro hören beziehungsweise erahnen kann. Und dann öffnet sich die Tür.

Niemals in meinem Leben habe ich erlebt, wie die Temperatur in einem Raum in Sekunden um gefühlte 30 Grad sinken kann. Bis der Stellvertreter Saddams auf dem für ihn ausgeleuchteten Sessel Platz genommen hat, ohne irgendjemanden von uns zu grüßen oder auch nur anzuschauen, herrscht eisige Stille. Ein dünner, kleiner, fast schlaksiger General mit baskenmützenähnlicher Kopfbedeckung, ganz in Schwarz. Ein Gesicht, in dem nicht die mikroskopische Spur einer menschlichen Regung mit seinem schroffen Auftreten versöhnt. Er hat tiefliegende, kleine Augen, die größtes Leid gesehen und – bei weitem schlimmer – verursacht haben.

Unsere irakischen Mitarbeiter stehen stramm. Im Gegensatz zu mir wissen sie bis ins Detail, zu welchen Grausamkeiten Taha Yasin Ramadan fähig ist, sie wissen, welch zentrale und blutige Rolle er 1979 bei der »Säuberung« des Irak gespielt hat. Als er einmal mit dem ihm untergebenen Industrieminister sprach, soll er seine spezielle Auffassung von Fachkompetenz folgendermaßen zum Ausdruck gebracht haben: »Ich verstehe nichts von Industrie. Alles was ich weiß ist: Jeder, der nicht hart arbeitet, wird exekutiert!«

Ich versuche, der außerordentlichen Spannung mit einem Anstrich von Normalität zu begegnen, indem ich Ramadan begrüße und ihm für die Zeit danke, die er dem deutschen Fernsehen widmet. Außer meiner auf Arabisch vorgetragenen Begrüßungsformel werden meine Sätze und Fragen von Mohammed übersetzt, dem ich damit die wohl heikelste Aufgabe übertrage, die er bis dahin jemals übernommen hat. Der Vizepräsident und ich setzen uns gegenüber auf zwei Polstersessel, und ich tue alles, um die extrem unangenehme Situation vor der ersten Frage zu entspannen, indem ich versuche, Blickkontakt herzustellen. Es gelingt mir nicht. Niemand redet, außer den Geräuschen beim Einrichten des Lichts und beim Verlegen der Mikrofonkabel ist es totenstill. Ich hole tief Luft und beginne.

Meine Eingangsfragen betreffen die Versorgungslage im Irak, mit der es infolge des *Oil-for-food*-Programms der Vereinten Nationen nicht zum Besten steht. Ramadan antwortet wie erwartet: aggressiv gegenüber der internationalen Gemeinschaft. Es ist mir sofort klar, warum das irakische Regime unsere Anfrage ausgerechnet jetzt akzeptiert hat: Es hat einerseits auf Druck der UN volle Kooperation und totale Transparenz bei den Inspektionen zugesagt, will aber nicht als furchtsam und feige gelten. Also ist es die Aufgabe des Vizepräsidenten, rhetorisch zuzuschlagen.

»Die USA«, sagt er unter Bezug auf Bombardierungen des

Westens innerhalb der Flugverbotszonen im Norden und Süden des Landes, »überschreiten damit jegliche rechtliche, auch völkerrechtliche Grenze. Die Tatsache, dass amerikanische und britische Flugzeuge in irakischen Luftraum eindringen, ist eine Verletzung der irakischen Souveränität.«

Ich komme auf Deutschland zu sprechen. Bekanntlich will Berlin sich nicht aktiv an einer militärischen Auseinandersetzung beteiligen, sendet aber ABC-Panzer des Typs *Fuchs* nach Kuwait. Damit sollen besonders radioaktive und chemische Kontaminationen nachgewiesen werden. Ramadan antwortet mit einer unmissverständlichen Drohung:

»Wir hoffen ernsthaft, dass Deutschland seine ABC-Einheiten nicht für andere Feldzüge in der Region belässt«, schnaubt er. »Die arabische Welt wird ausländische Truppen im Irak als koloniale Besetzung begreifen, als Gegenstand des Hasses.« Es gelingt Ramadan, beim Reden in meine Richtung zu schauen, seine Augen aber fixieren immer einen Punkt hinter mir. Eine derartig feindselige Gesprächssituation habe ich bis dahin noch nicht erlebt.

»Blix und el-Baradei«, sage ich im Anlauf zu meiner nächsten Frage, »haben bei ihrem Besuch in Bagdad eine Lockerung der Sanktionen in Aussicht gestellt für den Fall, dass der Irak bei den Inspektionen tatsächlich kooperiert. Was halten Sie davon?«

»Glauben Sie bloß nicht«, erwidert er böse, »dass der Sicherheitsrat die Sanktionen aufheben wird. Solange die US-Administration den Rat dominiert, ist dieser paralysiert.«

Es folgen noch einige Fragen und Antworten zu dem von aller Welt entweder geforderten oder befürchteten, jedenfalls erwarteten Irakkrieg. Und dann stelle ich meine letzte Frage:

»Wer, Herr Vizepräsident, wird im nächsten Jahr der Präsident des Irak sein?«

Mohammed starrt mich angsterfüllt an, denn diese Frage

grenzt selbst im laizistischen Irak an Gotteslästerung. Ich bleibe in Mimik und Gestik unmissverständlich: Mohammed muss diesen Satz eins zu eins übersetzen und darf ihn nicht diplomatisch verfremden. Ich schaue in seine Augen, die er nun rollt.

Taha Yasin Ramadan – vier Monate vor dem Beginn des Irakkriegs, 18 Wochen vor seinem Abtauchen in den Untergrund, fünf Jahre vor seiner Hinrichtung – schleudert uns hasserfüllte Sätze entgegen. Dass selbstverständlich Präsident Saddam Hussein weiterhin der Präsident des Irak sein werde, was wir denn denken würden, und zwar nicht nur in einem Monat, sondern auch in einem Jahr und in zehn Jahren, und dass er diese Frage vom deutschen Fernsehen nicht erwartet habe, sie sei nichts anderes als eine Unverschämtheit und eine Beleidigung des irakischen Volkes!

Am Ende schreit er fast, und mir wird klar, dass Ramadan in seinem Leben schon geringere Anlässe benötigt hat, um jemanden ins Gefängnis zu stecken und foltern zu lassen. Ich bin mir sicher, dass er das nicht tun würde, meine Kollegen aber sind es nicht. Als der Stellvertreter Saddams danach sein Mikrofon geradezu herunterreißt und unverzüglich, wortlos stampfend den Raum verlässt, sind sie blass und schweigen.

Die Begegnung mit Taha Yasin Ramadan gehört zu den unangenehmsten meines Lebens. Es war spürbar, dass er ein Täter war, dass Hunderte oder Tausende Opfer seinen Namen verfluchten, dass seine fast schwarzen Augen und seine faltigen Gesichtszüge seit Jahrzehnten nicht mehr den Ausdruck von Mitleid gezeigt hatten. Schon eine einzige zugespitzte Frage hielt Ramadan für eine Majestätsbeleidigung; wie es war, wenn irgendjemand ihn kritisierte, wollte ich mir gar nicht erst vorstellen.

Im Wagen von Salaam fielen sie über mich her, hysterisch und wütend, weil ich sie in Gefahr gebracht hatte. Ich erklärte ihnen meine feste Überzeugung: dass wir als freies, unzensiertes, demokratisches Medium sogar die Pflicht haben, unbequeme Fragen zu stellen. Wenn nicht wir, wer dann? Alles andere wäre der *worst case*: die Schere im Kopf, die Selbstzensur. Die *Tagesthemen* bauten nach meinem Anruf die Sendung um und brachten unser Interview.

Bis heute vergeht kein Besuch, bei dem meine irakischen Freunde und ich uns nicht gern daran erinnern. Damals aber hätten sie mich am liebsten irgendwo in der Wüste ausgesetzt. Das Interview war unser letzter Beitrag, bevor ich Bagdad verließ, und über Amman zurück nach Deutschland flog. Nach mittlerweile zweieinhalb Monaten im Nahen Osten freute ich mich unbändig auf meine Frau und meine kleine Tochter daheim in Stuttgart.

Schock am Schatt el-Arab

Basra, Irak, April 2003

Ein weiteres Mal kam ich nach Bagdad, um dort Regie zu führen für einen brennpunktartigen *Weltspiegel* aus dem Irak am 2. März 2003. Korrespondent Jörg Armbruster unterhielt sich mit SWR-Auslandschef Immo Vogel an ausgesuchten und symbolträchtigen Orten in der Hauptstadt, um den nahenden Krieg zu thematisieren. Mohammed vom Informationsministerium, immer noch unser Begleiter, sollte verhindern, dass wir sicherheitsrelevante Gebäude filmten oder mit kritisch eingestellten Irakern redeten. Doch dafür waren die Chancen ohnehin äußerst gering: Öffentlich seine Ängste auszudrücken oder gar Kritik am Regime üben, das war lebensgefährlich. Angst – das spürte man ganz deutlich an Bemerkungen, an Schulterzucken und an den Blicken der Menschen – hatte noch mehr als sonst Einzug gehalten in Bagdad und im ganzen Irak. Auch die Gespräche in unserem Team selbst verliefen extrem vorsichtig, nicht einmal intern wagten es unsere irakischen Mitarbeiter, über die angespannte Lage zu sprechen. Dann ging es weiter, zu anderen bekannten Plätzen wie den vier riesigen, gekreuzten Schwertern des Sieges an beiden Enden der Paradestraße[13] oder den Firdous-Platz vor dem *Palestine*-Hotel mit dem großen Saddam-Denkmal.

Sonntag, 2. März 2003: Drehbeginn morgens um 8:00 Uhr Ortszeit, 6:00 Uhr in Deutschland. Immo Vogel hatte sich an jenem Platz positioniert, an dem gleich die UNMOVIC-Waffenspezialisten zu ihren Inspektionen aufbrechen sollten. Die Karawane aus einem Dutzend nagelneuer Toyota-Geländewagen setzte sich in Gang, der SWR-Auslandschef begann zu sprechen, die Moderation musste sitzen, es gab keine zweite Chance. Kein Fehler, die Moderation hatte auch in etwa die geplante Länge – ein Profi am Werk. Dieser Sonntag wurde eine Tortur, die Fahrwege waren weit, der Verkehr brutal. Das Team jagte von Drehplatz zu Drehplatz. Wir führten ein Interview mit einem jungen Germanistikstudenten im Café der Händler, er stand einen Tag vor seiner mündlichen Abschlussprüfung für seine Magisterarbeit über Wolfgang Borchert. Eine Perspektive hatte er nicht.

Am letzten Abend vor unserer Abreise saßen wir alle zusammen in einem Restaurant. Cutter und Freund Thorsten Thielow ging zur Toilette und traf dort unseren irakischen Fahrer und langjährigen Kollegen und Vertrauten Salaam. Ich merkte, dass etwas nicht stimmte, als die beiden erst nach ziemlich langer Zeit zurückkamen. Sie sprachen intensiv miteinander und umarmten sich, bevor beide sich wieder auf ihre Plätze setzten. Thorsten erzählte mir hinterher, dass Salaam beim Händewaschen plötzlich in Tränen ausgebrochen sei. Wir, die Deutschen, dürften ihn nicht verlassen, was solle denn jetzt aus ihm werden? Er und alle hier hätten panische Angst vor dem Krieg.

Endlich einer, der die Wahrheit sagte und über die Ängste und Sorgen sprach. Die vom Regime Saddam von allen Irakern geforderte öffentliche Zuversicht und Kampfesbereitschaft war natürlich eine Maske, dahinter verbarg sich große Furcht. Unsere Mitarbeiter taten uns unendlich leid. Aber trotzdem mussten wir jetzt das Land verlassen. Ich hatte, weil ich gefragt worden war, noch mehr als eine Woche Berichterstattung in Bagdad drangehängt, meine Familie machte sich Sorgen. Aber am 10. März 2003 sollte es zurück über Amman und Frankfurt nach Stuttgart gehen. Ein paar Tage Durchschnaufen; bis zum nächsten Einsatz.

Zehn Tage später begann der Krieg.

Ob die USA nach den Anschlägen vom 11. September 2001 einen Schlag gegen den Irak führen sollten, war ein Lackmustest für die Regierung in Washington: Wer dafür war – wie Vizepräsident Dick Cheney, Verteidigungsminister Donald Rumsfeld oder sein Stellvertreter Paul Wolfowitz – gehörte zum neokonservativen Flügel der Republikaner. Ihre einflussreiche Denkfabrik *Project for the New American Century* wollte die weltweite Vorherrschaft der USA realisieren.[14] Gegen einen sofortigen Angriff noch im Jahr 2001 war vor allem Außenminister Colin Powell, doch Präsident Bush jr. scheint sich Anfang 2002 anders entschieden zu haben. Ein Anzeichen: Powell sprach Mitte Februar während einer Anhörung plötzlich von der »Achse des Bösen« und vom »Regimewechsel im Irak«. Der Präsident hatte seinen vorsichtigen Außenminister offensichtlich vor eine bittere Alternative gestellt: entweder seinen Widerstand oder seinen Job aufzugeben. In seiner Rede vor der Militärakademie West Point am 1. Juni 2002 kündigte Bush eine Änderung der globalen US-Militärstrategie an, sozusagen von der Eindämmung von Feinden zur globalen Vorwärtsverteidigung: »Der Krieg gegen den Terror wird nicht gewonnen werden in der Defensive. Wir müssen den Kampf zum Feind tragen, seine Pläne zerstören und den schlimmsten Bedrohungen entgegentreten, bevor sie entstehen.«

Der Angriff auf den Irak war somit ausgemachte Sache. Colin Powell ließ sich dazu herab, am 5. Februar 2003 vor dem Sicherheitsrat der Vereinten Nationen einen Haufen nicht stichhaltiger Gründe für eine Invasion im Irak vorzulegen. Powells Rede gehört zu den schwärzesten Stunden für die amerikanische Demokratie. Im Nachhinein erwies sie sich als dreistes Lügenkonstrukt. Weder war Saddam Hussein im Besitz erklecklicher Mengen an Massenvernichtungswaffen, noch war er an den Anschlägen auf das World Trade Center beteiligt gewesen, noch bot er den dafür verantwortlichen Terroristen Unterschlupf. Powell trat bereits 2004 zurück und bereut seine Rede bis heute. Obwohl der UN-Sicherheitsrat die »Kriegsresolution« ablehnte, wurden in der Nacht vom 19. auf den 20. März 2003, nur zwei Stunden nach dem Ablauf des US-Ultimatums, die ersten Marschflugkörper auf den Irak abgefeuert. Die *Operation Iraqi Freedom* hatte begonnen.

Von Kuwait aus, wo von den Invasionstruppen bereits Grenzzäune zum Irak an mehreren Stellen durchbrochen worden waren, rückten die ersten Bodentruppen in Richtung Nordwesten vor, ebenso aus Jordanien und – wenig später – aus dem Nordirak. Dieser Vorstoß wurde von einer massiven Bombardierung begleitet, die irakische Kommunikationsinfrastruktur wurde entscheidend gestört. In den ersten beiden Tagen drangen die in Kuwait stationierten Truppen fast ungestört 200 Kilometer ins Landesinnere ein, bereits am 24. März waren sie nur noch 100 Kilometer von der Hauptstadt entfernt.

Nach einwöchiger Belagerung durch die britischen Truppen, die ebenfalls in Kuwait stationiert worden waren, wurde die südirakische Stadt Basra erobert, die zweitgrößte Stadt des Irak. Am 4. April übernahmen die Amerikaner die Kontrolle am Flughafen Bagdad, am 7. April rückten die Truppen der »Koalition der Willigen«, die aus 43 Mitgliedern bestand, in das Zentrum der Hauptstadt vor. Die Iraker hatten ihre Kräfte hier massiert, was schon vorher erwartet worden war, es kam zu schweren Gefechten. Bis zum 11. April jedoch war die Hauptstadt unter der Kontrolle der von den USA geleiteten Koalition, auch das kurdische Kirkuk war am gleichen Tag gefallen.

Nach dem Ende des letzten bewaffneten Widerstands in Tikrit, der Heimatstadt Saddams, wurde der Krieg vom Pentagon am 14. April für beendet erklärt.

Ich war nach wenigen Tagen bei meiner Familie in Stuttgart zurück in die Region geflogen, nach Kuwait, um meinen Kollegen Alexander Stenzel abzulösen und um möglichst schnell in den Irak einzureisen, und zwar in die südirakische Metropole Basra. Wir hatten uns aufgeteilt: Jörg Armbruster, Editor Thorsten Thielow und Kameramann Wolfgang Breuning wollten so schnell wie möglich nach Bagdad.

Im vorangegangenen November (Bagdad) hatte ich meinen Geburtstag nicht daheim gefeiert, Anfang März (Bagdad) hatte ich zum ersten Mal den Geburtstag meiner Frau versäumt, und ich fragte mich, wo ich wohl am 18. September sein würde, wenn meine Tochter ihren zehnten Geburtstag feierte. Ich wollte mir die allergrößte Mühe geben, an diesem Tag wieder in Deutschland zu sein.

Die Stimmung in Kuwait war angespannt, wie ich schon am Flughafen bemerkte: Hektik, Ungeduld, Aufregung, Aggression. Der Krieg hatte begonnen. Auf der Fahrt mit dem Taxi in die Innenstadt bemerkte ich, wie voll Kuwait-Stadt war: Staus auf der Arabian Gulf Street, der Strandpromenade, Militärfahrzeuge überall im Straßenbild, und als ich – nach eingehender Sicherheitskontrolle mit Röntgenapparaten – im Hotel eincheckte, wuselte es überall. Journalisten aus aller Welt standen Schlange, und ohne die Reservierung durch meine Kollegen hätte ich ganz sicher irgendwo weit außerhalb absteigen müssen.

Im Januar und Februar hatte ich mich bei zwei Schulungen in England und Oberbayern zum ersten Mal mit ABC-Masken und Atropinspritzen beschäftigen müssen, hier in Kuwait-Stadt gehörten sie bereits zum Alltag. Wenn die Alarmglocken schrillten, rannten wir Journalisten schnurstracks hinunter in die Keller und schlüpften nebenbei in die Schutzkleidung. Manchmal war es blinder Alarm, um die neu hinzugekommenen Hotelgäste auf den Stand zu bringen, und manchmal bedeutete die akustische Warnung den Ernstfall. Wie am 29. März: Frühmorgens jagte eine Rakete über den Persischen Golf und näherte sich mit fünffacher Schallgeschwindigkeit, also rund 6000 km/h, Kuwait-Stadt. Die von den USA stationierten Patriot-Flugabwehrraketen reagierten nicht, denn das Objekt flog extrem tief, unter dem Radar. In der Nähe des *Souk Sharq* (östlicher Basar), an dem wir bei unseren Dreharbeiten stets vorbeikamen, explodierte es, noch über dem Wasser. In dem Einkaufs- und Freizeitzentrum an der Arabian Gulf Street gingen überall Scheiben zu Bruch, ein Mitarbeiter wurde verletzt. Laut Informationsminister Scheich el-Saah war es die 16. Rakete, die seit Kriegsbeginn aus dem Irak auf Kuwait abgeschossen worden war. Keine einzige irakische Scud- oder Silkworm-Rakete zerstörte ein nennenswertes Ziel, die meisten wurden von den Patriots erfasst und vernichtet. Keine einzige hatte eine biologische oder chemische Kampfstofffracht dabei. Auch das warf ein bezeichnendes Licht auf den Irak, der angeblich über riesige Mengen grausamer Massenvernichtungswaffen verfügt haben soll.

Kollege Alexander Stenzel reiste einen Tag nach meiner Ankunft ab, wir bereiteten uns langsam auf die Fahrt nach Basra vor. Zelte, Lebensmittel, Geschirr und Besteck, Taschenlampen, Batterien und einen Stromgenerator, Kabel, Handwerkerzubehör und jede Menge Wasser. Ungeklärt war bislang der Transport. Wir fragten uns bei einschlägigen Firmen durch, doch kein Kuwaiter wollte uns in den Irak fahren, auch kein Taxiunternehmen erklärte sich bereit. Also ging ich mit Producer Zafer zum ersten Mietwagenunternehmen, das sich gleich neben unserem Hotel befand.

»Guten Morgen, wir würden gerne einen Wagen ausleihen, vielleicht sogar zwei.«

»Selbstverständlich«, der Mitarbeiter der amerikanischen Kette warf sein Kopftuch mit Schwung über die Schulter und legte uns gleich geschäftstüchtig den Katalog mit den Fahrzeugkategorien vor.

»Genau, hier unten, einen Geländewagen!« Ich nickte Zafer zu und er mir, und wir beide nickten ihm zu, und er nickte zurück und grinste zufrieden.

»Sie brauchen noch ein zweites Fahrzeug?«

»Genau«, sagte ich, »hätten Sie vielleicht noch einen Kleintransporter?«

»Haben wir. Und – wohin soll's denn gehen?«

»Na ja«, sagt Zafer, »wir planen, eventuell nach Basra zu fahren!«

»Sie planen nach Basra zu fahren, tatsächlich?« Seine Stimme klang gefährlich freundlich.

Zafer und mir blieb nichts weiter, als wieder zu nicken.

»Tun Sie das doch ruhig«, grinste er. Und dann fielen seine Mundwinkel bleischwer nach unten. »Aber nicht mit unseren Fahrzeugen!«

Es war das erste und mit Sicherheit letzte Mal, dass ich im Auftrag der ARD auf Gebrauchtwagenkauf ging. Ich erstand einen kleinen geländegängigen Wagen und einen großen Transporter, einen 7,5-Tonner.[15]

Die *embedded journalists* waren schon seit über zwei Wochen mit den Truppen der »Koalition der Willigen« unterwegs. Am 8. April erfuhren wird, dass am Vortag der *Focus*-Reporter Christian Liebig bei einem irakischen Angriff auf ein Versorgungslager der Amerikaner gestorben war. Liebig hatte die 3. US-Infanteriedivision bis kurz vor Bagdad begleitet. Dann wurde die kuwaitisch-irakische Grenze für Journalisten geöffnet.

Wir waren zu viert: Mich begleiteten SWR-Kameramann Holger Priem aus Mainz, Chefproducer Zafer Kamal aus Kairo und Delf Reusch, Tonmann und Cutter. Wir brachen sehr früh am Morgen auf, und es wurde nicht übermäßig viel geredet in den beiden Fahrzeugen. Zwei Stunden dauerte es an der Grenze, bis wir Kuwait verlassen konnten, und weitere zwei, die wir mit amerikanischen GIs bei der Einreise in den Irak verbrachten. Als es dann losging, über diese Wüstenstraße durch den Süden des Landes, hatte ich ein mulmiges Gefühl. Wer garantierte uns denn, dass nicht irgendwelche versprengten irakischen Truppenteile plötzlich hinter einer Düne erscheinen und das Feuer auf uns eröffnen würden? Dass bewaffnete Banden die Lage ausnutzten und uns um unsere Fahrzeuge und unsere Kamera erleichterten? Mit jedem zurückgelegten Kilometer nahm die Anzahl der ausgebrannten oder noch brennenden Panzer zu. Am Nachmittag erreichten wir die zweitgrößte Stadt des Irak.

Basra: Überall qualmten Häuser und Regierungsgebäude, überall stank es nach Gummi, Holz und Leichen. Trotzdem: Wir alle waren überrascht, wie präzise die modernen Waffen der Amerikaner und Briten eingesetzt worden waren, von einer weitreichenden Zerstörung Basras konnte keine Rede sein. Das Gebäude des *Mukhabarat* etwa, des irakischen Geheimdienstes, war fein säuberlich zerlegt, alle Trümmer lagen innerhalb der Außenmauern. Die Nachbargebäude waren, bis auf gesplitterte Fensterscheiben, vollkommen intakt. Auf den ersten Blick wirkte dies also wie einer der vielzitierten »chirurgischen Militärschläge«. Die schlimmsten Schäden aber waren zunächst unsichtbar.

Ich glaube, außer den *embedded journalists* auf den Panzern der Invasionstruppen waren wir die Ersten, die am Ende des Kriegs nach Basra kamen. Ein totaler Blindflug, wir hatten keinerlei Informationen über die Lage vor Ort. Da wir Deutsche waren und dem Einmarsch kritisch gegenüber eingestellt, bekamen wir von den britischen Offizieren keine Genehmigung, unsere Zelte im Palastbereich aufzuschlagen. Also fragten wir uns durch und fanden in der Straße, die zum Palasteingang führte, einen Iraker, der sein Haus zimmer- und seinen Rasen quadratmeterweise vermietete. Wir nahmen drei Räume und einen Zeltplatz. Ich wählte Letzteren. Nach einer Nacht gaben auch der Kamera- und der Tonmann ihre geräumigen Zimmer zurück und bauten ihre Zelte neben meinem auf. Der Grund war Zafer.

Zafer Kamal ist einer, der alles weiß, alles schon gemacht hat, jeden kennt und mit dir jede Geschichte produziert, die menschenmöglich ist. Tagsüber. Nachts hingegen offenbart sich das dunkle Wesen dieses palästinensisch-schwäbischen SDR/SWR-Gewächses: Zafer schnarcht. Seine Mund- und Atemwerkzeuge sind ein medizinisches Phänomen, von dem nach spätestens einer Minute Schlaf ein ohrenbetäubender Lärm ausgeht. Delf und Holger waren mir also in den Garten gefolgt, wo wir in den folgenden Wochen Zafers Motorsäge nur noch gedämpft mitbekamen. Allerdings verließen die britischen Patrouillen den Saddam-Palast um vier Uhr morgens, zusammen mit drei bis vier Panzern. Luftlinie: sieben Meter. Die Heringe sprangen aus dem Rasen, die Erde vibrierte wie bei einem Erdbeben, man saß jeden Morgen senkrecht und hellwach im Zelt. Manch einer von uns grübelte, ob man nicht doch zurück ins Haus gehen sollte – vielleicht ins Erdgeschoss, vielleicht auf der anderen Seite des Gebäudes. Schlussendlich zogen wir aber den Panzerlärm vor.

Es waren intensive Tage mit journalistischer Arbeit von frühmorgens bis zum späten Abend, wenn die Ausgangssperre begann. Nach Sonnenuntergang wurde unser Privathaus neben dem Palast zum Magneten für viele Journalisten der Umgebung. Wir – das heißt die ARD und das ZDF mit Korrespondent Roland Strumpf und Kameramann Walid Ezz Eldin, der heute in unserem Kairoer Studio arbeitet – hatten eine Bierquelle aufgetan, und unser Vermieter hatte auf unsere Bitte hin seinen Kühlschrank mit dem Generator des Satellitenunternehmens wieder in Betrieb genommen. Zudem hatte ich meine Dartscheibe dabei und drei Pfeile. Ich hatte mir die Mitnahme dieser Freizeitvergnügung seit meinen vielen Monaten in Kairo und Bagdad zur Regel gemacht. Bei Ausgangssperren wirkt das kleine Spielchen Wunder: Man hat Ablenkung und ziemlich viel zu lachen. Diese Abende taten gut, die Simulation von Normalität, denn die Tage waren brutal.

Wir sprachen mit weinenden Müttern, die ihre Söhne verloren hatten, und ließen uns bei einer Beerdigung schildern, wie schrecklich das »System Saddam« gewesen war und welche Hoffnungen die Schiiten jetzt hatten. Wir befuhren mit Fischern den Persischen Golf, erklommen ein windschiefes Hochhaus, in dem ein nicht detonierter Marschflugkörper vom Dach bis zum Keller gerast war. Wir machten unser erstes Livegespräch aus dem Saddam-Palast, wir begleiteten die Briten auf einer Nachtpatrouille in einem gepanzerten Kettenfahrzeug und waren plötzlich selbst *embedded*, wenn auch nur bis zum Morgengrauen. Wir mussten lange diskutieren, ob wir das machen sollten, nachdem wir unsere waghalsigen Kollegen dafür immer vehement kritisiert hatten, taten es aber schließlich doch. Nicht immer sind wir so konsequent, wie wir es gerne wären.

Mehrmals verließen wir die Innenstadt, um uns auf den Schlachtfeldern umzuschauen. Um Basra herum hatten furchtbare Kampfe getobt, man brauchte gar nicht weit heraus zu fahren. Von einer etwas erhöhten Autobahnbrücke konnte man überall Militärschrott sehen: Mannschaftswagen, Transporter, Schützenwagen und vor allem Panzer, oft von den Irakern zur Verteidigung halb eingegraben in Sandbunker. Schon im Zweiten Golfkrieg vor zwölf Jahren hatten die Amerikaner und die Briten panzerbrechende, schwach radioaktive Munition eingesetzt. Die Zerstörungen, die wir jetzt an den T-72- und MT-LB-Panzern der Iraker beobachteten, deuteten darauf hin, dass das jetzt, im Jahr 2003, ebenso der Fall war: Die bis zu zehn Zentimeter dicken Stahlplatten der Wanne des sowjetischen T 55 waren nicht leicht deformiert oder verzogen. Nein, die Geschosse waren durch sie hindurchgegangen wie durch Butter. Da Uran eine sehr hohe Dichte von über 19 Gramm pro Kubikzentimeter hat (fast doppelt so viel wie Blei), haben die Geschosse eine so hohe Durchschlagskraft.

Im Irak wurden – so recherchierte ich später – in den drei Wochen des Kriegs zwischen 1000 und 2000 Tonnen Uranmunition eingesetzt. Ein einziger Schuss mit der 120-Millimeter-Munition M829 vom US-Kampfpanzer M1 Abrams setzt 4,5 Kilogramm Uran frei, auch viele Flugzeuge und Helikopter waren mit radioaktiver Munition ausgestattet. Nicht die äußere Strahlung des abgereicherten Urans ist das medizinische Hauptproblem, denn sie liegt im Bereich der natürlichen Umgebungsstrahlung. Fatal ist die Aufnahme von radioaktiven Stäuben, der sogenannten inneren Strahlung, über die Lunge oder die Nahrung. Genau das passierte im Irak, und zwar nicht nur hier im »britischen« Süden, sondern auch im Großraum Falludscha im Westen von Bagdad, wo die Amerikaner *Depleted Uranium* einsetzten. Überall in diesen Kampfzonen des Jahres 2003 nahmen die indirekt durch den Urankrieg hervorgerufenen Krankheiten zu, etwa Nierenversagen. Die Schädigung des Erbguts setzte sofort ein, hatte aber erst später Konsequenzen. Ich selbst sollte mich zehn Jahre später davon überzeugen können.

Eines Abends erschien am Zaun unseres Campingplatzes ein gepflegter älterer Herr, mit dem ich mich ziemlich lange unterhielt. Er bot uns seine Dienste an: als Fahrer, Vermieter, Organisator, Träger und Informationsbeschaffer.

»Was für Informationen wären das denn?«

»Was immer Sie wollen, ich stamme aus Basra und kenne Allah und die Welt!«

»Okay, gute Informationen können wir immer gut gebrauchen«, sagte ich und fügte wie nebenbei hinzu: »Können Sie auch Kontakt zu einem Fedayyin Saddam herstellen? Wir möchten gerne einen von ihnen interviewen.«

Der Mann wurde blass und sagte: »Na ja, das ist wirklich schwierig!«

»Das weiß ich«, sagte ich, »und deshalb fragen wir ja Sie!«

»Okay, wir sehen uns morgen«, sagte der Mann und lief mit gesenktem Kopf davon.

Die Fedayyin Saddam waren diejenigen, die – so lautet die wörtliche Übersetzung – sich selbst opfern für Saddam. Sie waren die Bluthunde des Diktators. Stets in weiße Kampfanzüge gehüllt, die nur ihre Augen erkennen ließen, waren sie auf Befehl zu jeder Grausamkeit bereit. Moralische, körperliche und seelische Abhärtung als Ausbildungsprogramm, die Elitekämpfer mussten beispielsweise lebende Hunde essen. Viele Eltern wussten nicht, was ihre Söhne trieben. Es wurde meist mit der Ausrede verheimlicht, man sei beim Militär, sonst wären viele von der Familie verstoßen worden.

Zwei Abende später erschien der Mann und sagte: »Ich habe mit einem gesprochen, er wäre bereit, sich interviewen zu lassen, vorausgesetzt, ihr zahlt ihm ein Honorar und ihr zeigt nicht sein Gesicht!«

Ich antwortete, dass wir zwar immer eine kleine Aufwandsentschädigung zahlen könnten, aber diese sei vergleichsweise gering. Wir seien nicht bereit, uns ein Interview zu kaufen. Und außerdem müsste sich Zafer vor dem Dreh davon überzeugen, dass er tatsächlich ein Fedayyin sei und kein Schauspieler. Das mit der Anonymisierung gehe klar.

Wiederum einen Tag später erschien unser Vermittler und bat uns, ihm zu folgen. In einem verfallenen, aber eingezäunten Fabrikgebäude wartete ein junger Mann mit einer Plastiktüte. Etwa Mitte zwanzig, sein Blick war gesenkt. Auf Zafers kritische Fragen antwortete er einsilbig. Alter, Ausbildungsorte, Einsätze, Einheit und so weiter. Dann holte er zum Beweis zwei Pässe hervor, einen zivilen und einen dienstlichen. Die Angaben deckten sich, und sein Dienstausweis wies ihn als Mitglied der Fedayyin Saddam aus. Zafer reichte das nicht, er vermutete eine Fälschung. Danach führte der Mann uns in einen anderen Gebäudekomplex. Gemeinsam liefen wir über das betonierte Firmengelände, Steinchen und Dreck knirschten unter unseren Schuhen. Dann zog er eine Tür auf und ging eine Treppe hinunter in die Dunkelheit. Kameramann Holger schaltete das Kameralicht an, und wir folgten ihm.

Er stand in einer Ecke und wartete, bis wir neben ihm standen.

»Hier«, sagte er, »haben wir Leute gefoltert und umgebracht.«

Auf dem rußschwarzen Boden des stinkenden Kellers lagen mehrere Patronenhülsen.

»Das heißt noch nichts«, meinte Zafer, »er kann das auch von anderen wissen.«

Dann holte der Mann seinen Dienstanzug heraus, die weiße Kampfuniform. Überzeugend zog er sich in Windeseile um und legte dabei auch den Gürtel und die Gesichtsmaske so routiniert an, als habe er sie schon 1000-mal benutzt.

Holger schaltete seine Kamera an, denn Zafer hatte begonnen, ihm Fragen zu stellen. Zuerst kamen die Antworten schleppend und stockend, doch Zafer fand genau jene Worte, die den jungen Mann öffneten. Und plötzlich sprudelte es aus ihm nur so heraus.

Wie er im Nordirak mehrere Familien verhaftet, gefoltert und umgebracht habe. Welches die Standard-Foltermethoden waren und welche Formen man in welchen besonderen Fällen einsetzte. Welche Strafe auf welche Verbrechen stand. Dass er und seine Kollegen einem Dieb von Regierungseigentum die Hand abgehackt hatten, Republikflüchtigen einen Fuß oder ein Bein. Einem Dissidenten, der dabei erwischt worden war, etwas gegen Saddam zu sagen, wurde die Zunge abgeschnitten. Wie, fragte Zafer.

»Dafür sind mindestens zwei, besser aber drei Leute notwendig. Einer presst ein Holzbrett oder einen Ast zwischen die Zähne, damit die Person ihren Mund nicht schließen kann. Ein anderer zieht die Zunge mit einer Kneifzange heraus. Und der dritte schneidet die Zunge mit einem Teppichmesser ab.«

Geköpft worden seien die Leute, indem man ihnen eine Kapuze aufgesetzt und sie in den Sand gelegt habe. Den Hals auf einen kleinen Sandhügel, sodass der Nacken exakt der höchste Punkt war.

Der Mann redete sich in Rage, er schrie, wenn er Kampfschritte ausführte, er schrie, wenn er das Köpfen nachahmte, er schrie, wenn er in Gedanken Stromstöße verteilte. Der Mann flehte, brüllte – und am Ende weinte er. Schlagartig wurde mir bewusst, dass er bislang vielleicht mit keinem Menschen auf der Welt über das gesprochen hatte, was er angerichtet hatte. Seine Kollegen hätten das womöglich als Schwäche ausgelegt, und er wäre selbst gefoltert worden. Seinen Freunden konnte er es ganz sicher nicht sagen, und seiner Familie auch nicht. Vielleicht waren wir die Ersten, mit denen er über die Grausamkeiten sprechen konnte, die bleischwer auf seiner Seele lasteten. Er persönlich hatte zigfach getötet, seine Einheit hundertfach, sein Bataillon tausendfach.

Tot aber waren nicht nur die Opfer. Auch dieser Mann wirkte, als hätte er kein Leben mehr in sich, seine Seele abgetötet. Manchmal ist Angst die treibende Kraft hinter Gewaltexzessen, manchmal Fanatismus, manchmal Geldgier, manchmal Hass. Zu welcher Brutalität Menschen fähig sein können, dafür war dieser junge Mann ein Beispiel.

Als er schluchzte und weinte, fragte ich mich, ob ich Mitleid hatte mit ihm. Meine Antwort war nein.

Das Kinderzimmer
Bagdad, Mai 2003

Es war eine Geschichte, die die Dimensionen unserer journalistischen Arbeit im Nachkriegsirak sprengte. Eine Geschichte, wie sie nur möglich ist nach Umstürzen, nach Revolutionen, nach dem Zusammenbruch eines Systems. Zuerst war sie nicht mehr als ein Gerücht, über das mir unser Fahrer und Freund Salaam berichtete. Es ging um eine ältere Frau. Was Salaam sagte, hielt ich für so unglaublich, dass ich ihn bat, alles zu tun, um sie zu finden.

Zwei Tage später stürmt Salaam in seiner aufbrausenden Art in unser Studio. Sein Stiernacken vibriert, als er sagt: »Tommy, es ist wahr!« Ich rufe die Kollegen des ARD-Teams zusammen, umgehend fahren wir durch Bagdad, das noch immer im Schockzustand zu sein scheint. Hier und da zieht der letzte Qualm des Irakkriegs durch die Luft, wir fahren an Schutt und Asche vorbei, den Überresten wichtiger Militär- und Geheimdienstgebäude des Saddam-Regimes. Zweimal war ich vor dem Krieg hier gewesen, in einer der brutalsten Diktaturen unserer Zeit – und jetzt das: Die Saddam-Statuen sind geschleift worden, überall regeln amerikanische GIs den Verkehr. Ihre *Humvees*, gedrungene Militärgeländewagen, die meisten mit aufgepflanzten Maschinengewehren, stehen auf Brücken, Kreuzungen und blockieren die Eingänge zu den früheren Palästen des Diktators. Manchmal ertappe ich mich dabei, es nicht fassen zu können.

Die Straße in dem Wohnviertel ist relativ schmal, Einfamilienhäuser reihen sich aneinander, und fast jedes von ihnen hat einen Metallzaun, mit dem die Bewohner sich zur Straße abschotten. Die Straßen sind professionell geteert, die Bürgersteige gerade und eben, die Beleuchtung funktioniert, die meisten Häuser wirken vorbildlich gebaut und gepflegt. Erstaunlich, auf welchem Niveau der Irak des Saddam Hussein stand, wirtschaftlich, technisch, militärisch und infrastrukturell. Fahrer Salaam bugsiert uns zielstrebig durch die Straßen des Viertels, bis wir vor einer hohen weißen Mauer anhalten, die so ausladend ist, dass für den Bürgersteig nur wenige Zentimeter übrig bleiben. Keine Hausnummer, keine Klingel – also klopfen wir. Nach Sekunden hören wir, dass die Haustüre sich öffnet und jemand durch den schmalen Garten zum Eingangstor kommt. Zügige Schritte, aber federleicht.

Sahar begrüßt uns, die Dame des Hauses, in ihre schwarze Galabeia gewandet, scheu und unauffällig. Mit knappen Worten bedeutet sie uns, ins Haus zu kommen, und geht voraus. Wir folgen ihr ins Wohnzimmer und setzen uns, wo immer Platz ist. Eine braune Sitzgruppe und ein paar Holzstühle, dazwischen ein Glastisch mit Spitzendecke. Die rot-schwarzen Teppiche so dick, dass man beim Gehen und Stühlerücken kein Geräusch verursacht. An den Wänden: kein einziges Familienfoto, stattdessen vergilbte Kopien von Landschaftsgemälden. Während wir uns in diesem Zimmer mit größtmöglicher Normalität umschauen, verschwindet die Frau lautlos. Als es klappert, wissen wir, dass sie uns gleich Tee reichen wird. Sie kommt zurück und versorgt uns, ohne sich selbst ein Getränk zu nehmen, setzt sich auf den freien Sessel, sieht uns eine Weile stumm dabei zu, wie wir den kochend heißen, klebrig süßen Tee schlürfen.

Dann beginnt sie zu reden. Sie spricht zunächst fast nur im Flüsterton, wir müssen unsere Ohren spitzen, um überhaupt etwas zu verstehen. Sie scheint diese selbst auferlegte Begrenzung der Lautstärke nach einer Ewigkeit des Schauspielens vollkommen verinnerlicht zu haben. Jeder Fehler im Drehbuch, jeder Versprecher, jede falsche Betonung hätte sie und den Rest ihrer Familie das Leben gekostet.

Sahar Quaisi, fast 60 Jahre alt, die Haare verschleiert, ihr Gesicht aber unbedeckt, holt aus einem schäbigen hölzernen Wandschrank ein Fotoalbum mit Bildern ihrer Familie heraus. Und dann erzählt sie die Geschichte. Ihre Geschichte. Die Geschichte des Irak.

22. Juli 1979. Vor gerade einmal elf Tagen war Saddam Hussein neuer Generalsekretär der regierenden Baath-Partei des Irak geworden, vor fünf Tagen hatte er auch das Amt des Staatspräsidenten und des Regierungschefs übernommen. Rund 1000 Mitglieder der Partei wurden zu einer Konferenz im al-Khuld-Konferenzzentrum in Bagdad eingeladen, auf der der neue starke Mann des Irak zeigte, wie stark er wirklich war. Eine kubanische Zigarre rauchend, betrat er die Bühne für die »umfassendste Säuberung seiner gesamten Karriere«[16]. Die Namen von 66 Männern las Saddam vor, die umgehend abgeführt und liquidiert wurden. Mit eiskalter Miene verfolgte Saddam den Auftakt der Massenhinrichtungen, ungerührt von den schreienden und weinenden Verurteilten, die ihre Unschuld beteuerten. Diese bewusste Brutalität sollte die Angst seiner Gegner schüren, und sie tat es – ein für alle Mal. Die blutigen Säuberungen dauerten Monate, und sie fanden selbstverständlich auch außerhalb der Partei statt. Überall im Land erhielt der *Mukhabarat*, der irakische Geheimdienst, den Befehl, gegen Abtrünnige und Verdächtige vorzugehen. Auch Sahars Ehemann Ahmed geriet ins Visier. Er sollte deshalb umgebracht werden, weil er seinen Bruder, einen Oppositionellen, einen Kritiker Saddam Husseins, nicht verraten wollte. Einen »Schuldigen« zu schützen, war jetzt im Irak gleichbedeutend mit einem Todesurteil.

Anfang 1980. In der Nacht wurde zunächst das Gartentor der Quaisis aufgetreten, dann zersplitterte die Haustür. Etwa ein Dutzend bewaffneter und vermummter Männer stürmte nach oben ins Schlafzimmer des Ehepaars. Alle – auch die Kinder – wurden im Wohnzimmer zusammengetrieben: Ahmed und Sahar Quaisi, ihr ältester Sohn und ihre einzige Tochter. In demselben Zimmer, in dem sie uns ihre Geschichte erzählt, fand in jener Nacht ein grausames Gemetzel statt: Mit Maschinengewehren wurden nacheinander alle kaltblütig getötet – außer der Mutter. Denn sie sollte später berichten, was geschehen war, um die Panik zu schüren. Drei Menschen, blutüberströmt, zuerst noch zitternd, dann leblos. Sahar brach zusammen, kroch zu den drei Leichen, weinte und schrie.

Der Anführer des Mordkommandos sagte zu ihr: »So geht es den Feinden des Irak!«

Dieser Satz drang fast nicht zu Sahar durch, mit ausgebreiteten Armen lag sie über ihrem Ehemann, ihrem Sohn, ihrer Tochter.

Was die Geheimdienstler nicht wussten: Im Dachgeschoss hatten Sahar und Ahmed ein weiteres Kinderzimmer eingerichtet für die jüngsten Familienmitglieder: Ismail und Saad, damals 15 und 21 Jahre alt. Sie waren der Todesschwadron entgangen und hatten überlebt. Doch das Spitzelsystem funktionierte mit tödlicher Präzision. Irgendjemand, der ebenfalls Todesangst hatte, verriet dem *Mukhabarat*, dass es noch weitere Familienmitglieder gab. Einige Tage später kamen vier Geheimdienstler zurück nach Karrada, klopften wie wahnsinnig an das reparierte Gartentor.

Als Sahar öffnete, brüllten die Mitglieder der Abteilung 25, Innere Sicherheit, sie an: »Wir haben gehört, du hast noch zwei weitere Söhne. Wo sind sie? Hast du sie in den Iran geschmuggelt, zu Chomeini? Lass uns rein, wir werden sie jetzt umbringen.«

Sahar Quaisi sitzt, während sie uns dies erzählt, auf ihrem

orangefarbenen Sessel und fängt bei den letzten Sätzen immer unverhohlener zu weinen an. Plötzlich springt sie auf. Die vier Männer sind aus ihrer Erinnerung wieder aufgetaucht, mit ihren schwarzen Hemden und ihren Lederjacken. Sie stehen an der Tür. Und Sahar wendet sich ihnen zu und brüllt sie an – damals wie heute:

»Ihr Hurensöhne!«

Sie weint und schluchzt. Und dann schreit sie wieder so laut, dass man es auf der ganzen Straße hören kann – damals wie heute:

»Ihr habt meine ganze Familie getötet, und nun wollt ihr mein Haus durchsuchen? Tötet mich doch! Jetzt auf der Stelle! Ihr habt meinen Mann umgebracht und meinen Sohn und meine Tochter. Ich bin auch tot, ich hab keine Angst vor euch. Schießt doch, ihr Teufel, ihr Mörder!«

In der entstehenden Pause, Sahars Rücken ist uns zugewandt, stelle ich mir die vier Männer mit ihren schwarzen Schnauzbärten vor, wie sie nacheinander mit den Schultern zucken und das Wohnzimmer durch die Haustür verlassen. Mörder mit staatlichem Auftrag, die angesichts dieses Ausbruchs, dieser Wucht, nicht anders können, als der Mutter das Feld zu überlassen und einfach wegzugehen. Tage später wurde vielleicht in irgendeiner Amtsstube der Hauptstadt eine Aktennotiz gefertigt, vielleicht unter der Rubrik »Liquidierungen, 1979«, unter dem Namen »Quaisi, Ahmed«. Möglicherweise eine einzige Zeile nur, die aber endgültig wirkte. Erneuter Hausbesuch ergibt: Familie tot außer der Mutter, Fall erledigt.

Sahar dreht sich jetzt langsam von der Tür zurück zu uns. Sowohl sie selbst als auch wir, ihr Publikum, gelangen mit jedem Atemzug ein wenig mehr zurück in die Gegenwart. Dabei wird sie sich bewusst, dass sie diese Geschichte noch nie erzählt und nun ausgerechnet uns Fremden mitgeteilt hat. Dass sie dabei getobt hat, dass sie jetzt tränenüberströmt vor uns steht. Ich erwarte eigentlich, dass sie sich schämen und stumm hinsetzen wird. Stattdessen klart sich ihre Miene auf, und ein kaum sichtbares Lächeln umspielt ihren Mund.

»Ich weiß nicht, woher ich die Kraft dazu hatte, diese Männer anzuschreien. Es war Allah, der mir den Mut gegeben hat. Niemand sonst!« Und dann fügt sie jenen Satz hinzu: »Ich habe es für Ismail und Saad getan!«

Die Mutter schaut uns nacheinander an. Wir können nichts sagen. Die Schmerzen und Qualen, die diese Frau erlitten hat, waren so unvorstellbar groß, dass sie auch heute, im Moment ihres Triumphes, nicht in Freude ausbrechen kann, nicht in Jubel, nicht in Euphorie. Angesichts dieser Wunden, die das Leben ihrer Seele zugefügt hat, bleibt nur dieser blasse Ausdruck von Erhabenheit, dieses kaum wahrnehmbare und nach innen gehende Lächeln, diese ernsthafte, ruhige Würde.

Und dann erzählt Sahar Quaisi, was seit diesem Morgen nach dem dreifachen Mord in ihrem Haus passiert ist: Sie entschloss sich, die Mutter nicht von drei, sondern von fünf toten Familienmitgliedern zu spielen. Gegenüber ihren Nachbarn, gegenüber den Marktfrauen, gegenüber den Tanten, Schwägern und Neffen, gegenüber der ganzen Welt. Das Leugnen wurde zur Rolle ihres Lebens. Nur so hatte sie eine Chance, ihre Söhne Ismail und Saad zu beschützen.

Behutsam erklärte sie ihnen, dass ihr Leben sich von nun an extrem verändern und dass jede kleinste Unachtsamkeit ihr aller Leben kosten würde. Ein einziger Fehler, und die Familie Quaisi wäre endgültig ausgelöscht gewesen. Die beiden Brüder durften niemals das Licht in ihrem Zimmer anmachen, keine Musik hören, nur flüstern, nicht lachen oder in den Garten gehen, nicht einmal täglich duschen. Ismail und Saad mussten ab jetzt tot sein, selbst für die Nachbarn, die nur zehn Meter entfernt wohnten. Aus dem Gedächtnis der Menschheit gelöscht. Als sie fragten, wie lange es dauern würde, konnte die Mutter keine Antwort geben. Wenn sie die Zukunft hätten sehen können, wer weiß, ob sie die Kraft gehabt hätten für diese grausame Rolle, die die Quaisis nun unfassbar lange spielen mussten.

23 Tage. 23 Monate. 23 Jahre.

Sahar steht auf. Sie schaut mich an, nickt vorsichtig und steigt langsam die knarrende Holztreppe nach oben. Niemand von uns redet, jedes Wort wäre unangebracht.

Sie kommt zurück von oben, und hinter ihr erscheinen ihre beiden Söhne, ich halte die Luft an. Zwei Männer, 44 und 38 Jahre alt. Als ob sie sich verstecken wollten, stehen sie hinter ihrer Mutter im Raum, stumm und starr, ich nehme an aus tief verinnerlichter Angst. Als wir aufstehen, setzen sie sich auf die freien Plätze. Ähnlich scheu wie ihre Mutter es bei unserer Begrüßung war. Wir starren sie an, obwohl uns allen bewusst ist, wie furchtbar das für sie sein muss, aber wir können nicht anders. Ein neuer Tee wird gereicht, die Situation ist beklemmend, die beiden Brüder scheinen vor Unwohlsein ständig schlucken zu müssen. Dann fasst sich Ismail, mit 44 Jahren der Ältere, ein Herz, noch während seine Mutter den Tee einschenkt, und fängt an zu reden. Ismail, mit seiner Brille und seinem schwarzen Oberlippenbart, erzählt von dem winzigen Radius ihres Lebens und davon, wie die beiden versuchten, sich darin einzurichten. Dass sie sich gegenseitig ermutigt haben, wenn einer wieder einmal am Ende war. Wie sie sich gegenseitig beruhigt haben und im letzten Augenblick verhindern konnten, dass der andere seine Nerven verliert und seinem Bedürfnis nachgibt, wenigstens einmal laut zu brüllen.

»Die Verwandten und Freunde«, sagt Ismail, »haben nichts von uns gewusst, wir mussten uns immer verstecken. Die Hoffnung wurde immer kleiner, Jahr für Jahr. Ich war so mutlos, und irgendwann wollte ich gar nicht mehr nachdenken. Ich habe wirklich Angst gehabt, verrückt zu werden.«

Sein jüngerer Bruder meldet sich zu Wort: Saad, 38, mit dünnem Backenbart, noch trauriger als Ismail, aber auch aggressiver.

»Manchmal sind wir fast durchgedreht. Ich habe meiner Mutter gesagt: ›Wenn einer von uns beiden sterben sollte, dann begrab uns nicht auf unserem schiitischen Friedhof, sondern hier im Garten hinter dem Haus. Ich will nicht, dass du auch noch stirbst!‹«

Nur ein Onkel war eingeweiht. Sahars Schwager war der einzige Mensch auf dieser Welt, der wusste, dass die beiden jüngsten Familienmitglieder noch lebten. Ohne seine Hilfe hätte Sahar es mit Sicherheit nicht geschafft, so große Mengen von Lebensmitteln oder Toilettenpapier zu organisieren, ohne aufzufallen. Geschweige denn die Jeans, die Hemden und die Bücher. Bücher, die die beiden Brüder etliche Mal lasen, immer nur bei Tageslicht. Die beiden erzogen sich gegenseitig: zur Konzentration, zum Lernen, zur Geduld, zum Leisesein – auch wenn es ihnen eigentlich zum Weinen und zum Toben war. Mehr als zwei Jahrzehnte in fast vollständiger Stille.

Fast ein Wunder, dass die beiden nicht verlernt haben zu lesen, zu schreiben und zu sprechen. Zwei beinahe wie Kaspar Hauser degenerierte junge Männer in Karrada, Bagdad.

Wir fragen die beiden, ob wir mit hinaufkönnen, und sie haben nichts dagegen. Das Kinderzimmer aus den siebziger Jahren, elf Quadratmeter, alles penibel geordnet. Der einzige Kontakt zur Außenwelt: ein Radio. Die Vorhänge sind geschlossen, wie sie es jahrelang seit dem von der Mutter inszenierten Tod im Jahr 1979 waren. Zwei Betten, die Decken fein säuberlich gefaltet, ein winziger Schreibtisch, darüber das Regal mit den Büchern. Saad, der jüngere, sagt, während er einige Bände aus dem Regal holt:

»Den Koran haben wir gelesen und das Neue Testament, Bücher über Technik, Sprachen, Logik und Philosophie. Wir wollten uns Wissen jeder Art aneignen, aber auch darauf vorbereitet sein, wenn wir entdeckt worden wären. Deshalb haben wir uns auch intensiv mit Psychologie beschäftigt.«

Ich schaue sie mir noch einmal an, die Bücher, von denen die beiden sagen, dass sie sie fast auswendig können. Neben mehreren Schulbüchern gibt es Textbände über den Islam, das Christentum und den Buddhismus, einen Bildband über afrikanisches Großwild und mehrere Bücher über Raumfahrt. Mit diesem Thema haben die beiden sich offensichtlich so intensiv befasst, wie es ihnen möglich gewesen war. Ein Buch über die Mondfahrt. 1969 erschienen.

Als ich das Buch zurück ins Regal stelle, kann ich die Beklemmung körperlich spüren: Ein Kinderzimmer für zwei erwachsene Männer – ein grausames Gefängnis.

Die Nachricht von Saddams Flucht – fünf Wochen vor unserem Besuch – hielten Ismail, Saad und ihre Mutter trotz der Bombennächte noch lange für ein Gerücht, und sie glaubten ihm nicht, weil es vielleicht lebensgefährlich gewesen wäre, ihr geräuschloses Leben plötzlich zu ändern. Tag um Tag blieben Ismail und Saad noch weiter verborgen in ihrer Welt aus Stille und Angst. Erst vorgestern wagten die beiden sich zum ersten Mal hinaus. Auf die Straße, von wo aus ihre Geschichte sich in Windeseile verbreitete und auch uns zu Ohren gekommen war.

Wir nehmen sie an diesem Nachmittag vorsichtig und behutsam mit uns auf einen Spaziergang durch die Stadt. Es ist, als ob wir sie an der Hand hielten. Blass, unsicher, ja, tapsig laufen sie neben uns und starren ungläubig auf die hupenden Autos, auf die vollbesetzten Teeküchen, auf die umspringenden Ampeln, auf die riesigen Regierungsgebäude, auf die amerikanischen Soldaten.

Am zubetonierten Ufer des Tigris, zu dem wir über lange Treppen hinabsteigen, treffen sie ihre Jugendfreunde, ihr Schulterklopfen wirkt unbeholfen. Sie wollen sich jetzt jeden Tag hier mit den Kameraden treffen, um unvorstellbar viel nachzuholen: mehr als ihr halbes Leben.

Zwischendurch fragen wir ein paar der tausend Fragen, die uns im Kopf schwirren: »Wie ist es, wenn ihr Menschen trefft? Wo trefft ihr sie? Was denkt ihr, wenn ihr die zerstörten Bunker, und was, wenn ihr amerikanische Soldaten seht? Habt ihr seit vorgestern schon mit einer Frau gesprochen? Wie schmeckt euch Speiseeis? Habt ihr den Tigris so in Erinnerung? Wie hattet ihr euch das Leben da draußen vorgestellt? Wie fühlt ihr euch jetzt gerade?«

»Wir fühlen uns gut«, sagen die Brüder nur, »aber jetzt ist es langsam zu viel.«

Ismail und Saad verabschieden sich von ihren zugleich alten und neuen Freunden und wollen zurück nach Hause. Erschöpft sind die beiden. Kein Wunder: Auf Saddams Todesschwadronen haben sie sich durch jahrelange Lektüre und Diskussionen eingestellt, nicht aber auf die Freiheit, die sie jetzt erleben.

Also bringen wir die beiden Brüder behutsam zurück in ihr Viertel, in ihre Straße, zum Tor in der Mauer um ihr Haus. Die Verabschiedung von Ismail und Saad ist ernst und schlicht, obwohl uns nach einer Umarmung zumute ist. Aber wir sind uns trotz der existenziellen Dimension ihrer Geschichte der Oberflächlichkeit unserer Bekanntschaft bewusst, wir wollen keine Vertrautheit vorgaukeln. Als sich das Tor öffnet, sehen wir ihre Mutter noch ein letztes Mal: Sahar Quaisi steht still im Garten, ruhig, mit einem Hauch von Stolz, fassungslos über das, was sie geschafft hat.

Nachdem wir am Abend unseren Beitrag für die *Tagesthemen* nach Deutschland geschickt haben, sitzen wir schweigend in unserem improvisierten Fernsehstudio im *Hotel Palestine*, sehr nachdenklich und sehr lange.

Eigentlich war die Geschichte, die uns erzählt worden war, zu groß für uns.

Im Hause Saddam
Tikrit, Irak, Mai 2003

Zehn Tage war ich nach meinem Aprilbesuch in Basra in Stuttgart gewesen, ohne ausspannen zu können. Eine Nachrichtenschicht löste die andere ab, und wir sendeten wegen der angespannten Lage im Nachkriegsirak mehrere Dokumentationen. Dann erhielt ich schon den nächsten journalistischen Auftrag: Ich sollte Jörg Armbruster in Bagdad ablösen, der erstens ziemlich ausgelaugt war und zweitens in seinem Studio in Kairo dringend gebraucht wurde. Dieses war zu einem Taubenschlag geworden, die Teams kamen und gingen – und ohne unsere Redaktionsassistentin Maria Reichart wäre das ganze Unternehmen in Windeseile im Chaos versunken. Nicht umsonst sagte man ihr nach, dass es ihr egal sei, wer unter ihr Korrespondent wäre. Ich reise also wieder in Richtung Irak. Im Hotelzimmer in Amman hätte ich mich mittlerweile auch ohne Licht zurechtgefunden, eine Stunde Schlaf, um halb drei in der Frühe stand Fahrer Salaam wieder vor der Tür. Durch die irakische Wüste ging es Richtung Osten, die Landschaft sehr eintönig und wenig ansprechend. So konnte ich ohne schlechtes Gewissen meinen Schlaf nachholen.

Peter Puhlmann, der frühere ARD-Korrespondent in Mexiko, hatte die Stellung gehalten in Bagdad. Unsere Übergabe fand im Hotel *Sheraton* statt, dem Hochhaus gleich neben dem *Palestine*. Hinter dem wohlklingenden Namen *Sheraton* verbargen sich in Wirklichkeit müffelnde Räume, Teppiche mit Bakterienkulturen, bröckelnder Putz, sporadisch funktionierende Aufzüge, vergilbte Fensterscheiben, fadenscheinige Vorhänge, unverdrahtete Telefone und so weiter. Die Küche war so grauenerregend, dass Kamerakollege Bernhard Stegmann und ich uns eine sechs Wochen währende, schmerzhafte Lebensmittelvergiftung zuzogen, Cutter Kristian Knapps aß weniger und litt kürzer.

Saddam Hussein war seit dem Ende der Kampfhandlungen und dem Sturz seines Regimes am 9. April 2003 untergetaucht und versteckte sich jetzt seit einem Monat vermutlich in der Gegend von Tikrit. Dies war sein Stammesgebiet, hier hatte er die meisten Anhänger. Und hier lebte auch sein eigener Familienclan. Niemals hatten Journalisten bisher mit Mitgliedern dieser Machtzelle gesprochen, doch nun hatten die Zeiten sich ja deutlich geändert. Kameramann Bernhard, Cutter Kristian, Producer Mohammed, Fahrer Jalaal und ich beschlossen, dorthin zu fahren.

Nach 180 Kilometern durch die Wüste sahen wir eine Dorfschaft vor uns liegen. Nach wenigen Minuten hatten wir uns zum Haus des amtierenden Clanchefs durchgefragt. Das kleine Dorf außerhalb von Tikrit hieß Ojah, es war der Geburtsort Saddam Husseins, wie man uns sagte. Fünf Pförtner mit Maschinengewehren nahmen uns in Empfang.

Was wir hier zu suchen hätten, herrschten sie uns an. Ihre Kalaschnikows hatten sie lautstark entsichert. Wir wollten gerade der Aufforderung der Herren entsprechen und verschwinden, als ein Mann in weißer Galabeia aus dem Haus kam. Er brauchte seine Wachen nicht einmal anzuschauen, damit diese sich unwohl fühlten und ihre Waffen wieder sicherten. Wegen ihm waren wir hierhergekommen: Scheich Ahmed Ghazi Ahmed Ketab, der derzeitige Stammeschef derer von Tikrit. Seine Familie gehört zum mächtigen sunnitisch-arabischen Stamm der al-Bu Nasr, dem gleichen, dem auch Saddam Hussein angehörte. Während

Scheich Ahmed mit unserem Producer Mohammed sprach und sich über unsere Wünsche informieren ließ, schaute er mich die ganze Zeit an. Es war einer jener ganz seltenen, ununterbrochenen Blickkontakte, während denen man wortlos kommuniziert. Am Ende war klar, dass wir nicht unverrichteter Dinge abreisen mussten. Mit einem Handschlag seinerseits war es beschlossene Sache, dass er es mit uns versuchen wollte. Eigentlich war die ganze Reise als Vorbesichtigung geplant gewesen, niemand hatte im Ernst erwartet, dass wir gleich mit dem Familienvorstand würden drehen können. Als wir dann vorsichtig anfragten, ob er uns vielleicht einen der Paläste Saddam Husseins zeigen könne, sagte er schlicht und einfach: »Okay. Folgt mir.« Sprach es und setzte sich in seinen Geländewagen, der von zwei waffenstarrenden Begleitfahrzeugen gesichert wurde. Wir mussten uns beeilen, ihn nicht zu verlieren.

Wir fuhren durch die Vorstadt von Tikrit und kamen auf eine Schnellstraße. Als wir von dieser abbogen, waren wir in einer anderen Welt: Wachposten alle paar Meter, Sicherheitszäune, Stacheldraht, massive Betonpolder, Schlagbäume. Dutzende Sicherheitskräfte mussten hier gearbeitet haben, und wenn Saddam Hussein hier logiert hatte, waren es möglicherweise Hunderte gewesen. Jetzt aber war die Auffahrt menschenleer. Sie führte hoch auf einen Felsen, von dem aus man den Tigris überblicken konnte. In dieser Gegend hatte der Fluss sich seinen Weg durch eine Hügellandschaft bahnen müssen, an vielen Stellen war er nun eingerahmt von Felsen wie dem, auf dem wir gerade standen. Der Ausblick, den Saddam von hier gehabt hatte, war traumhaft.

Der Palast war wesentlich kleiner als der in Basra, aber er war noch luxuriöser. Hier, so bestätigte uns Scheich Ahmed, hatte der Diktator viel Zeit verbracht. In den Bädern und Toiletten goldene Armaturen und Wasserhähne, Kristallspiegel, feinster

Marmor. Überall in den Gängen edelstes Interieur, erstaunlich geschmackvoll und kaum überfrachtet. Der Scheich führte uns auf mehrere prächtige Terrassen mit Blick auf die Flussbiegung. Ich konnte mir tatsächlich vorstellen, wie Saddam Hussein auf einem der Ledersessel gesessen und eine Zigarre gepafft hatte, den Blick auf den Tigris gerichtet. Der Scheich musste grinsen über seinen Großonkel Saddam, als er uns in den Saunatrakt führte, zu einem abgerundeten Swimmingpool von höchstens 200 Quadratmetern. Ahmed sagte, wir seien die ersten Westler, die diesen Palast je zu Gesicht bekommen hätten. Dann führte er uns in eines der Wohnzimmer, das von einem Marschflugkörper recht unwohnlich zugerichtet worden war. Noch immer qualmte es im hinteren Teil.

»Geht besser nicht weiter«, raunte Scheich Ahmed uns zu. »Die ganze Konstruktion in diesem Gebäudeteil kann jeden Augenblick in sich zusammenstürzen.«

Die Führung durch den Palast hatte schon über eine halbe Stunde gedauert, als ich den Scheich fragte, ob er jetzt bereit sei, ein kurzes Interview zu führen. Er willigte ein, allerdings unter der Ausklammerung von Fragen zu Saddam Hussein. Ich grinste ungläubig. Da auch er unter seinem breiten schwarzen Schnurrbart ein Grinsen erkennen ließ, fragte ich ihn zunächst nach der Bedeutung dieses Palastes für den Hausherrn. Er antwortete mit detaillierten Beschreibungen und führte uns sogar in einer spontanen Eingebung durch die weitgehend intakten und für uns ungefährlichen Räume. Ich fragte nach der Bedeutung der Tikriter für das Regierungssystem des Irak und umgekehrt nach der Art, wie sich Saddam seinem Stamm und der Region gegenüber verhalten habe. Scheich Ahmeds lapidare Antwort: Man habe sich gegenseitig gefördert, zum Wohle des Irak. Auf die Frage, wie viele Menschen unter dem System gelitten hätten, schwieg er schlicht und einfach. Und schließlich, nach unserem von der Kamera begleiteten Rundgang zurück auf der Terrasse vor dem Wohnzimmer, fragte ich: »Wo ist Saddam Hussein in diesem Augenblick?«

»Niemand weiß, wo er ist, nicht einmal wir«, beteuerte er mit ausladenden Gesten. »Niemand hat ihn gesehen, niemand kennt seinen Aufenthaltsort. Er könnte überall auftauchen, auch hier, in diesem Moment, vielleicht ist er hinter dieser Mauer. Das weiß allein Allah!«

Nach dieser Antwort war mir relativ klar, dass mein Gastgeber ziemlich genau wusste, wo der untergetauchte Diktator sich aufhielt. Er musste ganz in der Nähe sein. Gut ein halbes Jahr später sollte sich die Richtigkeit meiner Annahme bestätigen: Der Diktator wurde am 13. Dezember 2003 nach amerikanischen Angaben in einem Erdloch in dem Dörfchen Dur aufgefunden, gerade einmal 15 Kilometer von Tikrit entfernt. Saddam Hussein, berichtet sein Anwalt Khalil al-Duleimi nach Berichten mehrerer Nachrichtenagenturen am 26. Dezember 2004, habe damals im Haus eines Freundes gewohnt und Widerstand geleistet. Die Wahrheit scheint mir auch in der Diskussion um Saddams Festnahme – wie so oft – das erste Opfer des Kriegs zu sein.

Gegen Abend wollten wir uns verabschieden und für den nächsten Tag noch einmal verabreden. Doch der Scheich sagte, das ergebe überhaupt keinen Sinn: 360 Kilometer zu fahren, und das bei den gefährlichen Straßen nach Bagdad, auf denen es jeden Tag mehrere Überfälle gebe. Er lade uns ein, heute Nacht sein Gast zu sein. Eigentlich sprach die Tatsache, dass wir morgen eine *Tagesschau* geplant hatten, für unsere Abreise, aber die Aussicht auf eine Nacht in einem von Saddams Machtzentren entband uns von größeren Zweifeln. Ich rief die *Tagesschau* an und sagte den Bericht für die 12-Uhr-Ausgabe ab. Scheich Ahmed führte uns in den beinahe turnhallengroßen Empfangssaal. Es gab Wasser, Tee und türkischen Kaffee, den ich »madhbut« bestellte, mit ein wenig Zucker. Dazu wurden später einige Imbisse gereicht. Wir hatten die Kamera ausgeschaltet und unterhielten uns in aller Ruhe. Einmal sah er uns der Reihe nach mit ernster Miene an und sagte:

»Was haltet ihr vom irakischen Essen?«

»Nun ja …«, wir hielten uns etwas zurück, weil wir uns vor Magenbeschwerden kaum bewegen konnten, »wir lieben das irakische Essen, speziell die Hühnchen!«

Als Scheich Ahmed brummte, fuhr ich fort: »Aber in Wirklichkeit wissen wir nicht viel vom Irak, bisher war ich nur in Basra und in der Hauptstadt.«

»Hast du Karpfen gegessen?« Ahmed richtete sich auf, er schien zum Kern der Sache gekommen zu sein.

»Nun ja …« Ich erinnerte mich mit Entsetzen an ein Flussrestaurant am Tigris, in das meine irakischen Kollegen mich eingeladen hatten. In einem Pool aus brauner, heißer Brühe drifteten Tigriskarpfen herum, so groß wie Delfine. Sie waren in einem Zustand irgendwo zwischen Ohnmacht und Tod, und sie schmeckten später auch so. Ich entschied mich, das zu sagen, was ich dachte.

»Es war furchtbar. Der Karpfen in Bagdad war labbrig und geschmacklos!«

Ahmed grinste, die Antwort schien ihm zu gefallen.

Weil das Thema »irakische Küche« damit beendet zu sein schien, fragte ich Ahmed, wie er denn nun Stammesfürst geworden sei. Der Scheich erklärte, amerikanische Soldaten hätten seinen Vater aufgrund einer Falschmeldung aus der Bevölkerung erst vor wenigen Tagen erschossen. Er habe dieses Amt niemals angestrebt, im Gegenteil. Er sei aus der engen, strengen Welt seines Clans so oft geflüchtet wie er konnte. Als ehemaliger, vom zuständigen Ministerium entsandter »Ölmanager« habe er viele

Länder bereist, darunter Deutschland, England und die USA. Sogar ein rudimentäres Englisch sprach Scheich Ahmed, was unsere Kommunikation erheblich vereinfachte. Als sein Vater gestorben war (»ermordet«, wie Ahmed formulierte), habe man ihn umgehend angerufen und ihm unmissverständlich mitgeteilt, welche Pflichten er jetzt habe. Er sei sofort in den Schoß seiner Familie zurückgekehrt, die sich gerade in einer Zerreißprobe befand. So war er nun, als relativ junger Mann von Anfang vierzig, der Stammeschef. Und er deutete vorsichtig an, dass er dieses Amt als riesige Belastung empfinde. Aber dieses Angebot des Stammes auszuschlagen, hätte bedeutet, den Ruf seines Vaters zu beschmutzen – im Irak undenkbar.

Als es auf Mitternacht zuging und wir uns langsam fragten, wo wir denn schlafen sollten, sagte Scheich Ahmed Ghazi Ahmed Ketab: »Und? Lust auf einen Ausflug?«

»Wohin denn?«

»Das werdet ihr schon sehen!« Er grinste über beide Ohren und verteilte einige knappe Anweisungen an seine Untergebenen. Zwei seiner Geländewagen und ein Pick-up wurden in Windeseile beladen, und nach einer Viertelstunde standen wir am Ufer des Tigris.

Wir staunten nicht schlecht, als Ahmeds Schergen ihre Maschinengewehre aus der Hand legten und drei Plastiktische nebst Plastikstühlen ins Wasser stellten. Wohlgemerkt: nicht an den Sandstrand, sondern in den Fluss.

»Habibi«, mein Freund, sagte Ali und führte mich am Arm in Richtung Fluss. Schon bevor Bernhard, Kris und ich richtig saßen, begannen sich die Tischchen zu füllen wie im Schlaraffenland: Kekse, Fleisch und dazu jede Menge eisgekühlte Softdrinks, Bier und sogar eine Flasche Whisky. Die Scheinwerfer der vier Wagen erhellten die unwirkliche Szene: ein Scheich, drei Wessis und jede Menge Iraker bis etwa zum Bauchnabel im Tigris, der eine angenehme Kühle verbreitete. Wir redeten und lachten. Stundenlang.

Wir hatten die Getränke fast vernichtet, als einer von Ahmeds Sicherheitskräften einen Anruf bekam, seine Hosen aufkrempelte und seinem Boss eine offenbar wichtige Information ins Ohr flüsterte. Der Scheich stand umgehend auf, und wir wollten mit anpacken beim Aufräumen des Flussbanketts. Der Stammeschef schaute uns an und schüttelte fast unmerklich seinen Kopf. Wir ließen unsere Stühle also wieder ins Wasser gleiten und folgten ihm in seinen Geländewagen.

Wenige Minuten später erreichten wir das Familienanwesen und folgten unserem Gastgeber in sein turnhallengroßes Wohnzimmer. Wir vermuteten, dass er nach dieser wichtigen Information nun zu einem nächtlichen Geheimtreffen müsse, in dem es um die Zukunft des Irak ginge. Oder dass Ahmed dringlich zu einem Vetter fahren müsse oder etwas Ähnliches. Wir rollten die Decken auf den langen, in einem Halbkreis aufgestellten Sitzbänken aus und wollten uns langsam hinlegen, doch Scheich Ahmed machte keine Anstalten zu gehen, sondern hing weiter auf seinem Chefstuhl ab und ließ sich eine Wasserpfeife reichen. Wir redeten kaum, es herrschte eine untergründige Spannung, weil wir nicht wussten, was jetzt passieren würde. Immerhin war es bereits halb vier in der Frühe. In zwei Stunden würde die Sonne aufgehen.

Minuten später wussten wir es: Die Flügeltüren zum hinteren Trakt knallten explosionsartig auf, und drei Diener kamen nacheinander in den Raum. Augenblicklich roch es nach Knoblauch und nach Gegrilltem. Auf den drei – ungelogen – Hula-Hoop-Reifen-großen Metalltabletts, die sie hineintrugen, befand sich jeweils ein knuspriger, dampfender Karpfen aus Tikrit. Scheich Ahmed klatschte vor Freude in die Hände, und uns lief das Wasser im Mund zusammen. Fast hätte ich ihn umarmt, meinen neuen Freund. Wir aßen und lachten und redeten, bis der Himmel sich hellblau färbte.

Ich hatte am Abend im Sinne des *Weltspiegels* eine Frage gestellt: Ob sich Ahmed vorstellen könne, am nächsten Morgen einige seiner Stammesbrüder einzuladen. Denn wenn man von Saddam Husseins Familie sprach, dann wollte man eben ein paar mehr Mitglieder sehen als nur Scheich Ahmed.

Der Morgen war gekommen, unsere Müdigkeit war auch durch eine Kanne türkischen Kaffee pro Mann nicht zu bekämpfen. Wunderbares, frisch gebackenes Fladenbrot, Käse und hartgekochte Eier gab es dazu, eine Delikatesse. Dann wurde Ahmed plötzlich hektisch, man hatte ihm zugerufen, dass er Besuch habe. Einer seiner Onkel war erschienen, ehrwürdig und abweisend uns gegenüber blieb er auf der Türschwelle stehen und betrat den Empfangsraum erst, nachdem Ahmed ihn persönlich nach vorne geleitete. Der vielleicht 70-jährige Mann setzte sich so, dass er uns nicht anschauen musste. Dann eilte Ahmed schon wieder hinaus, der nächste Gast kam, dann gleich eine Gruppe von dreien. Und es kamen immer mehr. Ich schätze, es waren 60 Männer, fast alle Clanmitglieder aus der Gegend um Tikrit waren der Einladung ihres neuen Chefs gefolgt. Dass wir Ausländer im Raum waren, missfiel ihnen sehr. Die Blicke der Freundlichsten unter ihnen waren ablehnend-unwirsch, die der Aggressivsten hätten eine zartbesaitete Seele auf der Stelle umhauen können.

Stammestreffen der al-Bu Nasr, der Familie Saddams. Wir sind die ersten Journalisten, die diesem höchsten Familienrat beiwohnen. Es gibt heftige Widerstände gegen unsere Anwesenheit bei den Männern, von denen die meisten Saddams Günstlinge waren: Häuser, Wagen, einflussreiche Jobs. Ahmed aber steht auf unserer Seite und greift verbal durch. Wir dürfen sogar Fragen stellen.

Meine erste Frage betrifft das Verhältnis zum Diktator. Die Beziehungen Saddams zu seiner eigenen Familie schienen mir nach den gestrigen Informationen von Ahmed ein hochkompliziertes Kapitel zu sein. Die Gunst des Präsidenten traf nämlich nicht alle, sondern nur ausgesuchte Familien. *Divide et impera*, teile und herrsche – Saddams Methode, um den Stamm zu spalten. Wer nicht auf der Liste der Begünstigten stand, der hatte zu leiden. Mehrere nahe Verwandte von Scheich Ahmed etwa ließ Saddam ermorden.

»Die Leute behaupten zum Beispiel«, sagt einer der freundlicheren Männer, »dass unser Dorf mit Marmor gepflastert ist.« Er schaut in die Runde, wo man allenthalben trocken und hämisch lacht. »Schaut euch doch um! Nein, im Gegenteil, der Präsident hat mehr für andere getan als für uns. Wir mussten mehr Angst haben als andere, etwas zu sagen.«

Ich frage, ob sie sich jemals einen Irak ohne Saddam Hussein hätten vorstellen können.

»Unter Saddam hatten wir ein System«, sagt einer aggressiv, »in dem jeder seinen Platz kannte – vom Minister bis zum kleinsten Beamten. Und jetzt? Es herrscht Anarchie. Wir haben kein Regierungssystem, keine Ordnung, kein Gesetz, keine Stabilität. Ohne Saddam haben wir gar nichts!«

Am Schluss frage ich mehrere Männer nacheinander, die Kamera fängt einen nach dem anderen ein. Die Frage – an alle – lautet: Soll Saddam zurückkommen?

Die Antworten decken sich. Alle sagen: »Ja, natürlich bin ich dafür!«

Dann sollen die internen Konflikte besprochen werden, von denen es natürlich extrem viele gibt, da sie oft jahrzehntelang unter den Teppich gekehrt wurden. Uralte, immer wieder aufgerissene Wunden. Mir wird klar, hier sitzen jetzt die Profiteure des Systems Saddam mit den Leidtragenden in einem Raum. Bei einem der aktuellen Fälle, die sie zu besprechen haben, handelt es sich um einen Mordversuch. Scheich Ahmed möchte unsere Anwesenheit beenden. Er nickt uns eindringlich zu und weist mit seinem Kopf auf den Ausgang. Wir müssen die Versammlung verlassen.

Die Zeit nutzen wir, indem wir in die Stadt hineinfahren. Tikrit, das Herz, die Machtbasis von Saddam Hussein. Hier bekam er all die Loyalität, die er im kurdischen Norden und im schiitischen Süden so sehr vermisste. Natürlich haben die US-Truppen auch hier die äußeren Zeichen seiner Macht geschliffen und etwa sein Museum in Schutt und Asche gelegt. Doch die Beweise dafür, wie gefestigt seine Macht in dieser Region war, findet man überall: In beinahe jedem kleinen Geschäft, jeder Tankstelle, jedem Wohnzimmer hängt Saddams Konterfei noch immer an der Wand.

Wir besuchen den Friedhof von Tikrit: normale Gräber im Vordergrund, klein und geduckt, im Hintergrund das Grabmal von Saddams Vater, tausendfach größer, prunkvoll und majestätisch. Ein Beispiel dafür, dass Saddam seinen Personenkult auf seine Familie ausweitete.

Die Stammesmitglieder hatten recht bei unserem Interview: Die Gegend ist nicht mit Marmor gepflastert. Aber man sieht trotzdem, dass viel Geld aus Bagdad an den Tigris geflossen ist, die Straßen, die Parks, die Denkmäler, die Häuser – alles sieht deutlich besser aus als im Rest des Landes. Und dann dieses Bild, das selbst uns westliche Beobachter erstaunt: Mitten in Saddams Hochburg fährt ein Armeejeep um die Ecke, hält vor einem Supermarkt, und drei US-Soldaten gehen einkaufen. Kaum eine irritierendere Szene ist vorstellbar für jene, die stets nur das Regime der Baath-Partei, das irakische Militär und den Geheimdienst kannten.

Wir warten, bis die GIs mit ihren Chips- und Milchtüten wieder abgezogen sind, schnappen uns Kamera und Mikrofon und betreten den kleinen Supermarkt.

Zwei Verkäufer und ein Kunde stehen zusammen, diskutieren lautstark und schütteln den Kopf. Offenbar empfinden sie die gerade bediente Kundschaft als Zumutung. Ich brauche gar nicht erst vorsichtig zu fragen, ob ich eine Frage stellen darf. Einer der Verkäufer kommt direkt auf mich zu und ruft:

»Wir wünschen, wir hoffen, dass Saddam zurückkommt! Oder glauben Sie etwa, dass jemand außer Saddam das irakische Volk führen kann? Es gibt keinen!«

Wir gehen auf die Straße und setzen unsere Umfrage fort. Die Antworten sind ähnlich. Ein Mann etwa erklärt:

»Die USA behaupten, sie sind gekommen, um unser Regierungssystem zu ändern. Aber wir wollen nichts anderes. Wir wollen Saddams Regime. Wer Saddam nicht haben will, der ist unehrenhaft, der ist ein Zuhälter und will das Geld des Volkes klauen.«

Oder wir bekommen die folgende Argumentation zu hören:

»Die Amerikaner sagen, es gibt jetzt Freiheit und Demokratie. Jetzt kandidieren also diese ganzen sogenannten Oppositionellen ... Okay, dann müssen sie uns Saddam dazugeben, dann können wir ihn wählen, das ist wahre Demokratie!«

Menschen, die wie meine Gesprächspartner in Tikrit ihr ganzes Leben lang in einer Diktatur gelebt haben, wissen mit einer freiheitlichen Grundordnung meist nichts anzufangen. Vor allem dann, wenn sie Nutznießer der früheren Zustände waren. Der Untergang des Regimes von Saddam Hussein – so ahnen die meisten der Sunniten schon jetzt – wird auch für sie fatale Konsequenzen haben. Insofern argumentieren sie reaktionär und manchmal mit zynischen Argumenten. Anders sieht es zwar mit den Opfern aus, den Kurden und den Schiiten, die sich eine

Zukunft ohne Diktatur ersehnt haben, aber auch sie fremdeln mit der Demokratie. Für beide – Profiteure wie Leidtragende – gilt das Gleiche: Ein Leben ohne Angst vor Repression ist ihnen fremd und wird zunächst oft als Leere und Richtungslosigkeit empfunden.

Das gilt selbst für den bislang wichtigsten Stammesverband des Irak: Die al-Bu Nasr befinden sich in einer inneren Zerreißprobe, denn ihr allmächtiger Verbündeter ist von der Bildfläche des Irak verschwunden. Wie will man sich nun in der kommenden Übergangsphase verhalten? Kooperativ oder nicht? Welche Haltung soll man gegenüber den USA einnehmen? Ist es begründet, Angst zu haben vor den jahrzehntelang unterlegenen Kurden und Schiiten? Die Mitglieder der Familie Saddams sind zutiefst verunsichert, bereits die Anwesenheit eines ARD-Teams betrachten sie als Affront. Eine Ausnahme bildet in dieser Frage lediglich ihr neuer Chef, der uns mit seiner Gastfreundschaft geradezu überschüttet. Doch auch er hat zeit seines Lebens Nutzen aus seinem Verwandtschaftsgrad gezogen, war somit Teil des menschenverachtenden Systems.

Zurück bei der Stammesversammlung derer von Tikrit. Scheich Ahmed hat mittlerweile – es sind drei Stunden vergangen – internes Recht gesprochen. Die zwei Männer, die sich des Mordversuchs an einem anderen Familienmitglied schuldig gemacht haben, werden weder an die Behörden ausgeliefert noch an die Amerikaner. Die beiden, so erläutert mir Ahmed, müssen sich der Entscheidung des Clans beugen: Sie müssen die Stadt für alle Zeiten verlassen, bei einem Verstoß würden ihnen Arme und Beine gebrochen. Die al-Bu Nasr verlassen nacheinander den Empfangssaal von Scheich Ahmed, der jedem die Hand gibt und die meisten auf die Wange küsst. Kaum einer der Männer würdigt uns eines Blickes, noch einmal macht man uns deutlich, dass wir unerwünschte Eindringlinge sind.

Als die Verabschiedungszeremonie zu Ende ist, steht noch unser eigenes Lebewohl an. Ein letzter Tee in der Halle, Scheich Ahmed führt uns zu einer Wand mit ein paar Schwarz-Weiß-Fotografien. Über allem thront sein Großvater. Über zwei Meter groß war er und wurde 117 Jahre alt! Darunter hängt sein Sohn, Ahmeds Vater – auch er eine imposante Erscheinung, eine lebende Legende bis zu seiner Ermordung vor einer Woche. Es kommt mir vor, als würde es nicht passen, wenn man jetzt Ahmeds Foto neben die beiden anderen hängte. Obwohl er gerade Recht gesprochen hat in Einklang mit der Stammestradition, obwohl er die al-Bu Nasr vielleicht tatsächlich führen könnte. Ahmed möchte es gar nicht, wie er mir zum Abschluss mitteilt. Er sieht sich höchstens als Übergangschef, denn sein eigentliches Interesse liegt weiter im Norden in der Gegend von Kirkuk und ganz im Süden des Landes, um Basra herum. Der 40-jährige Betriebswirtschaftler möchte diesen denkbar schwierigen Posten so schnell wie möglich abgeben an einen seiner Brüder. Und dann seiner eigentlichen Profession nachgehen, dem Öl-Business.

Wir verabschieden uns von unserem Gastgeber und steigen in unseren Dienstwagen, um zurück nach Bagdad zu fahren. Langsam rollt der Geländewagen rückwärts von der Einfahrt. Scheich Ahmed Ghazi Ahmed Ketab winkt uns zu. Wir beide lächeln.

Anschlag auf das Rote Kreuz
Bagdad, Oktober 2003

Es war meine fünfte Reise in den Irak insgesamt und schon die vierte Reise in diesem Jahr. Wieder zwei Monate lang, wieder konnte ich meinen Freund und Kameramann Bernhard Stegmann aus Stuttgart überreden, mich zu begleiten, auch wenn seine Frau damit nicht ganz einverstanden war. Von meiner eigenen gar nicht zu sprechen. Wir beschlossen, unsere Tochter nun mit einem *Tagesschau*-Verbot zu belegen, die Geschichte vom »Papa, der eine schöne Reise macht« war endgültig als Notlüge entlarvt, nachdem Klassenkameradinnen sie über die Gefährlichkeit meiner Tätigkeit im Nachkriegsirak in Kenntnis gesetzt hatten. Immerhin hatte ich es geschafft, Mitte September zu Hause zu sein, um ihren Geburtstag gebührend mit ihr zu feiern.

Ereignislose Tage gab es in der zweiten Hälfte des Jahres 2003 im Irak keine mehr. Die Frage war in der Regel nur, ob das, was passierte, schlimm oder furchtbar war. Und dann gab es Tage wie den 27. Oktober.

8:00 Uhr: Ein Krankenwagen fuhr durch die irakische Hauptstadt, an den Seiten jeweils das Zeichen des Roten Halbmonds, wie das Rote Kreuz in der arabischen Welt heißt. Er fuhr in Richtung des Firdous-Platzes, auf dem noch bis vor kurzem das wohl bekannteste Saddam-Denkmal gestanden hatte. Sein Ziel lag ganz in der Nähe.

Am Vortag hatte es einen Anschlag auf das *Hotel al-Raschid* gegeben, mit Raketenwerfern. Das, was diese für Bagdader Verhältnisse nicht ungewöhnliche Nachricht zu einer Sensation gemacht hatte, war die Tatsache, dass sich zum Zeitpunkt der Attacke dort auch der stellvertretende US-Verteidigungsminister Paul Wolfowitz aufgehalten hatte, einer der Architekten des Irakkriegs. Unser ganzes Team litt unter chronischem Schlafmangel. Bis zum *Nachtmagazin* hatten wir gearbeitet und dann den heutigen Tag vorbereitet. Schlaf in dieser Nacht: vier Stunden. Nach Wochen unter diesen Bedingungen hatte ich meine Truppe gebeten, mich und Kameramann Bernhard ausnahmsweise nur dann zu wecken, wenn die Redaktion aus Hamburg anrufen würde. Ich schlief also noch.

8:27 Uhr: Der Krankenwagen hatte den Firdous-Platz – jetzt ohne Saddam-Statue – umkreist und war in eine der Seitenstraßen abgebogen. Ungewöhnlich war, dass er allein fuhr. Weder lag ein Patient auf der Trage im hinteren Teil noch saß ein Sanitäter oder Arzt neben ihm. Dann die erste Straßensperre. Der Fahrer winkte freundlich, die Polizisten ließen ihn weiterfahren. Zweite Sperre, kurz vor dem Eingang zu einem Gebäudekomplex. Der Beamte war kritischer als seine Vorgänger und wollte den langsam an ihm vorbeifahrenden Krankenwagen stoppen. Doch der gab plötzlich Vollgas. Schüsse aus dem Maschinengewehr des Polizisten verfehlten ihr Ziel. Der Fahrer raste über den langgestreckten Vorplatz auf jenes dreistöckige Gebäude zu, das sein Ziel war: die Zentrale des Internationalen Komitees vom Roten Kreuz.

Ich war gerade aufgewacht, hatte mir aber nach einem Blick auf meine Armbanduhr noch zwei, drei Minuten gegönnt, um vollends zu Bewusstsein zu kommen. Aus meinem Weltempfänger röhrte bereits die Stimme der BBC, ich wollte schon mal grob informiert zu sein, bevor ich ins Büro ging. Ich hörte mit geschlossenen Augen ein paar Korrespondentenberichte.

Plötzlich eine gewaltige Detonation. So stark, so laut, wie ich noch keine erlebt hatte. Scheiben splitterten, Menschen schrien, Sirenen begannen zu heulen. Schon mehrmals waren unser *Hotel Palestine* und das benachbarte *Sheraton* von Raketenwerfern beschossen worden, zum Glück hatten die Einschläge immer in anderen Gebäudeteilen gelegen. Auch dann war es laut gewesen, waren Scheiben geborsten und Menschen in Panik geraten. Aber heute war es anders: ein Inferno, ein dumpfer Schlag, der immer heller und beißender wurde und den in den angrenzenden Stadtvierteln jeder körperlich spüren konnte. Ich schätze, vom *Palestine* waren es – Luftlinie – rund 250 Meter.

Nada Doumani war die Sprecherin des Internationalen Komitees vom Roten Kreuz in Bagdad. Wie engagiert und wie professionell sie arbeitete, hatten wir bei mehreren Interviews mit ihr erfahren. Heute aber war sie in Tränen aufgelöst und einem Nervenzusammenbruch sehr nahe. Hinter ihr ein riesiger See, denn der Attentäter hatte ganz nebenbei auch eine Wasserleitung getroffen, mehrere Straßen waren bereits überflutet. In der Fassade des Gebäudes hinter Nada Doumani klaffte ein zwölf Meter großes Loch, die Explosion war gewaltig gewesen. Zwölf Menschen – Patienten und Mitarbeiter – waren getötet worden, Dutzende verletzt. Überall mischte sich Blut mit dem ausströmenden Wasser, Leichenteile lagen verstreut herum. Dazu Schreie von allen Seiten. Aus Verzweiflung, aus Schmerz. Zum ersten Mal in der Geschichte war das Internationale Komitee vom Roten Kreuz Ziel eines Selbstmordanschlags geworden.

»Wie können die das machen?« Nada sprach mehr zu sich selbst als in unsere Kamera. »Wie kann man so was machen? Das ist doch – ein Wahnsinn!«

Selten habe ich der Aussage eines Interviewpartners so uneingeschränkt beigepflichtet. Ausgerechnet das Rote Kreuz – wir waren fassungslos und wütend. Ärzte und Ärztinnen, Pfleger und Pflegerinnen, die in die schlimmsten Gegenden dieser Welt gingen, um anderen Menschen zu helfen. Uneigennützig, ohne jede politische Absicht.

Nach dem morgendlichen Anschlag auf das Rote Kreuz war der Schrecken in Bagdad noch nicht zu Ende. Bis zum Abend folgten vier weitere Detonationen, die meisten gegen Polizeistationen. Am Abend hatten insgesamt 34 Menschen ihr Leben verloren, 224 waren verletzt worden. Einen Tag zuvor hatte der Fastenmonat Ramadan begonnen, in dem die Familien nachts zu feiern pflegen. Diese religiöse und familiäre Freude hatten die radikalislamischen Terroristen den Irakern in diesem Jahr genommen.

Die Ereignisse dieses Tages hatten Auswirkungen auf die weitere Entwicklung im Zweistromland. Zum einen erkannte der amerikanische Militärsprecher, General Mark Hertling, schließlich an, dass ausländische Kämpfer mit verantwortlich waren für das Blutbad; lange Zeit hatten die USA dies geleugnet und sämtliche Anschläge dem innerirakischen Widerstand zugeschrieben. Nun waren die Beweise zu erdrückend geworden, zumindest einer der Attentäter stammte aus Syrien; er hatte einen sechsten Anschlag geplant. Außerdem zeigten sich mehrere UN-Organisationen nach der beispiellosen Anschlagserie in Bagdad nicht nur schockiert, sondern kündigten an, ihre Arbeit im Irak noch weiter als bisher einzuschränken. Auf Kosten der Zivilbevölkerung. Das Morden ging weiter, wurde immer brutaler und fand immer häufiger statt.

Und doch gab es – wenn man genau hinsah – auch Positives im Nachkriegsirak zu berichten. Geschichten, die Mut machten, Geschichten, die um Menschen kreisten, die man nur bewundern konnte.

Die Helden von Bagdad

Bagdad, Oktober/ November 2003

Ein hektischer Morgen in Bagdad, Ende Oktober 2003. Wir rasen mit dem Teamwagen von A nach B, machen ein Interview und bereiten Beiträge für *Tagesschau* und *Tagesthemen* vor, fahren über den Tigris und drehen einige weitere Einstellungen für den *Weltspiegel*. Am frühen Nachmittag fahren wir durch das Stadtviertel Adhamiya. Wir sind auf dem Weg ins Studio und treffen wieder einmal auf eine dieser Straßensperren, durch die wir mit unseren Presseausweisen normalerweise hindurchkommen. Heute nicht.

Was denn anliege, frage ich den amerikanischen GI mit seinem Maschinengewehr im Anschlag, das so massiv kontrastiert mit seiner kaugummikauenden, gelangweilten Miene.

»Straßenbombe!«

Tatsächlich, mit Hilfe der Optik in unserer Kamera sehen wir ein verdächtiges schwarzes Paket auf dem erhöhten Mittelstreifen, etwa 100 Meter von uns entfernt. Was nun geschehe, frage ich. Der Texaner spuckt unwirsch auf den staubigen Boden.

»Da kommen gleich die Jungs vom irakischen Bombenentschärfungsteam und schauen sich die Sache mal an!«

Wir beschließen zu warten.

Eine Stunde vergeht, ohne dass etwas passiert. Ab und zu verlasse ich den Teamwagen und unterhalte mich mit John, dem texanischen GI, der zusammen mit seinem Trupp die Straße sichert. Sein Unwissen über die Welt scheint grenzenlos zu sein, vor allem über die muslimische Welt. Er kennt keinen Unterschied zwischen Sunniten und Schiiten, weiß lediglich, dass Saddam ein Verbrecher war, aber nicht warum, er hat keine Ahnung von Religion, Geschichte und Wirtschaft des Irak. Einzig dann wacht er aus seiner Einsilbigkeit auf, wenn er seiner Abneigung gegen das Land, seine Speisen und Getränke, die Menschen, ihre Sprache und die Hitze Ausdruck verleiht.

Einmal, nach einer längeren Konversationspause, verzieht er angewidert das Gesicht und sagt: »Nicht mal gut schlafen kann man hier!«

»Wieso nicht?«

»Weil hier ständig Disco ist.«

»Disco?«

»Ja, Mann, verdammt. Morgens, mittags und nachts schalten die nen bescheuerten Lautsprecher ein, und dann geht's rund …«

Er meint es ernst. Ich erwähne beiläufig, dass es täglich fünf Discos gebe und der DJ Muezzin heiße. Und ich frage mich, wie man eine Hightech-Armee an einen politischen Brennpunkt entsenden und wissend in Kauf nehmen kann, dass ihre Soldaten von den elementaren Gegebenheiten des Landes keine Ahnung haben. Rechnet man Johns Ahnungslosigkeit hoch, wird man fassungslos. Nur so ist zu erklären, dass selbst die Saddam hassende schiitische Bevölkerungsmehrheit des Landes wie auch die Kurden im Norden schon nach kurzer Zeit ebenfalls zu Gegnern der US-geführten Truppen geworden sind. Aus den Befreiern sind für sie Invasoren geworden, aus den ersehnten Freunden verachtete Feinde. Ich sichte mehrere Videos, in denen etwa US-Kommandos in ein Wohnhaus eindringen und der *Umm*, der Mutter des Hauses, keine Zeit lassen, sich anzukleiden. Hätten diese Ignoranten mit Sturmgewehren auch nur einen Kurzvortrag über die islamische Welt genossen, wüssten sie, dass man sich mit so einem Verhalten nicht nur den ewigen Hass der Familie sichert, sondern auch den des ganzen Stammes. Desgleichen betreten unwissende Eliteeinheiten eine Moschee in Kampfstiefeln und hinterlassen logischerweise vollkommen verbrannte Erde.

Die kurze Unterhaltung mit John an jenem denkwürdigen Tag des Wartens hat mir das Nichtwissen und seine weitreichenden Folgen deutlicher gemacht als viele politische Analysen.

Plötzlich kommen sie: zwei junge Iraker, die hektisch aus ihrem hellblauen Pick-up aussteigen und ohne weitere Verzögerung auf das schwarze Paket in der Straßenmitte zueilen. Menschen flüchten hinter Häuserecken, Pkw schieben sich, so weit es eben geht, zur Seite.

Wir können es kaum glauben: Die beiden irakischen Sprengstoffexperten knien sich neben das Paket, diskutieren einige Sekunden und beginnen, die Plastikfolien mit unscheinbaren Werkzeugen zu durchtrennen. Immer schneller und immer schneller, am Ende zerreißen die beiden auch die innere Pappe mit bloßen Händen und enttarnen die Überreste der fürchterlichen Bedrohung als das, was es ist: eine täuschend echte Attrappe. Applaus von überall her, die beiden Männer freuen sich über den spontanen Zuspruch, steigen eilig in ihren Pick-up und brausen davon.

In diesem Moment steht mein nächstes Thema fest: eine Reportage über diese unerschrockenen Männer.

Wenige Tage später führen wir ein Interview, das vor allem dazu dienen soll, uns Zugang zu den Bombenentschärfern zu verschaffen. Nur einer kann das bewerkstelligen: Polizeihauptkommissar Munam Said. Der Mittfünfziger mit Halbglatze sitzt hinter seinem Schreibtisch und schaut einen Stapel Papiere durch, während wir unsere Kamera vorbereiten. Der Chef der Bagdader Sprengstoffräumer schüttelt bei jedem Blatt leicht den Kopf. Dann seufzt er und schaut auf.

»Das hier«, er wedelt mit den Blättern, »sind alleine die Fälle von heute Nacht!« Schnell liest er dann vor, nur ein paar der Einsätze, jeder Fall hört sich an wie eine Anklage: »Stehengelassener Wagen, Türen geöffnet, kein Fremdkörper. – Verdächtiger Gegenstand neben einer Schule, davor haben wir große Angst, so etwas ist immer gefährlich. Gegenstand entpuppt sich als Bombe. Verdächtiger Gegenstand sichergestellt. 500 g Explosivstoff, kleine Bombe in einem Karton. – Verdächtiger Gegenstand im Viertel Kasimijah: Eisenbehälter, der mit Elektrokabeln zusammengebunden war, kein Explosivstoff. – Al-Chadra-Kreuzung: eine Bombe explodiert, bevor entschärft werden kann. Fensterscheiben splittern, Straße wird abgeriegelt. Granatenkörper, mit Sprengstoff gefüllt. Ein älteres Militärobjekt.«

Dann beginnt unser Interview. Erst einmal in seinem Leben war Munam Said im Ausland, und zwar in Deutschland, wo er Anfang der neunziger Jahre an einem Sprengmittel-Intensivkurs teilgenommen hat. Diesen Umstand – ich gebe es gerne zu – nutze ich weidlich aus: Ich beglückwünsche ihn überschwänglich zu dieser sensationellen Erfahrung. Ich weiß, dass CNN und BBC und andere Sender intensiv versuchen, Zugang zur Eliteeinheit zu bekommen, bislang jedoch abgewiesen wurden. Auch mir will Munam eine Abfuhr erteilen, aber mit meiner Beharrlichkeit hat er nicht gerechnet: Ich bitte und argumentiere, rede mir den Mund fusselig, bis sein hartes Gesicht von einem Lächeln überzogen wird. Ich glaube, jetzt eine echte Chance zu haben.

»Was wir wollen, Herr Direktor, ist nicht eine billige Sensation, nicht eine Stunde Dreh für eine Minute Nachrichtenfilm.«

»Sondern?« Der Polizeichef wirkt konzentriert, zugeneigt, ich habe bislang keinen Fehler gemacht.

»Wir wollen die Wahrheit erzählen.«

Der Direktor sieht mich gebannt an. Ich muss etwas wirklich Überzeugendes sagen.

»Die ARD, das Erste Deutsche Fernsehen, will euch über die Schulter schauen und eure tägliche Arbeit dokumentieren. Wir wollen zeigen, unter was für ...«, ich zögere kurz, »unter was für erbärmlichen Bedingungen Sie und Ihr Team jeden Tag die Kohlen aus dem Feuer holen, wie Sie die Stadt von diesem teuflischen Zeug befreien und dabei Ihr Leben aufs Spiel setzen. Für eine Bezahlung, für die Ihre deutschen Ausbilder nicht mal einen Silvesterböller entschärfen würden. C4 mit bloßen Händen durch die Gegend tragen? Sich einem möglicherweise scharfen Sprengsatz ohne Schutzkleidung nähern, wie Ihre beiden Beamten vorgestern in Adhamiya? Sie können sich den Film anschauen, bevor er ausgestrahlt wird. Ich gebe Ihnen die Chance, alles zu korrigieren, was ich falsch formuliere. Und wissen Sie, wie der Titel des Films lauten wird?«
»Wie?«
»Die Helden von Bagdad!«

Einige Minuten gesteht uns der Direktor der »Abteilung für Kriminalität und Investigationen« schließlich zu, einen kurzen Rundgang durch die Abteilungen. Gemeinsam klettern wir im hintersten Teil des großen Geländes durch eine sehr kleine Öffnung in einen würfelförmigen Bunker, etwa 2×2×2 Meter groß. Nur der Durchgang ist frei, sonst hat man von außen massive Erd- und Lehmwände aufgeschichtet, falls der Betonbunker mal in die Luft fliegen sollte. Und das ist gar nicht einmal so unwahrscheinlich. Jeder Sprengsatz, den Munam Saids Männer im Großraum Bagdad finden, landet hier. Etliche, mindestens aber 50 Granaten, größere Haubitzen, artifizielle Sprengsätze, purer Plastiksprengstoff C4 in länglichen Barren, TNT, Dynamit. Jeden Tag füllt dieser Bunker sich mit gefährlichsten Explosivstoffen, und jeden Abend werden sie in einen Steinbruch gefahren, wo man sie detonieren lässt.

»Schaut mal her«, Munam kniet sich nach seinem längeren Vortrag auf den Lehmboden und hebt zwei Plastiktüten hoch, »die eine Tüte steht für die Gefahr und die andere für die Perversion!«

Aus der einen Tüte kramt er C4 hervor und sagt: »Ein Gramm würde reichen, um einen tierischen oder menschlichen Kopf in 1000 Stücke zu zerlegen!« Und dann hebt er die andere Tüte hoch.

»Aber das hier«, er lässt die zweite Tüte theatralisch hin und her schwenken, »ist noch viel schlimmer.«

Seine Hand fasst hinein. Kameramann Bernhard Stegmann, Tonmann Raad al-Falahi und ich zucken unwillkürlich zurück, als es metallisch zu scheppern beginnt. Er zieht seine Hand langsam wieder heraus und zeigt uns kleine Stahlplättchen, quadratisch, halb so groß wie ein Dominostein.

»Seht ihr, wie scharf die Kanten sind?«

Unsere Finger streichen vorsichtig über die Kanten, sie sind rasiermesserscharf.

»Diese Plättchen packen die Attentäter zu Hunderten um ihre Sprengsätze herum. Könnt ihr euch vorstellen, was diese Metallstücke ausrichten? Diese Verbrecher machen das, um die Wirkung ihrer Anschläge zu potenzieren.«

Nach einer halben Stunde verlassen wir den Bunker und sind darüber nicht gerade unglücklich. Der Direktor hat per Funk gehört, dass gleich zwei Teams zurückkehren, und beschließt, sie draußen am Eingang zu begrüßen. Seine Leute hatten offenbar eine harte Schicht: zwei Pkw voller Explosivstoffe, darunter ein Dutzend Kleingranaten, die schon angerostet sind. Wie fast immer sind die Sprengfallen verbunden mit einem Fernzündungsmechanismus, das ganze Terrorequipment mitsamt Batterie und Impulsgeber.

Besonders ärgerlich für die Spezialeinheit aber ist die dramatische Zunahme von Attrappen, wie wir sie in Adhamiya gesehen haben.

»Sie spielen mit uns«, sagt Direktor Said, »sie wollen, dass wir abgelenkt werden und unsere Energien vergeuden. An der einen Ecke versuchen sie uns zu täuschen, und an der anderen Ecke schlagen sie zu!«

Gerade hat der Polizeichef begonnen, mit seinen Leuten die Sprengstofffunde zu analysieren und die Ereignisse des Tages Revue passieren zu lassen, als wieder ein Funkspruch eingeht: Sprengstoffalarm in einer Schule. Jetzt geht alles extrem schnell: Das Team Mushtaq/Ali wird beauftragt, sofort loszufahren, rennt zum Einsatzwagen. Und wir? Stehen unvermittelt am entscheidenden Punkt unserer Reportage. Unsere zugesagten paar Minuten sind längst abgelaufen, und eigentlich müsste er uns jetzt zurückpfeifen. Unsere gesammelten Blicke heften sich auf den Polizeichef, stumm fragend.

Er weiß, dass es jetzt von ihm abhängt – ob er uns bloß diesen kleinen Einblick gibt oder mehr. Er rollt ausdrucksvoll mit den Augen, schüttelt ablehnend seinen großen Kopf, zieht seine Nasenspitze nach oben und wendet sich resigniert ab. Es folgt ein winziges, ein homöopathisches Nicken. Wie auf ein Kommando spurten wir über die Straße und springen in den Pick-up, dessen Motor schon aufheult. Ich nach innen, Bernhard und Raad auf die Ladefläche.

Souks fliegen vorbei, Shisha rauchende Gruppen von Männern in Cafés, Hupen von allen Seiten, Blaulicht, Schreie, Bernhards von Adrenalin getränktes Lachen, Engpässe im dichten Verkehr, die mit 80 km/h durchstoßen werden, bis wir auf eine kleinere Straße parallel zu einem Kanal kommen, wo der Tacho unaufhaltsam weiter nach rechts schwingt: 100 km/h. Ein Pferdekarren geht durch, wir erhaschen einen Blick auf seinen entsetzten Reiter. 120 km/h, die Straße wird enger und enger, Palmen im Halbsekundentakt rechts und links, die immer noch heiße Sonne und der Sandstaub. Bei Tempo 160 schließlich ist das wilde Hupen der anderen Fahrzeuge kaum mehr wahrnehmbar. Als wir einen langsamen Pkw überholen und uns ein anderer sehr schneller Pkw entgegenkommt, scheint ein Zusammenstoß unvermeidlich. Doch im letzten Augenblick driften beide Fahrzeuge entscheidende 15 Zentimeter auseinander, sodass wir gerade noch hindurchpassen. Bernhards Kamera dreht die ganze Sequenz, und Tonmann Raad hält ihn am Rücken umklammert, wir lassen die Einstellung später in unserer Reportage anderthalb Minuten am Stück stehen, ungeschnitten.

Dort, wo der Wagen zum Stillstand kommt, an der Al-Kumeit-Schule, herrscht nackte Angst. Zwei von drei Schülern kommen schon längst nicht mehr zum Unterricht, denn die Schule wird seit Wochen gezielt bedroht. Die Bombenentschärfer Mushtaq und Ali überqueren schnell die Straße und gehen die Treppen zum Eingang hinauf. Drinnen wartet schon der Direktor Abbas Fadel, er ist verzweifelt.

»Seit drei Tagen geht das schon so. Wenn unsere Schüler auf dem Nachhauseweg sind, sprechen Fremde sie an, Spaziergänger oder Männer in langsam fahrenden Autos. ›Eure Schule ist in Gefahr‹, sagen sie, oder etwa der Mann in einem Wagen, der mit ägyptischem Akzent gesagt hat: ›Wir sprengen eure Schule in die Luft!‹ Was für eine kriminelle Energie muss man haben, um eine Schule mit 1000 Schülern in die Luft sprengen zu wollen?«

Ali und Mushtaq nicken, um den Vortrag des Direktors abzukürzen, denn sie haben jetzt keine Zeit für eine Unterhaltung.

»Wir gehen dann mal«, sagt Mushtaq und beginnt seinen Rundgang, wir folgen ihm. In jedem Klassenzimmer schaut er in den Schrank, die Toiletten nimmt er sich besonders gründlich vor, kein potenzielles Versteck entgeht ihm. 33 Jahre alt ist er und hat trotz seines geringen Alters zu Zeiten Saddams schon sechs Jahre als Entschärfer gearbeitet. Er ist blitzschnell, umsichtig und sehr professionell. Aber nebenbei lässt er immer wieder seinen Humor aufblitzen. Er wirkt sympathisch auf mich, aber müde. In diesem Moment ist er seit 21 Stunden im Einsatz. Er rechnet zwar nicht mit dem Schlimmsten, das wäre eine scharfe Zeitbombe, denn bislang waren Schulen nur selten das Primärziel. Aber wenn er und seine Kollegen gerufen werden, dann müssen sie gründlich sein. Nach einer halben Stunde haben Mushtaq und Ali die Schule überprüft: kein Sprengsatz. Nachdem der Direktor sich bedankt hat und wir wieder im Wagen sitzen, sind die beiden wutentbrannt.

»So was können wir nun wirklich nicht mehr verstehen«, beschwert sich Mushtaq, »dass jemand droht, Bomben in Schulen zu legen. Wie kann man Kinder mit dem Tod bedrohen? Die zerstören doch nur das eigene Volk.«

Und Kumpel Ali fügt hinzu: »Das Einzige, wofür wir noch arbeiten, sind die Menschen. Wenn es uns nicht gäbe, würde vielen von ihnen was passieren. Ansonsten gibt es nur eins: Vertrauen auf Allah und hoffen, dass einem nichts passiert. Aber du hast es nicht im Griff: Wenn eine Bombe hochgeht, bist du dran!«

Nach diesem Einsatz wohnen wir praktisch fast eine Woche in der Zentrale der Bombenentschärfer – nur unterbrochen von unserem Standardprogramm für die Hamburger, Münchner und Kölner Redaktionen. Wir begleiten wechselnde Teams bei ihren waghalsigen Einsätzen, erleben die menschenverachtenden Attentatsversuche und die beinahe ohnmächtigen Gegenmaßnahmen der Beamten. Wir sind dabei, als die furchtlosen Männer die Funde auswerten, als sie in einem Aufenthaltsraum Eier auf einer rotglühenden Platte kochen und schlafen gehen, nur um nach einer halben Stunde zum nächsten Himmelfahrtskommando gerufen werden. Mit vor Müdigkeit grauen Gesichtszügen durch die nächtliche Hauptstadt, in der noch immer Ausgangssperre herrscht. Es kommt mir vor, als wären wir eingetaucht in die inneren Kreise jener Hölle namens Bagdad.

Bei den meisten der Einsätze begleiten wir Mushtaq. Der Junggeselle wird uns immer sympathischer, sein Sarkasmus und seine Hornhaut auf den Nervensträngen haben es uns angetan. Als wir vor einem uralten Mercedes stehen, der seit Tagen an einer verdächtigen Stelle steht, und Mushtaq ihn untersucht, erklärt er uns sein Vorgehen – und das am möglicherweise lebensgefährlichen Objekt.

»Einen verdächtigen Pkw durchsucht man immer von vorne nach hinten. Hier«, jetzt duckt er sich hinunter und öffnet die Motorhaube, »hier vorne beginnt man, weil viele Sprengsätze an die Autobatterie gekoppelt sind. Dann«, er schlägt die Motorhaube zu und öffnet mit einem Metallstab in Windeseile die Fahrertür, »kommt der Innenraum, vor allem die Seitenverkleidungen und das Handschuhfach und die Hohlräume unter den Sitzen.« Er zögert keinen Augenblick, bevor er das Handschuhfach öffnet oder die Seitenverkleidung mit einem Schraubenzieher aufbricht. Dann schließt er die Fahrertür und geht nach hinten.

»Und schließlich der gefährlichste Teil: der Kofferraum.« Natürlich ist der abgeschlossen und muss aufgebrochen werden. Beim Aufbruch werden nicht selten Sprengfallen ausgelöst und die Ladung detoniert. Die Ausrüstung der Bagdader Spezialeinheit ist Lichtjahre von Röntgengeräten, biegsamen Minikameras und ferngelenkten Robotern entfernt, deshalb benutzt man einfache Stemmeisen. Tod oder Überleben, alles entscheidet sich in dieser Sekunde. In diesen Tagen und Nächten gilt das auch für Bernhard, Raad und mich. Wir schicken ein Stoßgebet zum Himmel und werden erhört: Im Kofferraum des Mercedes liegen nur ein paar Decken. Wem immer der Wagen gehört, er wird sich wundern, wenn er ihn abholt. Die sogenannte Nachkriegsära in Bagdad ist keine gute Zeit für Falschparker.

Mushtaq frage ich danach, wie er überhaupt so einen Job machen könne.

Seine lakonische Antwort: »Wenn ich an eine Bombe herangehe, schmeiße ich die ganze Gefahr einfach über Bord. Ich mache es, weil es irgendjemand machen muss! Weil ich meine Heimat und meine Familie und meine Freunde nicht im Stich lassen darf! Ich selbst habe keine Angst, denn ich verlasse mich auf Allah.«

Einmal, als er mittags wieder ausgelaugt ist nach seiner 24-Stunden-Schicht, begleiten wir ihn mit der Kamera auf seiner Busfahrt nach Hause. Er wohnt dort zusammen mit seiner Mutter und seinen zwei Schwestern. Zuerst wird er schlafen bis zum Abend, dann mit seiner Familie reden, vielleicht kurz einen Freund besuchen, dann essen und wieder ins Bett gehen. Morgen früh um 10:00 Uhr wird er sich wieder auf den Weg machen, zur nächsten Schicht.

»Und, was sagt die Familie zu deinem Job?«

»Sie wissen nicht, was ich mache.«

»All die Jahre hast du das vor ihnen geheim gehalten? Ehrlich?«

»Ja, all die Jahre. Meine Mutter würde sterben vor Angst. Ich bin der einzige Mann in der Familie!« Als wir aus dem Bus steigen, der ihn in seinem Stadtviertel absetzt, meint er: »So, ab hier bitte nicht mehr drehen!«

»Warum?«

»Weil niemand hier weiß, was ich tue, und so soll es auch bleiben!«

»Warum?«

»Weil die Terroristen nur auf so eine Information warten. Und wenn sie es wissen, bringen sie mich direkt vor meinem Haus um. Oder sie stürmen hinein und töten meine Mutter und meine Schwestern.«

Ein Einsatz am Nachmittag, ein paar Tage später. Eine Straßenbombe soll im bepflanzten Mittelstreifen einer belebten Durchgangsstraße vergraben worden sein, Passanten haben einen verdächtigen Wagen beobachtet. Der Fahrer soll dort etwas unter einem Busch eingebuddelt haben und danach mit großer Geschwindigkeit weggefahren sein. Als die Minenexperten die Straße sperren und mit Spaten nach dem vermeintlichen Sprengsatz suchen, kommen Abgeordnete einer kleinen Kurdenpartei hinzu, Nachbarn. Anstatt Mushtaq und Ali zu danken, dass sie ihr Leben für sie riskieren, werden diese von den Politikern und ihren Anhängern aufs Wüsteste beschimpft und bespuckt, offenbar vermuten sie, dass die Straßensperre gemacht wurde, um ihrer Partei zu schaden. Zuerst argumentieren die beiden Beamten noch, doch nach einer Viertelstunde Geschrei, in denen sie an ihrer Arbeit gehindert werden, ziehen sie frustriert ab. Ich bemitleide sie in diesem Augenblick: Zu all dem Stress, zu all der Gefahr, zu all der vielen Arbeit rund um die Uhr, zu der unverschämt niedrigen Bezahlung und zur peinlichen Ausrüstung kommen auch noch Auseinandersetzungen mit diesen Ignoranten.

Mushtaq erklärt mir, was die Ursache dafür ist, dass die Stimmung oftmals kippt: ihre Uniformen.

»Eure Uniformen?«, frage ich. »Ihr tragt doch nur blaue Hemden.«

»Ja«, sagt Mushtaq, »aber die gehören eigentlich gar nicht zu unserer Uniform. Die offizielle Kleidung, die wir von den Behörden bekommen, ist so abgrundtief hässlich, dass wir alle uns entschlossen haben, sie nicht zu tragen.«

»Und die Hemden?«

»Die kaufen wir uns selbst, von den paar Dollar, die wir im Monat bekommen!«

In einem Kofferraum finden sich vier mit C4 vollgestopfte Granaten, die von den Terroristen zumeist als Straßenbomben benutzt werden. Die Zündmechanik wird oft mit Fernsteuerungen von Plastikautos bedient, wie sie Kindern zum Geburtstag geschenkt werden. Damit liegen die Terroristen auf der Lauer und warten, bis eine Kolonne der US-Militärs an der Stelle vorbeikommt, an der sie die Sprengsätze vergraben haben. Und dann schießen die todbringenden Feuerbälle in den Himmel über Bagdad, wie es in diesen Wochen etwa 20-mal am Tag geschieht.

220 Beamte arbeiten im Kriminalamt, doch nur die 20 Delaborierer des Entschärfungsteams sind jede Nacht hier. Und das für 180 Dollar im Monat. Es ist nachts um zwei, Mushtaq und sein Kollege Mustafa sind gerade zurückgekommen von einem Brand im Bagdader Zentrum, die Folge einer Raketendetonation, bei der ein Imbissverkäufer, der hinter seinem Straßengrill stand, bis zur Unkenntlichkeit zerfetzt worden ist. Beide schreiben ihre Berichte. Für Mushtaq ist es der vierzehnte seit Schichtbeginn: »Fall Nummer 210 – Explosion in der Mutanabi-Straße«. Zum Adrenalinjob auf den Straßen gehört auch die lästige Bürokratie, Papierkram, obwohl ihnen fast die Augen zufallen.

Wir treffen Rassoul, einen Kollegen von Mushtaq, er trägt eine etwa anderthalb Meter lange Rakete zur Asservatenkammer.

»Diese Rakete«, sagt Rassoul, »haben die Attentäter nicht abschießen wollen, sondern als Bombe umfunktioniert. Deponiert war sie auf dem Wasserspülungskasten einer öffentlichen Toilette. Jedes Türklappern hätte sie ins Wanken gebracht. Dann wäre sie hinuntergefallen, auf den Betonboden, und die 15 Kilo TNT hätten die beigefügten scharfen Metallsplitter in alle Himmelsrichtungen geschleudert. Die Katastrophe konnte nur verhindert werden, weil jemand beim Pinkeln nach oben geschaut hat.«

Ich frage, ob Rassoul schon einmal gesehen hat, wie so etwas gebaut wurde.

»Nein, noch nie! Um so ein Höllenteil zu fabrizieren, muss man Sprengstoffspezialist sein oder Militäringenieur. Du zahlst jemandem eine gewisse Summe Geld, und der bastelt dir dann deine Bombe. Aber dieser Jemand muss große technische Erfahrung haben, ein Ex-Militär oder ein Feddayyin Saddam.«

Dann bringt er den Sprengsatz vorsichtig weg, und wir schleichen noch ein wenig durch die Gänge. In dem Nachbarraum von Mushtaqs Büro sitzt Kollege Saad, auch er Mitglied der Truppe, auch er schreibt seine Berichte des Tages. Für den Arbeitszuwachs seit Kriegsende, meint er, gebe es nur eine Bezeichnung: inflationär.

»Vor dem Krieg konnte ich alle Fälle eines ganzen Jahres in meiner Schublade stapeln, heute quillt sie nach einem Monat über. Und früher waren es meist Kleinigkeiten, heute sind es 15-Kilo-Bomben, die an einen Sauerstofftank gebunden sind.«

Und dann: die letzte Begebenheit. Nächtliche Totalsperrung einer Landstraße in der südwestlichen Peripherie der irakischen Hauptstadt, al-Madayin heißt die Gegend. Diesmal kommen mehrere Teamwagen, und die Atmosphäre ist von Anfang an völlig anders: Die Bombenentschärfer haben großen Respekt, einige von ihnen sind für ihre Verhältnisse extrem nervös. Seit Stunden ist die Landstraße von einem monströsen Sprengsatz blockiert, aufrecht stehend, wie eine Rakete. Die Bombe blinkt, zwei rote Pünktchen gehen im Sekundentakt an und aus. Geschätzte zehn Kilo Explosivstoff. Wenn dieses Ding in die Luft geht, wird die Detonation noch im Zentrum von Bagdad zu hören sein, 30 Kilometer entfernt. Eine gute Stunde diskutieren die Männer, dann ist die Entscheidung gefallen: Eine Entschärfung ist zu gefährlich, da mit einer Fernzündung zu rechnen ist, dies ist eine Region mit vielen Anhängern Saddam Husseins, die überall lauern könnten. Die Amerikaner sind vor Stunden verständigt worden, doch sie kommen nicht: Die Gefahr ist ihnen zu groß.

Mohammed, der beste Schütze der Abteilung, nimmt sich ein Maschinengewehr und sucht sich einen geeigneten Standpunkt. Bernhard und ich hängen uns an seine Fersen, obwohl seine Kollegen uns erst davon abhalten wollen. Es ist eine dieser schwer beschreibbaren Situationen, in denen wir eher an die Szene für die Reportage denken als an die Gefahr, in die wir uns begeben.

In rund 70, 80 Meter Entfernung umkreisen wir die blinkenden Punkte. Dann hat Mohammed einen geeigneten Platz gefunden, legt sich flach auf den Erdwall und entsichert seine Kalaschnikow.

»Also, bis nachher«, sagt er und fixiert den jetzt von Polizeischeinwerfern erhellten Sprengsatz. Wir antworten nichts, machen aber auch keine Anstalten zu gehen. Mohammed schüttelt nur seinen Kopf und sagt: »Okay, aber ihr bleibt da unten!«

Dann zielt er, Bernhards Kamera ist direkt hinter ihm. Alle drei halten wir den Atem an und erwarten gleich eine gigantische Explosion. Mohammed legt an und sagt: »Achtung.« Eine Sekunde, zwei. Er schießt und duckt sich so schnell er kann, genau wie Bernhard. Nichts passiert.

Noch mal das Gleiche: Zielen, Schuss, Ducken. Nichts.

Weitere zehn Schüsse später gehen wir zurück zur improvisierten Einsatzzentrale, rund 500 Meter von der Bombe entfernt. Diskussionen, Warten – und dann eine weitere Entscheidung: Die Straße muss wieder geöffnet werden, die Amerikaner, die sie für Nachschubtransporte benutzen, machen schon Druck. Wir fahren mit mehreren Wagen immer näher an das immer noch blinkende Monstrum heran, bis wir nur noch 100 Meter entfernt sind. Dann geht es zu Fuß weiter. Der letzte Beweis für die geradezu lächerliche technische Ausrüstung: Der polizeieigene Scheinwerfer gibt den Geist auf, das Fernlicht unseres Teamwagens muss herhalten, um die gespenstische Szene zu erhellen. Bernhards Kamera klebt wie eine Klette am Zweierteam, das auf den Sprengsatz zuläuft, und ich an Bernhard. Zehn Meter, fünf, drei, ein Meter. Die beiden Männer gehen vorsichtig in die Knie. Beruhigend einzig, dass die raketenförmige Bombe förmlich zersiebt ist, Mohammed hat sich als guter Schütze erwiesen. Kneifzange, Teppichmesser. Behutsam entfernen die beiden die Plastik- und Metallverpackung und heben das Ding jetzt hoch, noch einmal stockt unser Atem. Und dann – Höhepunkt unserer körpereigenen Adrenalinproduktion – bittet einer der Männer Bernhard, mal in die Bombe zu leuchten mit seiner Kameralampe.

Kabelgeflecht, Batterie, Kontakte. Langsam öffnen die beiden die Bombe und stoßen zum Explosivmaterial durch, aus dem die ganze Außenwand besteht. Ein hellbraunes Material, spröde, trocken, hart. Einer der Männer leckt seinen Finger, stochert damit in dem Zeug herum und führt ihn wieder zum Mund. Der Mann schmeckt und fängt an zu lachen. Dann richtet er sich auf, nimmt die Bombe in die Hand und knallt sie auf den Asphalt. Lehm springt in alle Richtungen, das Plastik einer Wasserflasche zerreißt, die Kabel fliegen auseinander, eine 9-V-Batterie rutscht bis an den Rand der Straße.

Die Männer umarmen sich, sie haben eine besonders perfekte Bombenattrappe enttarnt – eine von Dutzenden, die täglich allein in Bagdad platziert werden. Aller Euphorie der Bombenentschärfer zum Trotz: In Wirklichkeit sind es die Terroristen, die triumphieren können, denn mit billigsten Materialien haben sie es geschafft, eine der wichtigsten Einfallstraßen von Bagdad fast zwölf Stunden lang zu blockieren, und zusätzlich haben sie dafür gesorgt, dass fast die Hälfte aller Beamten der verhassten Bombenentschärfungseinheit hier ihre knappe Zeit vergeudet hat. Diese Zeit haben andere Zellen weidlich ausgenutzt, um an anderen Stellen ähnliche Bomben zu vergraben, gefälschte und echte.

Mushtaq, Ali, Mustafa, Mohammed, Saad, Rassoul und die anderen Männer des Sprengstoffräumdienstes von Bagdad: Sie riskieren mehrmals am Tag ihr Leben für alle Bewohner der irakischen Hauptstadt. Wertgeschätzt wird ihre Arbeit nicht.

Mushtaq starb ein Jahr nach unseren Dreharbeiten, berichteten mir meine Kollegen aus Bagdad. Eine Bombe detonierte, als er sie mit seinem Schraubenzieher und seiner Kneifzange entschärfen wollte. Wahrscheinlich war sie ferngezündet worden.

Die Peschmerga
Kurdistan, März 2004

Es war meine zweite Drehreise in den Nordirak. Jörg Armbruster war in der irakischen Hauptstadt geblieben, um die tagesaktuellen Nachrichten zu liefern. Deshalb hatten mein Team und ich Zeit, eine längere Reportage zu produzieren. Der Schwerpunkt unserer Berichterstattung hatte sich insgesamt gen Osten verlagert. Ende 2003, Anfang 2004 hieß die Vorgabe nicht mehr, in Kairo müsse 24 Stunden ein Korrespondent zur Verfügung stehen, sondern in Bagdad. Keine Zeit war so ereignisreich und wechselhaft wie die zwei Jahre nach dem Irakkrieg, ich reiste immer öfter in das Land. Für unsere Reportage wollten wir die Peschmerga besuchen, die Streitkräfte der Kurdischen Autonomen Region im Norden des Irak. (Peschmerga bedeutet in etwa »Die dem Tod ins Auge sehen«.) Sie waren die unerbittlichsten innerirakischen Gegner Saddams, denn sie hatten im Gegensatz zu den Schiiten im Süden nicht nur eine eigene kulturelle Identität, sondern auch eine eigene Sprache, eine militärische Tradition und in den zerklüfteten Bergen an der iranischen und türkischen Grenze kaum zu kontrollierende Rückzugsgebiete.

Wir drehten mit Hamid Haji Ghali, dem letzten lebenden Gründungsmitglied der Peschmerga. Er hatte viele Iraker auf dem Gewissen, Verbrechen, die er im Krieg seines Volkes gegen die irakische Armee verübt hatte. Dieser kleine, alte, rüstige Herr mit grauen Bartstoppeln im Gesicht war eine Persönlichkeit, die eine große Präsenz ausstrahlte.

Oft legte er seine Hände hinter dem Rücken zusammen und schaute lange in die Gegend, wenn er einmal nicht im Mittelpunkt stand. Er war eine legendäre Gestalt für die Kurden und ein Albtraum für die Nordarmee Saddams. In manchen Dörfern kamen Frauen herbeigeeilt, knieten sich vor dem General in seiner grauen Kampfuniform hin und küssten ihm seine Hände. Was Hamid wünschte, wurde gemacht. Was er nicht wollte, darüber lohnte es sich nicht zu diskutieren. Er hatte offensichtlich noch nie mit einem Filmteam zusammengearbeitet; kein Wunder, bis zum Frühjahr 2003 hatte er mit den Peschmerga gegen Saddams Truppen gekämpft, seit Ende März mit der Unterstützung der US-Armee, und danach hatte es nicht allzu lange gedauert, bis er sich einem neuen Feind stellen musste: dem radikalen Islamismus.

Und so war es ein Glücksfall für uns, dass er gerade einmal nicht ganz so beschäftigt war wie sonst und unsere Anwesenheit in seinem Kurdistan nach einem längeren Vorgespräch erlaubte. Dieses »Ja«, ich wusste es irgendwie, nachdem ich diesem ernsten Mann in die Augen geschaut hatte, es war kein notgedrungenes Durchlavieren, nichts Halbes – es war ein »Ja« mit allen Konsequenzen.

Zunächst fuhr er mit uns in die Berge hinauf, über abenteuerliche Straßen, auf denen riesige Steinbrocken lagen, herabgefallen von den Steilhängen darüber. Immer schlechter und gefährlicher wurden die Pfade, durchzogen von tiefen Wasserrillen und übersät von Schlaglöchern, in denen man ein Motorrad hätte versenken können. Dann erreichten wir eine Ebene, eine Art Hochplateau. Auf der vor uns liegenden Wiese brummten Insekten, wir ließen die Wagen stehen und gingen zu Fuß weiter. Voran die Peschmerga, gut zehn begleiteten uns, und dann unser Kamerateam. Ganz am Ende aber lief stets einer von ihnen, als ob sie dem Frieden noch lange nicht trauen würden. Immer höher ging es hinauf über winzige Fußpfade, bis auf 2000 Meter. Irgendwann stoppte die Gruppe jäh, als ob wir ein Ziel erreicht hätten. Dabei sah für uns alles aus wie zuvor.

»Jetzt sind wir im Iran«, sagte Hamid bedeutungsvoll, während er auf uns zukam und dann seine Hand ausstreckte, »und da vorne, das war unser Hauptquartier.« Wir gingen gemeinsam darauf zu. Eine kleine, gedrungene Steinbaracke, unspektakulär und so gut getarnt, dass man sie erst sehen konnte, wenn man wenige Meter davorstand. Dreifach geschichtet waren die Außenmauern, zusammen vielleicht anderthalb Meter dick. Hamid erklärte, das sei so gebaut worden, weil man sich hätte schützen müssen.

»Ende der achtziger Jahre sind hier in diesem Tal«, und er zeigte nach vorn und nach hinten, »im Durchschnitt 100 Raketen und Bomben in der Woche eingeschlagen. Jede von ihnen war zwischen 200 und 1000 Kilo schwer.«

Sein Mitstreiter, Scheich Mohammed, unterstrich das, was Hamid gerade gesagt hatte: »Nein, es war wirklich nicht einfach, hier zu überleben.«

Ende der achtziger Jahre – beide meinten die Schlussphase des Ersten Golfkriegs 1980 bis 1988, nachdem der Irak seinen Nachbarn angegriffen hatte. Wir liefen jetzt ein wenig herum und kletterten einen Hügel hinauf, von dem aus man eine gute Sicht über das ganze Tal hatte. Hamid redete mit seinen Leuten, und Kameramann Jürgen Killenberger drehte ein paar wunderbare Einstellungen von der schroffen Bergwelt für unsere spätere Reportage *Die wilde Schönheit. Mit den Peschmerga durch Kurdistan.* Als ich mich umdrehte und hinunter ins Tal schaute, bemerkte ich, dass die früheren Kampfgefährten nebeneinander in die Hocke gegangen waren, sie diskutierten und aßen Gras und Kräuter. Als ich Hamid kurze Zeit später danach fragte, antwortete er:

»Wir haben damals alles gegessen, was essbar war, und Kräuter waren nicht das Schlimmste! Wir hatten hier oben ja fast keinen

Nachschub, und wir mussten irgendetwas essen. Wir haben gar nicht groß darüber nachgedacht. Aber all das hat sich gelohnt: Die Iraker, die viel bessere und deutlich mehr Waffen hatten als wir, sie haben unser Hauptquartier niemals erobert!«

Zuerst lächelte Hamid, doch seine Miene verfinsterte sich augenblicklich wieder, als er hinzufügte: »Auch nicht mit den schrecklichsten Waffen!«

Jetzt meldete sich wieder Scheich Mohammed zu Wort, etwas größer als Hamid und im Auftreten genauso entschieden: »Es war immer furchtbar laut hier, wenn die Bomben explodierten. Aber wir waren zu Tode erschrocken, wenn die Detonationen nicht laut waren.«

Hamid stand daneben, und nickte zustimmend, während sein Mitstreiter fortfuhr:

»Wenn man nur ein ›Plopp‹ hörte, dann wussten wir: Das ist eine Chemiewaffe. Dann hat es sofort nach Knoblauch gerochen, und dann schrien wir uns gegenseitig zu: ›Chemiewaffe! Hinauf in die Berge!‹«

Die Peschmerga haben teuer für ihren Kampf um Autonomie und ihren Widerstand gegen die irakischen Truppen bezahlt. Sie wurden Opfer mehrerer Giftgasangriffe, unter anderem auf die Stadt Halabdscha im März 1988. Verantwortlich: Saddam Hussein und sein Vetter, General Ali Hasan al-Madschid. »Chemie-Ali«, wie er genannt wurde, hatte eines seiner Privathäuser in der Gegend von Kirkuk, wir hatten es genau zu der Zeit besucht, als irakische und internationale Forensiker seinen Garten umgruben. In einem auf 30 Meter langgezogenen, abgerundeten Erdhügel wurden sie fündig: Chemie-Ali hatte diese Mutterbodenwulst, die aussah wie ein überdimensioniertes Spargelbeet, dezent mit Blumen bepflanzen lassen, in Wirklichkeit aber war es sein privates Massengrab. Entomologen, Osteologen und Odontologen förderten ein Skelett nach dem anderen ans Tageslicht. Die mit weißen Schutzanzügen und Atemmasken bewehrten Wissenschaftler sahen abwechselnd für einige Sekunden aus ihren rund zehn Löchern hervor und legten eine weitere Hand oder einen weiteren Schädel zu den anderen Knochen auf dem Erdhügel. Der Gouverneur der Nordprovinzen hatte die erschlagenen, erhängten, erschossenen, erwürgten Opfer direkt neben seiner Terrasse vergraben lassen.

Der Vetter Saddams stammte ebenfalls aus Tikrit und wurde »unter anderem« wegen Völkermords viermal zum Tode verurteilt. Am 25. Januar 2010 endete das Leben dieses Mannes, der wie viele andere für die unfassbare Brutalität und Unmenschlichkeit des Regimes stand, die so gerne vergessen oder unterschlagen wurde von den Gegnern des Irakkriegs. Allein die Rachefeldzüge Saddams nach dem Ende des Ersten Golfkriegs, der Genozid an der kurdischen Bevölkerung mit dem Namen *Operation Anfal*, kostete zwischen 50 000 und 100 000 Iraker das Leben. Wohlgemerkt, diese Opfer sind bei den 500 000 Toten, die im Krieg gegen den Iran ihr Leben ließen, nicht mitgerechnet. Die Bombardierung Halabdschas am 16. März 1988 ist historisch nicht Teil der *Operation Anfal*. Am Tag zuvor hatten die Partei Patriotische Union Kurdistans (PUK) und iranische Einheiten die 70 000-Einwohner-Stadt erobert, die Reaktion der Iraker darauf wird daher den »normalen Kampfhandlungen« zugeordnet. Eigentlich macht das aber keinen Unterschied. Was in Halabdscha passiert ist, gehört zu den schlimmsten Kriegsverbrechen im Nahen Osten überhaupt: Irakische Kampfflugzeuge und Helikopter flogen am Mittag des 16. März über die Stadt. Unmittelbar danach stiegen Rauchwolken auf, weiße, schwarze und gelbe. Mehrere Arten von C-Waffen, darunter Tabun, Sarin, Senfgas und ein bis dato unbekannter Kampfstoff auf Zyanidbasis, töteten 5000 Kurden sofort und noch einmal mehr als doppelt so viele in den folgenden Monaten und Jahren. Bekannt wurde der Massenmord von Halabdscha, weil der Iran fünf Tage später westliche Journalisten dorthin flog, um sie darüber berichten zu lassen. Schon in 40 anderen kurdischen Städten hatte der Irak chemische Massenvernichtungswaffen eingesetzt, aber das war kaum bekannt geworden.

Zusammen mit Hamid und seinen Perschmerga besuchten wir jetzt Halabdscha, eine kleine, angenehme Stadt am Rande der Bergketten, der man auf den ersten Blick nicht ansah, welcher Horror sich hier abgespielt hatte. Hamid begann seine denkwürdige Tour mit uns im *Halabja Memorial*. Das moderne Gedenkmuseum zeigte viele der Fotos, die die Journalisten damals gemacht hatten. Wir bekamen später durch Hamids Hilfe Kopien der wenigen Filmaufnahmen – sowohl von den Rauchsäulen über Halabdscha, als auch erste Bilder in den Straßen der Stadt: Menschen, die übereinanderlagen, andere, die zu Boden fielen, grausam entstellt, die Gesichter aufgedunsen, blau gefärbt, mit Schaum vor dem Mund, größtenteils Frauen und Kinder. Hamid erzählte, dass die Angriffe um 11:00 Uhr begonnen hätten und er zu diesem Zeitpunkt in der Polizeiwache gewesen sei. Als die Granaten einschlugen, habe es urplötzlich nach Knoblauch und Gurken gerochen. Nachdem ein Polizist geschrien habe, dass chemische Waffen nach Gemüse riechen, hätten sie umgehend mit ihren Wagen die Stadt verlassen und seien an die Grenze gefahren, wo die Iraner Gasmasken gelagert hätten. Am Abend seien sie dann wieder zurückgekehrt.

»Überall lagen Menschen, wohin man schaute. Auf den Straßen die meisten, weil sie aus den Häusern gerannt waren. Aber manche haben es nicht geschafft und sind auf den Türschwellen zusammengebrochen oder im Wohnzimmer oder im Bad. Die Leichen sahen furchtbar aus, vollkommen entstellt. Viele hielten mit ihren Händen den Hals umschlungen, bevor sie hinfielen.

Ganz schlimm war es, wenn wir Menschen trafen, die nicht so viel Gas abbekommen hatten, dass sie sofort tot waren. Sie wälzten sich auf dem Boden, sie schrien, sie strampelten so stark, dass wir sie kaum transportieren konnten.«

Hamid schien jetzt feuchte Augen zu bekommen, die Ereignisse von damals waren wieder sehr präsent für den alten Peschmerga, der so viel Leid gesehen hatte in seinem Leben. Er fuhr fort und ging zurück zu dem Augenblick, als er und seine Kameraden gerade hineinfuhren nach Halabdscha.

»Man hatte uns nicht nur Schutzanzüge und Gasmasken gegeben, sondern auch Spritzen«, sagte Hamid, »die sollten wir uns in den Oberschenkel setzen, wenn wir kurz vor der Stadtgrenze wären. Alle von uns taten das, weil wir überleben wollten. Aber einer von uns sagte: ›Ich nehme sie nicht, ich gebe sie jemandem auf der Straße.‹ Wir wollten ihn noch überreden, aber er wollte das nicht hören. Und so half er mit, die stöhnenden, hilflosen und blinden Menschen in unsere Wagen zu laden, mit denen wir sie in die Krankenhäuser fuhren. Als es ihm merklich schlechter und schlechter ging, nahm er seine Atropinspritze und gab sie zwei Kindern. Die beiden haben überlebt. Er ist gestorben.«

Wie sehr Hamid uns mochte und vertraute, wurde ein paar Tage später klar, nachdem wir ihn nach den Anfängen der Peschmerga gefragt hatten. Er nahm uns mit an einen Ort, den er bislang kaum einem Fremden gezeigt hatte, wie er mir versicherte. Aus der Stadt Chamchamal fuhren wir los, und es dauerte gar nicht lange, bis die Fahrer ihre geländegängigen Wagen an einer Landstraße stehen ließen. Von dort aus ging es auch diesmal zu Fuß weiter, wir gingen auf dem Grasstreifen zwischen zwei gerade gepflügten Äckern und mussten zwei kleine Bäche überqueren. Plötzlich blieb Hamid stehen, neben einem Baum. Es war wie oben in den Bergen: Nichts deutete für mich darauf hin, dass es ein bedeutender Ort war. Hamid zog mich am Arm, und wir erreichten den Schatten unter dem Laubbaum. Feierlich sagte er: »Wir kamen hier am 27. Juni 1976 zusammen, wir waren zu siebt, alle waren wir junge kurdische Muslime. Unter diesem Baum hier legten wir den Schwur ab, unsere Heimat zu verteidigen gegen das irakische Militär, das uns Kurden abschlachtete. Wir hatten fünf Gewehre, davon zwei Kalaschnikows und drei tschechische Waffen, dazu 75 Schuss. Das war alles. Damit haben wir begonnen.«

Von den sieben Gründungsmitgliedern sind sechs bereits verstorben, fünf im Kampf. Wie sie es geschafft hätten, fragte ich, die Kurden hinter sich zu vereinen, obwohl sie nur zu siebt gewesen seien. Hamid grinste und erzählte euphorisch so lange, bis alle Umstehenden lauthals zu lachen begannen.

»Wir waren sieben, mussten aber allen ringsherum weismachen, dass wir Hunderte waren oder am besten Tausende.« Hamid Haji Ghali machte eine Kunstpause. »So schlichen wir nachts in die Dörfer, schossen einen einzigen Schuss und starteten dann mit Blecheimern so einen wahnsinnigen Lärm, dass alle glaubten, hier sei die kurdische Armee unterwegs. Alle dachten das – das heißt, die irakische Armee, aber genauso gut unsere eigenen Leute. Der Lärm hat es gebracht: Nach nur einem Monat waren wir tatsächlich schon Hunderte!«

Es war eine sehr erfolgreiche Drehreise und eine, die – trotz aller Widrigkeiten der damaligen Situation im Irak – auch ihre wunderschönen Seiten hatte. So feierten wir etwa das erste Frühlingsfest mit den Kurden, jahrzehntelang war es vom Regime in Bagdad verboten gewesen, es hatte als Symbol kurdischer Autonomie gegolten. Menschenmassen saßen an den kristallklaren Bergseen und Flüssen und Aussichtspunkten inmitten einer saftig grünen Natur. Es wurde gelacht, zum ersten Mal seit Jahrzehnten, denn Saddam war seit einem Jahr nicht mehr der Präsident und Diktator des Irak und seit vier Monaten ein Gefangener. Die Kurden feierten nach all den Leiden und all den Opfern endlich ihre Freiheit. Uns schlug pure Lebenslust und unbändige Gastfreundschaft entgegen, überall, an jedem Lagerfeuer, wurden wir eingeladen, mitzufeiern. Nachdem wir ausreichend Material gedreht hatten, machten wir tatsächlich mit. Man reichte uns Fleischspieße, selbstgebackenes Brot und Arak, einen schweren und hochprozentigen Anisschnaps. Diese Tage gehörten zu den ganz wenigen, an denen ich selbst in Hochstimmung war über dieses Aufbäumen menschlicher Regungen nach Jahrzehnten brutalster Unterdrückung.

Im Laufe unserer Dreharbeiten in Kirkuk, Erbil, Chamchamal und Halabdscha erklärten uns Hamid und seine Männer, dass die Kurden in den letzten Jahren an zwei Fronten kämpfen mussten: zum einen gegen die irakische Armee, zum anderen gegen die radikalen Islamisten, die mitten unter ihnen und zunächst unbemerkt eine regionale Basis errichtet hatten. Zwischen 2001 bis dem Beginn des Irakkriegs 2003 war in Teilen Kurdistans ein Taliban-Regime entstanden. Die Gotteskrieger hatten Mädchenschulen angegriffen und unverschleierte Frauen, Gegner gefoltert und erschossen, alles zerstört, was mit Musik und menschlichen Bildnissen zu tun hatte. Wir fuhren zu einem Hügel, auf dem Dutzende von Hamids Kameraden zu Beginn des Jahres 2003 von den Gotteskriegern ermordet und verstümmelt worden waren. Hamid war seine innere Abscheu anzumerken, als er sagte:

»Saddams Baathisten wollten die Kurden besiegen, das war schlimm genug. Aber diese islamischen Krieger glauben, jedes Leben auf der Erde ist nur ein Traum. Sich in die Luft zu sprengen, ist für sie ein Ticket ins Paradies, je schneller, desto besser. Und das macht sie so unglaublich gefährlich.«

Hamid hatte uns von einem sehr speziellen Gefängnis erzählt, einem Hochsicherheitstrakt der Nachkriegskurdenregierung.

Und dass dort mehrere Terroristen gefangen gehalten würden, erst vor Wochen oder Monaten gefasst. Islamistische Terroristen der Ansar al-Islam, die für solche Grausamkeiten verantwortlich waren. Nach einem tagelangen und beschwerlichen Überzeugungsprozess jedenfalls hatte uns der alte Peschmerga Hamid irgendwann sein Okay gegeben. Also fuhren wir aus den Bergen hinunter in die Provinzhauptstadt Suleymania und waren unglaublich aufgeregt. Eine mit Sicherheit einmalige Begegnung war nach und nach zumindest in den Bereich des Möglichen gerückt.

Auch Hamid musste verhandeln, stundenlang. Doch schließlich schaffte er es tatsächlich, uns Zugang zu verschaffen. Wir hatten es nicht mehr für möglich gehalten, doch nun öffnete man uns die Türen. Wir liefen hinter den Wärtern her über den mit Stacheldraht gesicherten Innenhof des Gefängnisses. Wir waren auf dem Weg zu mehreren Interviews mit streng bewachten Terroristen. Wieder wurden Stahltüren aufgeschlossen, der Raum dahinter war sehr dunkel, sodass sich unsere Augen erst anpassen mussten. Und da saßen sie nun vor uns auf dem Boden der beinahe turnhallengroßen Gemeinschaftsgefängniszelle, euphemistisch »Atrium« genannt: deutlich mehr als 100 Mitglieder der Ansar al-Islam. Die »Helfer des Islam« hatten Kontakte zum al-Qaida-Netzwerk, und die Tatsache, dass der Terrorpate Abu Musab al-Zarqawi hier gesehen worden sein sollte, wurde von den USA weidlich ausgenutzt zur Unterfütterung ihrer These, dass Saddam Terroristen Unterschlupf gewährt habe. Was nicht stimmte.

Wir fragten die Männer, ob jemand von ihnen Lust habe, mit dem deutschen Fernsehen ein Interview zu machen. Niemand solle gezwungen werden, wir würden jetzt draußen warten. Tatsächlich meldeten sich insgesamt vier Männer. Sie wurden von den Wärtern nacheinander in Hand- und Fußschellen vorgeführt. Unsere Gespräche dauerten mehrere Stunden.

Zwei hatten starre Blicke und waren rhetorisch recht unbegabt. Was wir dennoch aus ihnen herausbekamen: Viele Ausländer hätten mit ihnen gekämpft, sagten die beiden kurdischen Islamisten – aus Jordanien, Syrien, Saudi-Arabien, Palästina und dem Jemen, terroristisch geschult in Afghanistan. Keiner von ihnen leugnete, dass ihre Glaubensbrüder außerhalb der Gefängnismauern für die größten, blutigsten Anschläge im Nachkriegsirak verantwortlich waren. Dem dritten schien sein Hass auf die Welt, auf die Amerikaner, die Kurden und die ARD förmlich aus jeder Körperpore zu dringen, er wäre bereit gewesen zu reden, war aber so aufgebracht, dass er zu zusammenhängenden Aussagen nicht in der Lage war.

Dann kam der letzte ›Helfer des Islam‹, ein Profi. Selbstbewusst, ironisch. Und manchmal umspielte sogar ein überhebliches Lächeln seine Lippen. Der Kurde Washir Saleh war ein terroristischer Leitwolf, kompromisslos radikal, der keine Reue zeigte. Jeder Nichtmuslim für ihn: ein Angriffsziel.

»Die Medien zum Beispiel«, dozierte er mit innerer und äußerer Ruhe, »erwecken den Schein, neutrale Berichterstatter zu sein. Aber hinter diesem Vorhang haben sie eine andere Funktion: Sie versorgen ihre jeweiligen Geheimdienste mit Informationen. Der internationale Kampf gegen den Islam hat viele Gesichter, und Journalisten sind eines davon.«

Solange die Amerikaner im Irak blieben, würde Ansar al-Islam mit ihren Aktionen weitermachen. Zwischen einem amerikanischen Soldaten und irgendeinem beliebigen ausländischen Hotelgast gebe es überhaupt keinen Unterschied, sagte er ohne zu zögern, beide seien Ungläubige.

Weder das eigene Leben noch das von Unbeteiligten spiele für die al-Qaida-Terroristen eine Rolle. Es ginge darum, den erklärten Feinden größtmöglichen Schaden zuzufügen, vor allem durch Selbstmordanschläge. Und dann die Frage, die ich seit dem Oktober 2003 immer stellen wollte:

»Menschen umzubringen ist ein Verbrechen. Sie greifen derzeit alle an, die nicht so denken wie Sie. Amerikaner, Ausländer, Frauen, Musiker... Aber wie um alles in der Welt kommt ihr von Ansar und al-Qaida dazu, einen Angriff aufs Rote Kreuz durchzuführen. Auf eine Organisation, die seit 1980 hier ist, um die Leiden des irakischen Volkes zu mildern?«

Sein müdes Lächeln wich einer nicht für möglich gehaltenen Härte.

»Das kann ich Ihnen genau erklären!«, sagte der kurdische Terrorist von Ansar al-Islam und richtete sich so weit auf, wie seine Hand- und Fußschellen es zuließen. »Sie halten das Rote Kreuz für eine mildtätige, humanitäre Organisation, die sich um Hilfsbedürftige und Kranke kümmert.« Eine unglaublich lange Pause folgte, die mehr Aggression war als Effekt. »Wir sehen das anders. Wir sehen eine Organisation, die das Christentum verbreitet, genau wie die Kreuzritter, die uns unsere Heimat und unsere Moscheen genommen haben. Das Kreuz der Feinde des Islam, das Kreuz derjenigen, die Menschenrechte über Religion stellen und die ein lächerliches Leben höher bewerten als einen heldenhaften Tod. Das Rote Kreuz ist unser Feind, und jeder Angriff auf diese Ungläubigen ist gerechtfertigt. Das Rote Kreuz ist ein legitimes Ziel für uns!«[17]

Buchhalter des Todes
Bagdad, März/April 2004

Anfang März 2004. Meine sechste Reise nach Bagdad. Wenn sie, wie die meisten anderen, zwischen sechs und acht Wochen dauern würde, so rechnete ich auf dem Flug von Frankfurt nach Amman aus, würde ich insgesamt ziemlich genau ein Jahr im Irak verbracht haben.

Kein einziger Mensch aus meiner Familie und immer weniger Freunde und Kollegen verstanden, warum ich trotz der größer werdenden Gefahren jedes Mal aufs Neue fuhr. Ich argumentierte meistens, dass ich meine Redaktion und meine Kollegen nicht im Stich lassen könne, und redete mir ein, dass es wichtig sei, schon wieder zu gehen, um die Kontinuität der Berichterstattung zu wahren. All das war an den Haaren herbeigezogen. In Wirklichkeit hatte eine Art Sucht eingesetzt: eine Sucht nach diesen unglaublichen Erlebnissen, nach diesen Menschen, diesen Schicksalen, diesen Geschichten.

An Tagen gesteigerter Nachfrage, wie nach dem Anschlag auf eine Wagenkolonne der deutschen Botschaft, haben wir acht Beiträge gesendet und zehn Livegespräche gehabt. Weil ich damals gerade an einer längeren Reportage über gepanzerte Autos arbeitete, hatte ich nicht nur unendlich viele Hintergrundinfos über genau die Fragestellungen, die jetzt plötzlich im Raum standen. Ich hatte zudem noch einen Mann im Umfeld der deutschen Sicherheitsagenten an der Hand, den ich telefonisch zu Rate ziehen konnte. Der Vorsprung der ARD gegenüber anderen

Medien war in diesen Tagen gewaltig, etliche Nachrichtenagenturen bezogen sich auf unsere Beiträge.

Aktuelle Berichterstattung in so einer Situation, die nur alle paar Jahre vorkommt, ist das Intensivste, was man als Journalist erleben kann. Man arbeitet wie ein Roboter, vergisst das Essen und hat keine Zeit zum Schlafen – und das über Wochen. Aber man ist genau da, wohin die Welt in diesen Tagen schaut. Dass niemand unersetzlich ist, dass jemand anders den gleichen Job machen würde, wollte ich nicht hören.

Dabei zerrann mir langsam mein Leben jenseits von 20-Uhr-*Tagesschauen* zwischen den Händen. Ich war im Zwiespalt: Wenn ich mich in Bagdad aufhielt, vermisste ich meine Familie, und wenn ich in Stuttgart oder im Münsterland war, vermisste ich den Irak, meine Kollegen und das Adrenalin. Das führte dann zu solch denkwürdigen Momenten wie am vorangegangenen Weihnachtsfest. Wie ein Faustschlag ereilte mich der Hinweis meiner Frau, dass wir noch eine ganze Menge Geschenke benötigten. Eine Boutique hier, ein Feinkostladen dort, von Horten zu Karstadt durch den Talkessel Stuttgarts. Ich war physisch anwesend, aber meine Gedanken kreisten um Leichen und Schwerverletzte, um Berichte aus Kuwait, von den Flugzeugträgern der Amerikaner und aus Bagdad. Ich war auf dem besten Weg, meine Bodenhaftung zu verlieren, und ertappte mich bei dem Gedanken, jetzt lieber im Irak zu sein als in der Spielzeugabteilung eines Kaufhauses.

»Wie findest du den Holzzug?«, fragte Kerstin. »Besser als das Spiel hier?«

Das wichtigste aller Geschenke – das für meine Tochter Hannah – schien mich in diesem Augenblick nichts anzugehen. Ich hielt dieses ganze Konsumspektakel für nichtig angesichts der schwarzen Wolken, die sich über Bagdad zusammenzogen.

»Ja, also … ich finde die Holzklötze gut. Aber ein Gesellschaftsspiel … also, das finde ich eigentlich auch nicht schlecht.«

Kerstin bemerkte mein Stammeln und mein mangelndes Interesse. Und begriff, was da mit mir geschah.

»Thomas, du bist ja gar nicht bei der Sache!« Empört – und das völlig zu Recht – ließ sie mich stehen. Zwischen dem Gesellschaftsspiel des Jahres 2003 und Landschaftspuzzles realisierte ich, dass etwas gar nicht rundlief in meinem Leben. Und trotzdem machte ich mich schon wenige Monate später wieder auf den Weg.

Als ich im *Hotel Palestine* eingecheckt hatte, ging es augenblicklich los: Das erste Stück für die *Tagesthemen* war bereits bestellt worden. Die Minuten nahm man gar nicht wahr, die Stunden ratterten, die Tage rasten, die Wochen verflogen im Nu. Wir füllten die »Sendegefäße« der ARD und der Dritten Programme mit unseren Berichten, schliefen extrem wenig, ernährten uns schlecht und rauchten wie die Schlote. 18-Stunden-Tage waren die Regel und 20-Stunden-Tage keine Seltenheit.

Tagesschau für *Tagesschau*, Live für Live, *Weltspiegel* für *Weltspiegel* fütterte ich den deutschen Nachrichtenmarkt, aber die Art unserer Berichterstattung wurde immer einseitiger. Während wir früher nach Kirkuk im Norden oder Kerbela im Süden gefahren waren, blieben wir nun in Bagdad. Wo wir früher selbst gedreht hatten, auch in gefährlichen Gegenden wie Falludscha und Ramadi, nahmen wir jetzt Agenturmaterial. Unsere Bewegungsfreiheit war massiv beschränkt worden, wir waren im Prinzip zu Stubenhockern geworden. Keine befriedigende Situation, weshalb ich fast täglich fragte, ob wir nicht doch hinausgehen könnten.

»Zu gefährlich«, sagte der sunnitische Tonmann Raad.

»Lass das besser sein«, sagte der schiitische Producer Mohammed.

»Keine gute Idee«, sagte der kurdische Fahrer Jalaal.

Der Irak war zum beliebtesten Ausflugsziel für die Terroristen Panarabiens geworden. Die Zahl der Attentate – vor allem gegen die US-Armee – hatte ständig zugenommen, sie wurden immer hinterhältiger und forderten immer mehr Opfer unter den Zivilisten. Bagdad im Frühjahr 2004, das war mittlerweile ein Sumpf, in dem man jede Woche ein paar Zentimeter tiefer versank. Bilder, die ich leider nie vergessen werde, Gerüche und Geräusche, die mich begleiten werden bis zum Ende meines Lebens. Auf den Bürgersteigen lagen Füße und Finger, halbe Oberkörper, halbe Gesichter. Um so etwas ertragen zu können, brauchten wir emotionale Scheuklappen.

Die Arbeitsbedingungen für Ausländer im Irak – egal welcher Nation, vor allem aber für Nichtaraber – hatten sich extrem verschlechtert. Europäer, Asiaten und vor allem Nordamerikaner waren Freiwild für die Terroristen, es gab sogar mittlerweile Deals unter ihnen: Gebt ihr mir einen Amerikaner, bekommt ihr von uns einen Italiener und zwei Französinnen. Ein reger Handel hatte eingesetzt, die einen wollten Geld erpressen, die anderen ein möglichst abschreckendes Exempel statuieren. Wie viele Videos von Köpfungen wir uns angesehen haben, kann ich gar nicht mehr sagen; es müssen Dutzende gewesen sein, immer die gleiche Szene: Einige bis zur Unkenntlichkeit vermummte Mudschaheddin und das Opfer kniend vor ihnen. Im Hintergrund an der Wand die typischen Spruchbänder: »Rache! Tod! Allah!« Was dann folgte, haben Jörg Armbruster und ich in unseren Reportagen und selbst später in unserer Dokumentation über den jordanischen Terrorpaten Abu Musab al-Zarqawi[18] nie gezeigt: Nach dem einleitenden Statement des Chefs der Zelle nahmen die Männer ihre Messer in die Hand und begannen, den Kopf des Opfers vom Rumpf zu trennen. Das schlimmste Video von allen war das einer Exekution, bei der die Schlächter ein stumpfes Messer benutzten. Es dauerte Minuten, bis der entführte Mann endlich tot war.

Der Journalismus im Irak forderte in diesen Wochen wesentlich mehr Menschenleben als während des eigentlichen Krieges, immer häufiger kamen Reporter, Kameramänner, Tonleute und *stringer* bei Schusswechseln um oder wurden entführt. Nicht alle Entführten konnten von ihren Sendern mit absurd hohen Lösegeldern befreit werden. Wir im Bagdader Studio der ARD im *Hotel Palestine* waren zu Buchhaltern des Todes geworden, wir zählten nur noch die Anschlagsopfer zusammen und machten unsere Schaltgespräche und Beiträge aus wackelndem Agenturmaterial; von Journalismus im eigentlichen Sinne konnte nach meinem Verständnis keine Rede mehr sein. Kaum noch ein Team ging hinaus auf die Straßen oder aufs Land. Die Gefahr war zu groß.

An einem Abend hatten wir ausnahmsweise nur die *Tagesthemen* bedient, während das *Nachtmagazin* keine Wünsche hatte. Mit anderen Worten: Dienstschluss um 22:45 Uhr, selbst auf den nächtlichen Absacker hatte ich an diesem Abend keine Lust mehr. Ich war vollkommen ausgelaugt. Erschöpfung und Melancholie trieb mich hinauf in mein Zimmer und hinaus auf den Balkon des *Palestine*, der wie alle anderen hinter einer spinnwebartigen Betonverkleidung lag. So stand ich lange da und rauchte – ohne es zu bemerken – eine halbe Schachtel schlecht gefälschte Zigaretten und stierte in die Nacht.

Von hier oben aus dem 16. Stockwerk, dem zweithöchsten, konnte ich das halbe Hotelgelände einsehen, und wenn ich direkt an der Fassade entlangschaute, hätte ich beinahe den Sockel sehen können, auf dem Saddams Hauptdenkmal gestanden hatte.

Der brütend heiße Wüstenwind sog noch immer, auch wenn es jetzt auf Mitternacht zuging, jeden Anflug von Schweiß aus den Poren. Man musste den ganzen Tag trinken, um nicht umzukippen. Musik brandete von unten herauf, aber es war schon eine Dreiviertelstunde vergangen, bevor ich realisierte, woher sie kam: aus dem Innenhof der Gastronomie im Garten des Hotels. Eine Hochzeitsgesellschaft, wie ich jetzt bemerkte, die beiden lieferwagengroßen Boxen waren bis zum Anschlag aufgedreht. Tom Jones und Madonna lockerten das ansonsten arabische Musikprogramm auf. Es war offenbar ein rauschendes Fest, was dort unten vor sich ging. Lichtorgeln flackerten, ab und zu Jubeln oder fröhliche Schreie.

Und dann – so überraschend, dass ich mit offenem Munde dastand – jenes andere Ereignis: Eine Gruppe von weiß gewandeten, Galabeia tragenden Islamisten eröffnete das Feuer auf eine Straßensperre der Amerikaner. Kalaschnikows unter den Achseln. Bis die offenbar überrumpelten Soldaten reagierten, schien eine Ewigkeit zu vergehen, vermutlich waren es mehr als 15 Sekunden. Dann schossen sie zurück, amerikanische Soldaten gegen Gotteskrieger, vor meinen Augen.

Menschenkörper zuckten, wurden halb zur Seite gedreht, kämpften trotzdem weiter, blieben kurz darauf regungslos liegen. Auf beiden Seiten. Menschen starben, ein paar Steinwürfe von mir entfernt – der Krieg war trotz der leichtfertigen Schlussrede von Präsident Bush jr. längst nicht zu Ende.

Vor mir die Hochzeitsfeier und gleich dahinter die blutige Schießerei. Zwei Menschen feierten den Beginn ihres gemeinsamen Lebens, und ein paar Meter entfernt wurde gestorben. Gleichzeitig. Allein die laute Musik verhinderte, dass die Feierlichkeiten gestört wurden. Meinen Reporterreflex, sofort unseren Kameramann Jürgen Killenberger zu wecken und die Szene für unsere nächste *Tagesschau* zu verwenden, überdachte ich einen Moment. Und je mehr ich begriff, was da gerade vor meinen Augen passierte, desto absurder kam mir *alles* vor: nicht nur diese Schießerei mit angrenzender Freudenfeier, sondern auch die Arbeit unseres Teams überhaupt. Weshalb waren wir hier? Um vor dem Krieg zu warnen? Um über den Krieg zu berichten? Um

Blutbad an Blutbad zu reihen? Die Todeszone begann direkt vor der Mauer unseres Hotels. Es war nicht Angst im eigentlichen Sinne; es war die immer schwerer wiegende Frage, warum ich über solche Situationen berichten wollte.

Bis heute erinnere ich mich an ein Gespräch, das ich damals im Garten des Privathauses am Palasteingang von Basra mit dem ZDF-Reporter Roland Strumpf geführt hatte. Er hatte mir gegenüber behauptet, dass ein Familienleben mit unserem Leben als Reporter in Ländern wie dem Irak nicht vereinbar sei. Kaum ein Satz hatte mich je so sehr verwirrt. Ich habe mich lange mit voller Kraft gegen diesen Satz gestemmt, ihn auszuhebeln versucht. Mir ist es nie gelungen. Und ausgerechnet hier oben auf meinem Balkon habe ich endgültig kapituliert: Roland hatte vollkommen recht. Ich war längst auf dem Weg zum Kriegsreporter. Der professionell mit dem Tod umzugehen lernte. Der sich vor der Normalität zu fürchten begann. Der Stille als furchtbar empfand und Stillstand als Bedrohung.

Irgendetwas passierte mit mir in diesen zwei Stunden, als ich meinen Blick vom Balkon aus auf den Tigris und über Bagdad schweifen ließ. Mir wurde klar, dass ich etwas ändern musste in meinem Leben, dass mir meine Familie wichtig war und dass ich etwas tun wollte, das nichts mit Krieg zu tun hatte, mit Blutvergießen, mit täglichem Tod. Gegen zwei Uhr ging ich ins Bett. Mit dem letzten Zipfel meines Unterbewusstseins hörte ich die Musik aus dem Innenhof – Tom Jones: *Delilah*.

Am nächsten Tag ging ich wie immer hinunter ins Büro, unter Verdrängung der Tatsache, dass im Erdgeschoß Frühstück angeboten wurde. Kaffee und Zigarettenqualm mussten reichen, wie jeden Morgen. Innerlich war ich ruhig geworden, die ganze Anspannung der letzten Monate war von mir abgefallen. Ich zog die Notbremse: Kairo und andere Länder des Nahen Osten: ja –

Bagdad: nein. Mir ging es gut bei dem Gedanken, dass meine bevorstehende Abreise ein echter Abschied sein würde. Jetzt ging es nur noch darum, ein letztes Mal mit heilen Knochen herauszukommen – und das war gar nicht einfach.

Die normale Strecke über Ramadi und Falludscha bis zur jordanischen Grenze, unsere Standardwüstentour, schied eindeutig aus. Wer diese Route im Jahr 2004 noch nahm, war entweder naiv oder ein Selbstmörder. Den Entführern von al-Qaida und ihren lokalen Zellen wären wir willkommene Opfer gewesen. Andere Fluchtwege zu Land schieden ebenfalls aus, sowohl nach Osten in den Iran als auch nach Norden – über Kurdistan in die Türkei.

Die einzige Alternative war, einen der begehrten Plätze in dem einzigen Flieger zu erwischen, der noch hineinflog und wieder heraus. Es war eine ehemalige Chartermaschine der Jordanian Air, mit der ein wagemutiger Pilot sich eine goldene Nase verdiente, ein 16-Sitzer, bei der man am besten nicht nach der letzten Wartung fragte. Zwei der sündhaft teuren Plätze hatten Kameramann Jürgen Killenberger und ich ergattert. Nun ging es nur noch darum, lebendig zum Flughafen zu kommen.

Tagelang hatten unsere Producer und unser begnadeter Fahrer Jalaal die Lage auf den Straßen beobachtet, in immer kürzeren Abständen. Manchmal wurden Autos in diesem oder jenem Viertel beschossen, nach Bombenanschlägen waren die Autobahnen teilweise gesperrt, wenn man in eine Verkehrskontrolle geriet, war man schutzlos. All diese Logistikdetails wurden von meinen Freunden gründlich recherchiert, und am Morgen des Abschieds legten wir dann unsere Strecke fest. Zusätzlich hatten wir ja unseren gepanzerten Wagen, einen uralten Mercedes 600, für den ich – um möglichst nicht aufzufallen – ein Waschverbot ausgesprochen hatte. Ich hatte ihn genau deshalb vor einem halben Jahr gekauft: Im Stadtverkehr von Bagdad fuhren viele dieser Kolosse herum, und von außen sah man dem Wagen definitiv nicht an, dass er gepanzert war. Trotzdem: Eine RPG, eine mobile, von der Schulter abgefeuerte Rakete, würde auch vor dem Stahl und den sieben Zentimeter dicken Spezialscheiben nicht haltmachen.

Am Morgen des 14. April 2004 packten wir auf dem Sammelparkplatz von *Palestine* und *Sheraton* am Tigrisufer unsere Koffer und unser Equipment in einen vor Dreck starrenden Mercedes 600, wickelten unsere Palästinensertücher um den Kopf, bevor wir uns langsam in den chaotischen Verkehr der Hauptstadt des Irak einfädelten.

Wir kamen glücklicherweise ohne gefährliche Vorkommnisse am Flughafen an, der von US-Militärs gesichert war. Jörg Armbruster und sein Kameramann Siggi Blessing kamen mit blassen Gesichtern aus derselben Maschine, mit der Jürgen und ich gleich losfliegen würden, ein denkwürdiges Wiedertreffen in unwirklicher Umgebung. Redaktionelle Übergabe in 4 Minuten und 30 Sekunden. Letzte Umarmungen. Und dann fuhr das neue Team der ARD hinein in die Stadt, und wir checkten im absurd heruntergekühlten Terminal ein, Gepäck rein, anschnallen, die zwei Propeller wurden gerade angelassen.

Nach dem Abheben neigte sich die rechte Tragfläche direkt zurück zum Boden, die Fliehkräfte waren so groß, dass ich kaum den Arm heben konnte, in engen Spiralen schraubte sich die Maschine in den Himmel. Hätte der Pilot die Kurven weiter geflogen, wäre er über ungesichertem Areal aufgestiegen. Dort warteten üblicherweise die Terroristen und versuchten, die Flugzeuge mit Raketenwerfern abzuschießen.

Der Präsident und die Schildkröte
Quneitra / Damaskus / Aleppo, April 2005

Quneitra – Stadt der Ruinen. Ich stand vor einem umgestürzten Mauerstück, groß wie ein Fußballtor. Auf der glatten Schräge rutschten lauthals lachende Kinder auf ihren Hosen herunter, eine Gruppe von fünf, sechs Jungen und einem Mädchen. Immer und immer wieder, sich abwechselnd. Von hier aus hatte man einen wunderbaren Blick nach Süden, hinauf auf die Golanhöhen.

Der israelisch-arabische Konflikt, er ist genau hier heimisch, auf diesen Kilometern, man steht im Epizentrum eines politischen, ideologischen, kulturellen, historischen Bebens, das seit mehr als einem halben Jahrhundert die Welt in Atem hält. Die israelischen Grenzen zu Jordanien und Ägypten sind nicht eben freundschaftliches Umfeld, aber weitgehend beruhigt. Die Grenze zum Libanon: Abgesehen von Phasen der Krise, in denen die Hisbollah Raketen auf israelisches Staatsgebiet feuerte und Israel massiv zurückschoss, ist der Zedernstaat viel zu schwach, um für Tel Aviv eine echte Gefahr darzustellen. Prekär bleibt die Situation – abgesehen vom Gazastreifen – an der Grenze zu Syrien, einem echten arabischen Feind Israels. Jeder andere Frontstaat hat sich auf die eine oder andere Weise mit dem Westen arrangiert, nicht so Damaskus. 2005 – während meiner Reise – hörte man in syrischen Regierungs- und Verwaltungskreisen eine überkommene und lächerliche Rhetorik plattester USA- und Israel-Feindschaft.

Quneitra, warum wurde es in Trümmer gelegt? Warum liegt

es dort noch immer so? Am 6. Oktober 1973 griffen Syrien und Ägypten ein viertes Mal Israel an, am höchsten jüdischen Feiertag Jom Kippur. Die israelische Armeeführung wurde vollkommen überrascht und musste zum ersten Mal Verluste in größerem Ausmaß hinnehmen. Auch wenn man das Ergebnis sicherlich nicht als militärische Niederlage Israels darstellen kann, wie etwa Ägypten behauptet[19]; das israelische Entsetzen über den unter absoluter Geheimhaltung vorbereiteten Angriff brachte Ägypten den Sinai zurück und kostete die israelische Ministerpräsidentin Golda Meir das Amt. Die Traumatisierung Israels über die unerwartete Kampfkraft der Araber führte letztlich zur Bereitschaft, den Friedensvertrag mit dem Ägypter Anwar al-Sadat abzuschließen. Und die arabischen Erdöl exportierenden Staaten (OAPEC) beschlossen ein Ölembargo gegen den Westen, der vor allem Saudi-Arabien unvorstellbare Gewinne bescherte. Dass der Oktoberkrieg/Jom-Kippur-Krieg keinen großen Sieg der arabischen Seite darstellte, sieht man besonders gut auf dem Golan: Die Israelis besetzten zusätzlich zu den Gewinnen im Jahr 1967 große Gebiete auf syrischer Seite, darunter Quneitra. 1974 zog sich die Armee ein paar hundert Meter zurück auf den Golan und zerstörte die Stadt vollständig. Von Syrien wurde es nie wieder aufgebaut. Dem System würde sonst eine steinerne Anklage gegen den ewigen Feind Israel fehlen, ein Symbol, das jedem syrischen Kind einleuchtet.

Als wir dort ankommen, ist Volksfest. Jedes Jahr kommen Zehntausende syrische Familien, um hier zu campen, zu grillen und zu tanzen. Aus den Lautsprechern der klapprigen Pkw, deren Türen den ganzen Tag geöffnet bleiben, aus den Radioapparaten, aus den Cafés dringen syrische Volkslieder, und die jungen Männer tanzen. Zwischendrin wird gegen den Takt geklatscht, meist schneller als der rhythmische Mainstream. In der Frühlingsluft hängt der Geruch von verbrennendem Rindfleisch und billigem Parfüm, die Menschen sind ausgelassen, als wäre diese alljährlich wiederkehrende Gedächtnisveranstaltung zur Dokumentation der ewigen Schuld der Israelis eine der ganz wenigen Gelegenheiten, zu der man aus vollem Halse singen, mit ungebremster Intensität tanzen, ohne Angst lachen darf. Die Lebenslust hat sich in diesem Ritual nicht nur durchgesetzt, sondern längst verselbständigt. Aus der von Staats wegen ursprünglich verordneten Betroffenheit wurde eine zunächst angemessen dezente Genugtuung darüber, politisch, historisch und ethisch angeblich auf der richtigen Seite zu stehen. Je mehr Jahre ins Land gingen, desto mehr setzte sich die den Menschen innewohnende apolitische, antiintellektuelle Freude durch. Doch unter dem Schirm des Antiisraelismus drückt selbst die rigide Baath-Partei eines ihrer 1000 Augen zu.

37 000 Einwohner hatte Quneitra, als die Israelis ankündigten, sich zurückzuziehen und die Menschen aufforderten, die Stadt zu verlassen. Dann legten sie sie in Schutt und Asche. Als wir die Geisterstadt besuchten, wohnten exakt 35 Menschen hier. Abu Nasir zum Beispiel. Er hatte das Glück, dass die Hälfte seines Hauses stehengeblieben ist, vermutlich durch Zufall. Und so hockte er jetzt den lieben langen Tag auf seinem nur leicht erhöhten Steinbalkon über dem Bürgersteig und rauchte seine Wasserpfeife. Er war 74 Jahre alt und bekam eine winzige Rente vom Staat. Aber Abu Nasir brauchte nicht viel, und ab und zu kamen seine Kinder vorbei mit der Enkelschar und ließen Lebensmittel da oder ein paar Scheine. Mit dem Vater zusammenleben wollte aber offenbar niemand mehr, und ebenso offenbar war der damit einverstanden. Er genoss es, allein zu sein auf seinem Balkon.

Als wir ihn fragten, wie es ihm gehe, holte er aus zu einer dieser stakkatohaften Lobhudeleien, die uns im Westen so fremd sind – und oft peinlich. Doch diese Form grundsätzlicher Unterwürfigkeit ist letztlich nichts anderes als eine Lebensversicherung; denn gerade wenn Ausländer im Land unterwegs sind und ganz besonders wenn es sich dabei um Journalisten handelt, dann hören die Geheimdienste so häufig zu, wie sie nur können. Und wer etwas Falsches sagt oder wem etwas Verdächtiges auch nur rausrutscht, der kann sicher sein, dass er die Konsequenzen spüren wird. Wie in jeder Diktatur. Abu Nasir also, ungekürzt:

»Ich liebe meine Nation und mein Land. Ich bin bereit, mich für den Präsidenten zu opfern, mit Leib und Blut. Ich liebe meinen Präsidenten Hafez al-Assad. Er hat uns etwas Großes hinterlassen: seinen Sohn Baschar. Beide – Vater und Sohn – stehen für die gleiche, klassische Schule.«

Zunächst hatte ich diese Aussage innerlich abgelegt unter der Rubrik *Lobeshymnen, austauschbar*. Doch dann wurde mir klar, dass sehr viel mehr darin steckte und sie exakt zu dem Themenkomplex passte, weswegen ich nach Syrien gereist war. Denn Abu Nasir hatte seine Liebe zum Vater schließlich auf den Sohn übertragen. Und die wichtigste Behauptung an den Schluss gesetzt: Beide stehen für das Gleiche, es passt kein Blatt zwischen Hafez und Baschar, es gibt keine Veränderung. Der passionierte Wasserpfeifenraucher in Quneitra teilte uns also mit, dass wir, die wir unterwegs sind, um Anzeichen für einen Wandel aufzuspüren, letztlich enttäuscht würden.

Ich bin in Syrien, weil ich wieder einmal einen *Weltspiegel* angeboten habe und dieser den Zuspruch des Redakteurs gefunden hat. Ein wunderbares Format, ein angemessener Sendeplatz am Sonntag, eine Heimat für uns Korrespondenten. Ich hatte argumentiert, es sei seit meiner Sondersendung am Tag der Beerdigung von Hafez al-Assad im Juni 2000 und einem Kurzbericht über den Abzug der Syrer aus dem Libanon vor ein paar Monaten kaum einmal wieder die Frage gestellt worden, wo dieses Land in seiner Entwicklung denn jetzt stehe. Fünf Jahre nach der

Amtsübernahme des jungen Sohnes Baschar; viereinhalb Jahre nach dem Beginn des »Damaszener Frühlings«; drei Jahre nach dessen Ende. Als ich die Zusage erhielt, war ich sehr zufrieden. Ich liebte die Vorstellung, diesen Landstrich, über den ich schon so viel gelesen und mit dem ich mich schon so intensiv beschäftigt hatte, endlich zu bereisen.

Wir parken unseren Wagen am Bab Touma, einem der sieben Damaszener Stadttore. Die Tatsache, dass das steinerne Tor mittlerweile von einem Asphaltrondell umgeben ist, stört die Ästhetik dieses Ortes empfindlich. Doch nur drei Schritte weiter und man ist bereits eingetaucht in die unvergleichliche Altstadt. Ich bin benebelt vor Begeisterung über die architektonischen Besonderheiten und die einzigartige Bevölkerungsmelange. Gebeugte Großväter klappern mit ihren Gehstöcken, unrasiert, ungnädig. Eine Gruppe von jungen Mädchen in Schuluniformen, tiefschwarz die Haare, alle unverschleiert, Christinnen sicherlich, wahrscheinlich Maronitinnen. Muslimische Mütterchen schauen aus ihren Fenstern und bekommen alles mit, was auf der Straße passiert, und das ist eine Menge. Pferdekutsche neben Pkw, Holzschubkarren mit elegant gestapeltem, frischem Gemüse, Motorräder, dazwischen, wenn ein paar Zentimeter Platz sind, Fußgänger. Ein Blick in die Läden zeigt sofort: Die Handwerkskunst hat hier wunderbare Blüten getrieben. Messingschalen, Kronleuchter, Wasserpfeifen, Schnitzereien, Drechslereien, Gold- und Silberschmuck.

Zafer, unser Produzent, führt uns an einem der ersten Abende in das Restaurant *Elisar*. Dieses mittelalterliche Anwesen in der Damaszener Altstadt wäre – wenn es fahren könnte – ein Cabrio. Der Vergleich beschreibt besser als der Ausdruck »offener Innenhof« das Gefühl, das ich an diesem Abend habe: mit Freunden und guten Kollegen hier zu sitzen, den Sternenhimmel über uns, die Wasserpfeife neben uns und vor uns die köstlichen Speisen auf dem wunderbar in Rot und Weiß eingedeckten Tisch.

Wie steht Syrien 2005 da? Was ist vom Damaszener Frühling geblieben? Hafez al-Assad war am 10. Juni 2000 gestorben, die »Sphinx von Damaskus«, wie er genannt wurde, hatte auch nach 30-jähriger Diktatur bis zum letzten Tag die Zügel in der Hand gehalten. Noch im Jahr davor war es zu einem weiteren, diesmal bewaffneten Machtkampf zwischen Hafez und seinem jüngeren Bruder Rifaat gekommen. Dieser hatte schon mehrfach versucht, den 13 Jahre älteren Diktator vom Thron zu stoßen[20], aber auch diesmal, 1999, war er dem asketischen und äußerst cleveren Hafez unterlegen. So konnte dieser seine Macht an seinen Sohn Baschar übergeben, den erst 34 Jahre alten Augenarzt, der in London praktiziert hatte. Er war bis zum tödlichen Autounfall seines älteren Bruders Basil im Jahr 1994 nur die zweite Wahl gewesen und hatte sich vermutlich deshalb auch einen alternativen Lebensmittelpunkt im Ausland aufgebaut. Und er scheint eine äußerst distanzierte Beziehung zu seinem Vater gehabt zu haben.

Baschar übersiedelte nach Damaskus und übernahm das Steuer unmittelbar nach Hafez' Tod. Die Verfassung wurde so abgeändert, dass ein Präsident nicht mehr wie bisher 40 Jahre alt sein musste, sondern nur noch 34. Baschar, der keine militärische Ausbildung genossen hatte wie sein Vater und sein älterer Bruder, bekam eine soldatische Kurzausbildung und stieg in den Hierarchien von Partei, Regierung und Militär so schnell auf, wie es nur möglich war. Wer ihn als naiv und unerfahren abgetan hatte, wurde durch die Tatsache überrascht, dass eine seiner ersten Entscheidungen die Verfolgung von Anhängern seines Onkels Rifaat war. Baschar übernahm die Tradition seines Vaters, jeden potenziellen Konkurrenten am Aufstieg zu hindern.

Nach innen aber – und das fesselte und begeisterte Syrer und ausländische Beobachter – ließ der junge Baschar zunächst Reformen zu. Unter der Überschrift »Damaszener Frühling« wurden Hunderte politische Gefangene freigelassen, es wurden regierungskritische Artikel und Essays veröffentlicht, die Intellektuellen Syriens trafen sich in Foren oder Salons. Es wurde dort zum ersten Mal öffentlich debattiert, wie Syrien sich entwickeln müsse und wo die Schwachstellen des Systems lagen. Der Unternehmer Riad Seif gehörte dazu oder der international bekannte Journalist und Aktivist Michel Kilo, den wir jetzt im Jahr 2005 im Café *Beit Jabri* in der Hauptstadt treffen. Eine Begegnung, die mir unvergessen geblieben ist.

Er sitzt da und raucht und ergreift bisweilen das Wort, wenige Haare, Altersflecken und Sommersprossen auf dem braungebrannten Kopf. Manchmal, wenn er seinen Mitstreitern bei ihren Reden zuhört, stützt er ihn auf dem Oberarm ab, als wollte er zeigen, wie müde er über die Jahre geworden ist. Doch allen Wunden zum Trotz, die sein Land ihm zugefügt hat, und obwohl er weiß, dass dieses Interview ihm schädlich sein kann – Michel Kilo antwortet unverblümt auf unsere Fragen.

»Syrien sieht noch lange nicht so aus, wie wir es haben wollen. Bis zu einer wirklich freien Gesellschaft ist es noch ein langer Weg, sie ist noch nicht verwirklicht. Kurz gefasst: Wir wollen noch viel mehr.«

Die Zeit der Euphorie, sagt Kilo, sei längst vorbei: Nach nur einem Jahr habe das syrische Regime zurückgeschlagen, den Frühling beendet und diejenigen verhaftet, die man für eine kurze Weile ungestört sich hatte beschweren lassen. Die meisten der führenden Salonaktivisten wurden zu Freiheitsstrafen zwischen zwei und zehn Jahren verurteilt. Insgesamt, sagt unser Gesprächspartner, habe er jetzt 18 Jahre in Gefängnissen verbracht, und – weit schlimmer noch – unterm Strich habe sich nichts geändert. Ein halbes Jahr nach unserem Gespräch im *Beit Jabri*, also im Oktober 2005, wird Kilo die *Damaszener Erklärung* mitformulieren: eine glasklare Absage an den Totalitarismus des syrischen Regimes und eine ebenso glasklare Aufforderung, demokratische Strukturen zu schaffen.

Das letzte Bild unseres Films ist eine eindrückliche Szene, die sich exakt so zugetragen hat: Das Team und ich sitzen in Aleppo in einem Straßencafé und diskutieren den weiteren Verlauf des Tages, als plötzlich aus einem Gebüsch eine Schildkröte herauskommt und genau vor uns die Straße überquert. Und damit nicht genug: Auf der anderen Straßenseite steht ein überlebensgroßes Porträt des Staatspräsidenten Baschar al-Assad. Die eilig herbeigeholte Kamera filmt also, wie eine Schildkröte im Schneckentempo vor dem Konterfei des Präsidenten durch das Bild wackelt. Eine filmische Steilvorlage für den Schlusssatz unseres *Weltspiegel*-Beitrags: »Das System reformiert sich exakt in dem Tempo, das von oben diktiert wird, und keinen Schritt schneller!«

Rückkehr in den Bürgerkrieg
Damaskus, Mai 2012

Mai 2012. Mein Kairoer Kollege Jörg Armbruster und ich hetzten von Krise zu Krise, von Brennpunkt zu Brennpunkt. Tripolis in Libyen, Kairo in Ägypten, Beirut im Libanon, Sanaa im Jemen, Doha in Qatar, Damaskus in Syrien.

Nach sechs Jahren in Südamerika war meine Rückkehr in den Nahen Osten durchaus eine journalistische Kehrtwende. Weg von den längeren Filmformaten wie dem Feiertagsprogramm der ARD oder den wunderbaren Dokumentationen bei *Phoenix*, *Arte* und *3sat*. Mein neues Tätigkeitsfeld beschränkte sich fast ausschließlich auf kurze, aktuelle Nachrichten. Wofür ich in Rio, Buenos Aires, Santiago, Lima, La Paz, Asunción und Montevideo meist vergeblich geworben hatte – einmal wieder für *Tagesschau* oder die *Tagesthemen* produzieren zu können –, das war nun zum Standard geworden. Genauso wie damals im Irak.

Die Volkserhebungen und Rebellionen hatten die ehedem so starren, so unumstößlich scheinenden Diktaturen des Nahen Ostens durcheinandergewirbelt. Wie wir heute im Nachhinein wissen, hat sich trotz mehrfacher Umwälzungen dabei an den Strukturen fast nichts geändert, nur die Marionetten wurden ausgewechselt. Außer in Syrien: Gut ein Jahr nach dem Beginn der Aufstände war es zu einem fatalen Kräftegleichgewicht zwischen Oppositionellen und dem Regime gekommen. Ein furchtbares Ringen zwischen Todfeinden, die das wundervolle Land von Monat zu Monat mehr verwüsteten.

Ich saß am Schreibtisch meines Hotelzimmers und checkte meine Mails und ein paar Nachrichtenseiten. Gleich wollte ich mich mit Kameramann Jürgen Killenberger zum Frühstück treffen, so gegen kurz nach acht. Mit Jürgen war ich nicht nur bei den kurdischen Peschmerga gewesen, sondern hatte mit ihm viele andere Filme gemacht. Damaskus und die Situation in Syrien hielt er für so überaus spannend, dass er nicht einmal auf den Gedanken gekommen wäre, seine Teilnahme abzusagen. Gleichzeitig war er ein Vollprofi in Sachen Sicherheit, der während der Reise jede noch so geringe Abweichung von der Normalität aufspürte und Risiken kühl und professionell minimierte. Zudem ist er ein begnadeter Reportage-Kameramann, der die entscheidenden Bilder schon gedreht hat, wenn viele andere Kollegen noch diskutieren würden. Wir waren mit dem Flieger direkt aus Kairo gekommen; der Flughafen in Damaskus war zu diesem Zeitpunkt noch geöffnet.

Mumtaz und Maher hatten uns abgeholt, unsere alten syrischen Kämpen, beide ebenfalls seit Jahren tätig für die Korrespondenten der ARD. Es sind solche Kontakte und Kollegen, die effektives journalistisches Arbeiten im Ausland oft erst ermöglichen. Wieder hatten wir im Hotel *Dama Rose* eingecheckt. Noch bei unserem letzten Aufenthalt hatte es *Dedeman* geheißen, bis das syrische Regime aufgrund der immer größeren Spannungen mit dem nördlichen Nachbarn Türkei seine Konsequenzen gezogen hatte: Konten wurden eingefroren, Guthaben beschlagnahmt, Diplomaten ausgewiesen – und Hotels in türkischem Besitz verstaatlicht.

Ich hatte meine Morgenjobs am Laptop erledigt und versuchte noch schnell, den Livestream des ARD-*Morgenmagazins* anschauen, doch die Internetverbindung im Hotel war dafür zu schwach. Schade, dachte ich, denn heute lief unser *Moma-Reporter*, eine tägliche Rubrik mit der ungewöhnlichen Länge von mehr als fünf Minuten. Ich hatte über unsere zweitägige Reise durch Syrien berichtet, die wir vorgestern völlig überraschend angetreten hatten. Eigentlich hatten wir nur die UN-Beobachter auf ihren Inspektionsreisen begleiten wollen. Doch dass die Dinge sich so entwickeln würden, hatte niemand erwartet: Zuerst war es wieder einmal nach Homs gegangen. Jene Stadt in der Nähe der libanesischen Grenze, die zu einer Hochburg der Widerstandsbewegung gegen Präsident Assad geworden war. Heftige Kämpfe am Stadtrand, die Rauchwolken standen über den Hochhäusern. Wir kamen zu Fuß bis in ein Viertel, in dem gekämpft wurde; die Schießereien waren vielleicht 200 Meter von uns entfernt; Einschusslöcher klafften in vielen Häuserwänden.

Mit 40 Journalisten waren wir aus Damaskus frühmorgens aufgebrochen, doch nach unserem Besuch im UN-Hauptquartier fuhren die meisten wegen Termindrucks zurück in die Hauptstadt. Wir entschieden uns dafür weiterzumachen, weil es ansonsten kaum noch Gelegenheit gab, aus Damaskus herauszukommen. Der Auftrag der zwei UN-Teams war es, so stellte sich jetzt heraus, weiterzufahren in Richtung Norden, nach Hama. Auch hier: gespenstische Eindrücke aus der umkämpften Stadt. Einschläge von Granaten waren zu hören; in unser Mikrofon mochte niemand offen sprechen – zu groß war die Angst vor dem allgegenwärtigen Geheimdienst. Auf dem zentralen Platz trennten sich dann die verbliebenen UN-Jeeps: Der eine fuhr zurück nach Homs, der andere noch weiter nördlich nach Idlib in der Nähe der türkischen Grenze.

Jürgen und ich gehörten zu den wenigen Journalisten, die auch jetzt nicht umkehren wollten. Eine Reise nach Daraa in den Süden des Landes, an die Grenze zu Jordanien, hatten wir früher schon machen dürfen und waren im Westen in der umkämpften Stadt Zabadani an der libanesischen Grenze gewesen wie auch in Homs. Aber von dort aus weiter in den Norden, fast durchs ganze Land, das war eine einmalige Gelegenheit. Wir zögerten nur wenige Minuten, in denen ich per Handy der *Tagesschau* mein eingeplantes Nachrichtenstück absagte. Des Hamburger Leid, des Kölner Freud: Planer Hermann Baum vom WDR brauchte nicht einmal Rücksprache zu halten, bis er mir den Auftrag erteilte, einen *Moma-Reporter* zu produzieren.

Übernachtung in Idlib, wo die Kämpfe bis zum Morgengrauen zu hören waren. Wir vertrauten auf die Souveränität der beiden UN-Beobachter gegenüber potenziellen Feinden, etwa bei einer der vielen Straßensperren, an denen wir uns durchlavierten. Aber wenn man sie jetzt so sah am großen Gemeinschaftstisch zum Abendessen, ohne Dienstkleidung, ohne Helm, dann kamen sie einem verletzlicher vor als man selbst. Der nächste Morgen war aufregend, wir besuchten ein kleines Nest an einer Durchgangsstraße. Die wenigen Menschen schrien durcheinander und überhäuften die beiden Beobachter mit Klagen: Die Truppen Assads hätten viele Verwandte umgebracht in den letzten Tagen. Wir wurden extrem unfreundlich beäugt, es stellte sich heraus, dass die Ziffer »1« auf unserem ARD-Windschutz dem Emblem eines russischen Staatssenders ähnelte, wir wurden für Verbündete des Regimes gehalten; in dieser Rebellenhochburg sicherlich keine gute Idee. Und jetzt, nachdem sie gerade mit den UN-Abgesandten und uns gesprochen hätten, sagten die Leute vorwurfsvoll, sei eine Vergeltung durch die Sicherheitskräfte eine ausgemachte Sache. Mit anderen Worten: Unser Aufenthalt in dem Dorf hatte die Einwohner zusätzlich in Gefahr gebracht. Das Schlimmste: Als wir gerade losgefahren waren in Richtung Damaskus, kamen uns mehrere Panzer und Truppentransporter entgegen. Ihr Ziel: das kleine Dorf. Ich redete mir ein, dass wir ausschließlich den UN-Beobachtern gefolgt waren, die das Dorf sowieso besucht hätten. In Wahrheit aber fühlte ich mich hilflos und schuldig, als das Strafkommando unsere Autos passierte.

Den Beitrag hatten wir mit Cutter Bernhard Eul nach unserer Rückkehr bis weit nach Mitternacht geschnitten, weshalb wir alle am Morgen nicht ganz taufrisch waren. Gemächlich wollte ich hinuntergehen in den Frühstücksraum und erst einmal ein paar Tassen Kaffee trinken. Ich klappte den Laptop zusammen, stand auf und wollte gerade den Raum verlassen. Plötzlich: ein dumpfer Knall.

Und dann die verzögerte Druckwelle, minimal nur, der Tatort war vielleicht fünf Kilometer entfernt, schätzte ich. Erinnerungen wurden wach an den Irak. Ich stürzte hinaus auf den Balkon. Eine Rauchwolke, die sich wie ein Atompilz erhob, dunkelgrau, fast schwarz. Ich wollte gerade Jürgen in seinem Zimmer anrufen, als eine zweite Detonation zu hören war. Ich rannte los über die Treppen zu Jürgens Zimmer, wir brauchten nur wenige Minuten, um aufzubrechen. Und ich wusste noch nicht, dass mir einer der schlimmsten Augenblicke in meinem Leben als Journalist unmittelbar bevorstand.

Um die Situation, die in Syrien herrschte, um das Land und sein System zu begreifen, muss man in der Geschichte zurückgehen. Der Palästinakrieg gegen Israel, sofort nach der Staatsgründung 1948, hatte für die arabischen Angreifer Syrien, Ägypten, Libanon, Transjordanien und Irak in einer Katastrophe geendet. Danach geriet Damaskus in eine 20 Jahre währende Dauerkrise. Von den unterschiedlichen Gruppen und Parteien, die sich gegenseitig politisch bekriegten und manchmal auch physisch, ist vor allem das Schicksal der Baath-Partei interessant. Vollständig heißt sie *Hizb al-Baath al-Araby al-Ischtiraky*, die Partei der arabischen, sozialistischen Wiedererweckung. Mit »Wiedererweckung« war das Aufbegehren der arabischen Nationen gemeint, die sich nach Jahrhunderten des westlichen Kolonialismus endlich wieder ihren angestammten Platz in der Welt zurückerobern sollten. Da das nur gemeinsam möglich war, propagierte die Baath-Ideologie von Anfang an den Zusammenschluss möglichst vieler Staaten zu einem gesamtarabischen Vaterland.

Die Baathisten waren vom Augenblick ihrer Gründung ein Fremdkörper im islamischen, tiefreligiösen Nahen Osten. Denn sie waren – genau wie die Gesinnungsgenossen im benachbarten Irak – säkular. Die Mitglieder waren zu weiten Teilen nicht ungläubig, ideologisch aber in jedem Fall areligiös. Und zum anderen verstanden sie sich als sozialistisch beziehungsweise kommunistisch, auch dies eine Selbstdefinition, die in der arabischen Welt, abgesehen von Ägypten, damals kaum Wurzeln hatte.

Bis zum insgesamt zehnten Militärputsch seit 1948: Mitte November 1970 hatte der pragmatische Flügel der Baath-Partei sich gegen die linken Fundamentalisten durchgesetzt, Verteidigungsminister Hafez al-Assad hatte die Macht ergriffen – und im Unterschied zu all seinen Vorgängern sollte er sie nicht wieder abgeben. Der Löwe, so die wörtliche Übersetzung von al-Assad, hatte sich festgebissen. Der 40-Jährige agierte beinahe so blutrünstig wie Saddam Hussein im benachbarten Irak neun Jahre später: Er »säuberte« seine Baath-Partei von linken Gruppierungen und die Staatsführung von jeder politischen Konkurrenz. Da er selbst einer Minderheit angehörte, den schiitischen Alawiten, wollte er verhindern, dass andere Randgruppen auch nur in die Nähe von Entscheidungsträgern gelangen konnten. Christen, Drusen und Ismailiten mussten gehen, während jene Sunniten, die Assad treu ergeben waren, aufstiegen.

Die Alawiten leben hauptsächlich an der syrischen Mittelmeerküste, aber auch in der Türkei und im Libanon gibt es größere Siedlungen. Auch wenn sie formell den Schiiten zugeordnet werden, ihre religiöse Einstellung ist weit von jedem islamischen Mainstream entfernt. So weit, dass sie von sunnitischen Hardlinern als Ketzer behandelt wurden. Hafez al-Assad war in der Nähe der Mittelmeerstadt Latakia im alawitischen Kernland aufgewachsen und kannte die Atmosphäre der Unterdrückung nur zu gut. Als er Minister- und Staatspräsident geworden war, drehte er die Machtverhältnisse um: Obwohl die Alawiten nur 12 Prozent der syrischen Bevölkerung ausmachten, besetzte er mit ihnen Schaltstellen in allen Bereichen der Gesellschaft – in der Politik, im Staat, in den Geheimdiensten, der Armee, der Wirtschaft, der Diplomatie, dem Außenhandel, überall. Nach innen wurde nun jeder verfolgt und verhaftet, der an der Vormachtstellung der Partei, der Alawiten und der Assads etwas auszusetzen hatte. Oft reichte es schon, nicht laut genug applaudiert zu haben. Syrien war – und ist bis heute – eine nahezu prototypische Diktatur.

Wie sah nun jenes merkwürdige Staatsgebilde aus, das sich da zwischen der Türkei, dem Irak, Jordanien und dem Libanon neu erfunden hatte? Der Staatspräsident bekannte sich zwar zum Schutz von religiösen Minderheiten, hatte diese aber zuvor brutaler behandelt als jeder Vorgänger. Sein Staat lag inmitten der islamischen Welt, aber er erlaubte nicht, dass die Religion Einfluss auf die Politik nahm – oder vielmehr: keine andere als seine eigene. Assad schätzte die Sunniten; aber nur dann, wenn sie sich ihm unterwarfen. Sonst hasste er sie. Er hatte an der Demokratie nichts auszusetzen; aber nur dann, wenn sie ihm eine fast 100-prozentige Zustimmungsquote lieferte. Er war dem ägyptischen Präsidenten Gamal Abdel Nasser zugeneigt gewesen, für seine Idee des Panarabismus, der sich mit den Ideen der Baathisten weitgehend deckte; doch der zwischenzeitliche Staatenbund Kairo–Damaskus war an unzähligen Problemen gescheitert, Nasser war gerade gestorben, und außerdem stand Assad der türkische Präsident Atatürk letztlich näher, selbst Lenin. Die Baathisten orientierten sich eher an Chile und Kuba als an ihren Nachbarn aus Jordanien.

Sie verachteten die USA dafür, dass sie Kommunisten das Leben so schwer machten; Frankreich und Großbritannien für ihre Vergangenheit als Kolonialisten; den Irak für seine Konkurrenz in der Baath-Frage und seinen Krieg gegen den Iran; Ägypten für sein Versagen bei der Schaffung eines arabischen Großreiches; Bahrain, Qatar, die Vereinigten Arabischen Emirate, den Oman, Jordanien, Marokko und Saudi-Arabien für ihren Feudalismus. Der kleine Nachbar Libanon wurde nicht einmal verachtet, er schien zu klein und unbedeutend. Nachdem dort 1975 der Bürgerkrieg ausgebrochen war, marschierte Syrien 1976 ein und setzte seine eigenen Interessen im Libanon durch. Erst 2005 rückten die Syrer wieder ab, zogen aber auch danach faktisch die Fäden im Libanon.[21]

Es blieben also nicht allzu viele Verbündete dieses einzigartigen Konstrukts Syrien: aus ideologischer Affinität die kommunistischen Großmächte Russland und China und aus religiöser Nähe – nach ihrer Machtergreifung – die schiitischen Ajatollahs im Iran. Heute, 45 Jahre nach dem Putsch des Löwen, hat sich daran erschreckend wenig geändert.

Im Frühjahr 2011 – nachdem bereits in Tunesien und Ägypten die Revolution gesiegt zu haben schien – begannen in der südsyrischen Stadt Daraa an der Grenze zu Jordanien einige Schüler regierungskritische Graffiti und Parolen an die Wände zu sprühen. Die Jugendlichen wurden umgehend verhaftet. Als ihre Eltern protestierten und ihre Söhne und Töchter zurückforderten, fielen die ersten Schüsse. Das Regime zeigte sich genau so starr und unflexibel, wie ich es seit meinem letzten Besuch im Jahr 2005 in Erinnerung hatte. Dann entlud sich die Unzufriedenheit fast überall im Lande, Homs wurde schnell zur Hauptstadt der Rebellion.

Nach dem Ausbruch des Bürgerkriegs stellten sich Russland, China und der Iran reflexartig hinter ihren Schutzbefohlenen

Syrien und stärkten ihm den Rücken mit Waffen, Geld und diplomatischen Sperrfeuern. Jede Resolution zur Verurteilung der Kriegsverbrechen der syrischen Regierung ist von Russland und China bislang im UN-Sicherheitsrat mit einem Veto verhindert worden. Waffen kommen aus Moskau, aus Teheran sogar Ausbilder und – angeblich – eigene Kampftruppen. Und so verlief die Geschichte in Syrien eben vollkommen anders als in den sonstigen Ländern, in denen die *Arabellion* Fuß gefasst hatte. Die Unterstützung von außen durch die drei Länder war immens – und ist es auch heute noch. China geht es vor allem um die diplomatische Unversehrtheit eines Staates; wenn sie auch nur einmal eine Einmischung in die inneren Angelegenheiten einer Nation akzeptieren würden, dann – so denken sie – könnte die Weltgemeinschaft sich auch in die Angelegenheiten Chinas einmischen. Russland hat jahrzehntelange enge ideologische und wirtschaftliche Kontakte in Syrien. Dazu kommt, dass Tartus an Syriens Küste die mittlerweile letzte verbliebene Basis für Russlands Marine im Mittelmeer ist. Strategisch wäre schon diese Tatsache für die Russen vermutlich ausreichend, um beinahe alles zu tun, damit die Machtverhältnisse in Syrien sich nicht verändern. Und schließlich der Iran: Hier spielt neben historischen, strategischen und ökonomischen Aspekten die Religion eine wichtige Rolle.

Der syrische Staat versteht sich zwar als areligiös und stellt sich auch nach außen so dar. Doch dahinter steht eben die Herrschaft durch die Alawiten, die zu dem schiitischen Spektrum des Islam gehören; genau wie die Mullahs im Iran; genau wie die Hisbollah im Libanon. Für diese Kräfte geht es – neben anderen Gesichtspunkten – nicht zuletzt darum, mit allen Mitteln eines zu verhindern: dass das schiitisch regierte Syrien an die sunnitische Konkurrenz fällt, deren extremistische Speerspitzen beabsichtigen, das Land in einen Gottesstaat zu verwandeln. Doch da die Islamisten – wegen der Stärke der syrischen Armee und der Unterstützung durch verbündete Staaten – zunächst militärisch bei weitem nicht so schnell vorankamen, wie sie erwartet hatten, griffen sie nun verstärkt zur altbekannten Strategie des Bombenterrors. Und der 10. Mai 2012 bildete den Anfang.

Der Anschlag trug ganz klar die Handschrift von al-Qaida. Es handelte sich um eine gewaltige Detonation, für die nach meiner Erfahrung aus dem Irak mindestens 500 Kilo Sprengstoff nötig waren. (Später stellte sich heraus, dass es sich um rund eine Tonne gehandelt hatte.) Und es waren zwei Detonationen, was eine komplexere Planung und Koordination erforderlich machte.

Minuten nach den Detonationen hatten wir uns zusammentelefoniert, und Maher, unser verlässlicher Fahrer, wartete mit seinem Transporter bereits vor der Drehtür des *Dama Rose*-Hotels. Hinter einem Krankenwagen des Roten Halbmonds rasten wir zur Schnellstraße; in einer langgezogenen Auffahrtskurve hoben die beiden Reifen auf der rechten Fahrzeugseite für den Bruchteil einer Sekunde ab, weshalb Maher das Tempo leicht drosseln musste. Wir fuhren genau dieselbe Strecke in umgekehrter Richtung, die wir vor einigen Tagen vom Flughafen genommen hatten. Noch immer folgten wir dem orange-grünen Sanitätswagen. Dass man dem Tatort näher kam, hätte man auch mit geschlossenen Augen bemerkt: Aus dem monotonen Aufheulen der Sirene dieses einen Krankenwagens wurden schließlich Dutzende. Wir waren zu schnell am Tatort, als dass man uns hätte abhalten können. Noch waren keine Absperrungen aufgebaut, keine gelben Klebebänder flatterten im Wind, und die Sicherheitskräfte, die überall umherrannten, hatten anderes zu tun, als uns daran zu hindern, von unserem Parkplatz mitten auf der Autobahn schnurstracks auf das Epizentrum der Verheerungen zuzugehen. Schon im Laufen hatte Jürgen die Kamera angeschaltet, die Blende der gleißenden Helligkeit angepasst und die Schärfe gezogen. So zeichnete er gleich zu Beginn alles auf, was sich um uns herum ereignete.

Wir waren das erste Team vor Ort. Ohne Hektik, aber zügig bewegten wir uns durch die Szenerie, Producer Mumtaz mit dem Mikrofon, ich mit dem Tripod auf der Schulter und Jürgen mit der Kamera als Erster. Mein Reporterinstinkt wollte weiter, aber ich merkte, wie eine entgegengesetzte Kraft mich daran zu hindern versuchte, wie meine Beine zu zittern begannen. Als sie über die Metallstreifen gingen, die einmal eine Stoßstange gewesen waren oder ein Autodach. Als sie durch Glasscherben wateten, als sie brennenden Reifenfetzen auswichen, über dampfende Motorblöcke kletterten, Sanitätern den Vortritt ließen, die rannten und schrien. Ich nahm das Grauen in meiner Umgebung wie in Zeitlupe wahr. Mein Körper wie Watte. Unfähig zu Gedanken.

Vor Augenblicken wie diesem, vor genau diesen apokalyptischen Szenen war ich schließlich aus Bagdad geflüchtet. Ich wollte so etwas einfach nicht mehr sehen. Und riechen auch nicht: verbranntes Fleisch, verbrannte Kleidung, Schuhe, Benzin, Holz, Gemüse, Früchte, Asphalt.

Wir standen schließlich dort, wo es passiert war: Der Lkw, der die gigantische Ladung Sprengstoff transportiert hatte, lag in stählernen Einzelteilen etwa auf der Fläche eines Fußballfelds verteilt, im Zentrum ein Krater. Wie gewaltig musste die Explosion gewesen sein, wenn mitten in der Autobahn jetzt ein Loch klaffte, das 15 Meter lang war und drei Meter tief? Der Tod hatte viele auf dem Weg zur Arbeit ereilt, auf dem Weg zum Freund, zum Vater, zum Kindergarten, zur Schule, zum Krankenhaus, zum Friedhof, zur Prüfung. Etliche Leben in einem Moment ausgelöscht, Hunderte zerstört, Tausende betroffen.

Unsere ersten Interviews mit Ohren- und Augenzeugen hatten wir hinter uns und tasteten uns weiter vor in das allgemeine

Chaos. Als ich mich umschaute, kam ein vollkommen apathisch zitternder Mann auf uns zugewankt, mit wirrem Blick, vielleicht 55 Jahre, die Haare in Wellenlinien über seine hohe Stirn gekämmt. Ich weiß nicht, warum ich mich sogar an seine Hosen erinnern kann: eine etwas zu kurz geschnittene, hellbeige Anzughose, die Jacke hatte er nicht dabei. Er lief umher, den Blick manchmal nur kurz nach vorne gerichtet. Fast immer nach unten, auf den Boden. Unter die Metallteile, zwischen die brennenden Reifen, durch das zersplitterte Glas hindurch. Mit seinem linken Arm umklammerte er eine Plastikwanne. Und hinter dem Mann noch ein anderer, weiter entfernt, auch er mit einer Schüssel aus Plastik. Beide leuchtend in der grellen Morgensonne, weithin zu sehen, die Blicke anderer auf sich ziehend. Meine Aufmerksamkeit richtete sich wieder auf den Mittfünfziger vor mir, noch zehn Meter entfernt. Er hatte etwas entdeckt und blieb stehen. Er bückte sich. Er hob etwas auf. Er legte es in die Wanne. Er ging weiter, in einem Bogen an uns vorbei, ohne uns wahrzunehmen. Mein Blick wurde angezogen vom Inhalt dieser Plastikwanne, obwohl ich längst wusste, um was es sich handelte. Weil ich es in Bagdad so oft gesehen habe. Weil ich damals schon fand, dass es kaum etwas Grausameres geben kann. Als er sich genau vor uns noch einmal bückte, sah ich, dass ich recht hatte. Dass ich wieder sah, was ich niemals wieder sehen wollte: abgetrennte Körperteile. Das viele Blut bemerkte man nicht, die Wanne war rot.

Ich stellte mir die Frage, warum im Krater Wasser stand – genau wie beim Roten Kreuz in Bagdad. Gab es überall Wasserleitungen? Selbst unter Autobahnen? Oder hatte ein Feuerwehrwagen einen Brand gelöscht? Ich konzentrierte mich auf solch ein Detail, um nicht all das ungefiltert erleben zu müssen, was um mich herum geschah. Jede Scheuklappe war mir recht, um nicht wieder diesen Schmerz zu fühlen, in diesen Augenblicken ohne jede Hoffnung.

Die Blume auf dem Kindergrab
Sanaa /Aden, Jemen, Oktober 2012

Krankenhaus Omran, im Norden des Jemen. Über grell beschienene Innenhöfe, über düstere Gänge gehen wir hintereinander, steigen dunkle Treppenhäuser empor. Unsere Schritte stechend auf Steinen, hallend auf Beton, schlurfend auf Linoleum ... dann immer weniger Geräusche, Stimmen flüsternd durch Mundschutze, Schuhgetrampel gedämpft von textilen Überziehern, immer weniger Wartende auf den Gängen, dafür mehr Fotos an den Wänden. Dürre Arme, dürre Finger, Augen wie Greise. Wir sind auf der Kinder-Intensivstation, fast alle der kleinen Patienten leiden an chronischer Unterernährung, die allermeisten von ihnen sind etwa zwei Jahre alt und wiegen zwei Kilogramm.

Im vergangenen Monat, erläutert Chefarzt Dr. Ahmed Sobhy, seien in dem Raum, in dem wir stehen, sieben Kleinkinder gestorben, davon alleine drei in dieser Woche. Drei Betten stehen nebeneinander, steril und kalt. Wir fragen nach den Gründen für den Tod von so vielen Kindern. Dr. Sobhy antwortet präzise und knapp: »Die Eltern wohnen oft in den entlegensten Orten, ein Bus bis hierhin kostet fast 50 Dollar. Weil sie kein Geld haben, warten sie mit der Reise und lassen ihre Kinder erst einmal von Kurpfuschern behandeln. Bis es dann zu spät ist.«

Ausdruckslos die Gesichter der Kleinen, mitleiderregender als jedes Weinen, eingefallen die Wangen, aufgedunsen die Bäuche. Ein besonders kritischer Fall laut Kinderarzt: die kleine Barrah, im Bett ganz rechts. An ihrer Seite, wie an den anderen beiden

Betten auch, eine verzweifelte Mutter, ihre Tränen hinter dem Schleier nur zu erahnen. Sie hatte ihre Tochter, als sie immer mehr abnahm, in verschiedene Krankenhäuser in ihrer Heimatregion gebracht, aber der Zustand der Kleinen verschlechterte sich von Woche zu Woche. Durchfall, Erbrechen, Tag für Tag. Als Barrah dann letzte Woche in der Spezialklinik ankam, diagnostizierten Dr. Sobhy und seine Kollegen, dass lebenswichtige Organe bereits angegriffen seien und sie innere Blutungen habe. All das haben die Ärzte ihr im Detail nicht gesagt, und doch weiß sie, wie es um ihre Tochter steht.

»Der Arzt hat mir gesagt, dass Barrah ganz schlimm unterernährt ist.« Mutter Mohsen Salah hat sich bisher zusammengerissen, doch jetzt gehen die Gefühle mit ihr durch, sie beginnt zu schluchzen: »Sie ist meine einzige Tochter. Wenn sie stirbt, werde ich ihr in den Tod folgen.«

Wie kann es sein, dass sich – fast unbemerkt von der Weltöffentlichkeit – im Jemen ein Drama abspielt, das derzeit immer schlimmer wird? Dass zu Beginn des 21. Jahrhunderts Kinder sterben müssen, zu Tausenden? In einem Land, das einerseits neben dem absurd reichen Saudi-Arabien liegt und andererseits neben dem so stabilen Vorzeige-Oman?

Der Jemen gehört zu den kompliziertesten Gebilden im Nahen Osten. Hier ein paar Fakten: 1) Der Jemen hat *keine* Bodenschätze, wie die meisten anderen Staaten auf der arabischen Halbinsel. Und damit tendiert das generelle Interesse der Industriestaaten gegen null. 2) Der Jemen ist nicht nur extrem arid, sondern auch extrem arm. Das Land besitzt also keine finanziellen oder infrastrukturellen Mittel, sich mit Tiefbrunnen oder Meerwasserentsalzungsanlagen aus der Misere zu befreien. 3) Der Jemen ist erst 1990 zu dem heutigen Staat geworden. Vorher war es in den sozialistischen Süden und den republikanischen Norden gespalten; und diese beiden Teile sind bis heute nicht harmonisch verwoben, sondern widersetzen sich einander, streben längst wieder auseinander. 4) Die großen Stämme, die Clans, besitzen die eigentliche Macht im Lande. Auf ihrem jeweiligen Stammesgebiet sind Staatsbedienstete jeder Couleur und vor allem Soldaten nicht willkommen.

Der wohl bedeutendste religiös-tribalistische Verband sind die Huthis im Norden des Landes, Schiiten, die sich als Haschemiten begreifen, also als direkte Nachfolger des Propheten, wie etwa auch das jordanische Königshaus. Seit dem neunten Jahrhundert beherrschten sie bis 1962 ein selbständiges Fürstentum, nun fordern sie eine Autonomie für ihr Gebiet und sind im Begriff, ihre Macht im Jemen auszudehnen. Im Norden und Osten der Hauptstadt Sanaa ist der zahlenmäßig größte Stamm der Bakil angesiedelt, während die Haschid ihren großen Einfluss durch eine langjährige Allianz mit dem Langzeitpräsidenten Ali Abdullah Saleh hatten, der Ende Februar 2012 nach Protesten schließlich zurücktrat. Viele der angegliederten Familien sind im Konflikt mit den Huthis bereits auf die Gegenseite übergelaufen, sodass der Einfluss des Haschid-Stammes kleiner geworden ist. Auch im Süden des Landes ist die Stammesgesellschaft noch intakt, hier dominieren unter anderem die Sha'iri und die Awaliq, wobei es eine Vielzahl von ihnen zuzuordnenden Clans und weitere Stämme gibt.

Der schweizerische Jemenexperte Arnold Hottinger spricht in seinen Publikationen von nicht weniger als vier Kriegen und Konflikten, die derzeit die Stabilität des Landes bedrohen: die Forderung des Südens nach Unabhängigkeit, das Streben des Nordens nach Autonomie, der Kampf von *al-Qaida auf der arabischen Halbinsel* nach einem Gottesstaat und schließlich der Machtkampf zwischen der alten Staatspartei, dem *Allgemeinen Volkskongress,* in dem der abgesetzte Präsident Ali Abdullah Saleh und sein – Anfang 2015 zurückgetretener – Nachfolger Abed Rabbo Mansur Hadi den Ton angeben oder besser angaben, und der Oppositionspartei *Islah*, einem Sammelbecken islamistischer Salafisten, die den saudischen Wahhabismus nahestehen. Beide Seiten verfügen über eine Vielzahl von verbündeten Stämmen, die sich als Milizen in den Konflikt einmischen.

Dass die Regierung von den USA unterstützt wird, die mit Drohnen gegen al-Qaida vorgeht und dabei nicht selten auch Zivilisten tötet, untergräbt zudem die Autorität des Staates. Es handelt sich also um ein Geflecht von regionalen, religiösen und politischen Feindschaften, die ein friedliches Zusammenleben in weite Ferne gerückt haben. Der Jemen ist ein fragiles Gebilde, in dem Wasser überall fehlt, für das sich von Berlin bis Beijing kaum jemand interessiert, dessen Staatsgewalt nicht einmal in der Lage ist, die Hauptstadt unter ihre Kontrolle zu bringen, das keine Güter hat, die man exportieren könnte, das mit Fug und Recht als das Armenhaus der arabischen Welt bezeichnet wird.[22]

Damit leider nicht genug: Was den Fortschritt des Jemen zusätzlich behindert, ist die Verantwortungslosigkeit vieler jemenitischer Männer. Die Unterfütterung des eigenen Status und Selbstdarstellung hat für viele oberste Priorität. Ohne seine *Dschambia*, den Krummdolch, geht kein jemenitischer Macho aus dem Haus. Man schätzt, dass im Jemen 60 Millionen Schusswaffen in privatem Besitz sind, also rund dreimal so viele, wie es Einwohner gibt. Destabilisierend wirkt zudem der tägliche Kathkonsum vor allem der Männer. Diese pflanzliche Kaudroge bewirkt – in großen Mengen konsumiert – einen Rauschzustand, bei dem Müdigkeit und Hunger verschwinden, aber auch der Antrieb, in irgendeiner Weise tätig zu werden. Und noch eine Folgewirkung hat das Ganze: Auf nur etwa zehn Prozent der Landesfläche ist Ackerbau überhaupt möglich. Und auf diesen wenigen Quadratkilometern wird immer mehr Kath angebaut.

Damit bleibt nicht nur weniger Platz für den Anbau von Lebensmitteln. Der Kathstrauch ist auch eine extrem wasserintensive Pflanze. Je mehr Büsche des Rausches aus dem Boden schießen, desto weiter sinkt der Wasserspiegel ab. Wissenschaftler haben den Zusammenhang längst bewiesen.

Nicht dass die Männer, wenn sie nicht Kath kauen würden, leicht im nächsten Supermarkt, bei einem Farmer oder in einer Tankstelle Arbeit finden würden. Nicht dass der Jemen ohne Kathplantagen zu einem Land mit genügend Trinkwasser würde oder man genügend Lebensmittel produzieren könnte, um von der Weltgemeinschaft unabhängig zu werden. Aber all dies verschlimmert die Situation so dramatisch, dass Hoffnung fast nicht mehr angebracht ist.

Der Jemen ist ein dauerhafter Adressat internationaler Hilfslieferungen geworden. In den meisten Regionen gehört die Lebensmittelverteilung zum Alltag, nicht in den Genuss kommen all jene Familien, die zu weit entfernt von den Dörfern und Städten wohnen.

Wir beobachten eine Lieferung in der Hauptstadt Sanaa. Geordnet läuft das Ganze ab, nur hier und da werden die Stimmen lauter. Die Menschen sind es gewohnt, dass die Lkw des Welternährungsprogramms (World Food Programme) der Vereinten Nationen zu ihnen kommen, regelmäßig, jeden Monat. 50-Kilo-Säcke rutschen von der Ladefläche auf männliche Schultern und werden davongetragen. Die Listen werden ordnungsgemäß geführt, Betrug ist fast nicht möglich. Alle zwei Monate bekommen Familien mit mehr als sechs Mitgliedern (und das sind die meisten) einen Zentner Mehl, dazu Öl und Zucker. Der Jemen hängt zwar schon seit Jahrzehnten am Tropf der humanitären Hilfe. Aber nun – so berichtet uns der zuständige WFP-Regionalleiter Barry Came – hat die Situation sich plötzlich so verschärft, dass selbst die Vereinten Nationen davon überrascht sind: »Im Januar

2012 mussten wir 1,2 Millionen Jemeniten mit Lebensmitteln versorgen. Im Mai waren es bereits 1,8 Millionen, und danach haben sich die Zahlen noch einmal verdoppelt. Jetzt versorgen wir fast vier Millionen hungernde Menschen.«

Eigentlich wollten wir uns im Westen des Landes umschauen, am Roten Meer. Doch der Landweg aus dem Hochland hinunter auf Meereshöhe, der mich sehr interessiert hätte, ist vom Innenministerium exakt gestern für zu unsicher erklärt worden.

Entführungen und Lösegelderpressungen sind wieder einmal zu erwarten, und wir beugen uns ohne Widerstand der Aufforderung, nicht auf dem Landweg über die Straße N 3 nach al-Hudaida zu fahren. Wir diskutieren mit den Behörden, bis wir eine Alternative gefunden haben, die mindestens genauso spannend ist wie der Westen: nämlich die Südprovinz Abyan, nordöstlich der berühmt-berüchtigten Hafenstadt Aden. Hier hatte ein maritimes al-Qaida-Selbstmordkommando am 12. Oktober 2000 sich und die Bordwand der USS Cole in die Luft gesprengt, 30 US-Soldaten waren bei dem Anschlag umgekommen.

Parallel zu den arabischen Umstürzen im Frühjahr 2011 hatten hier mehrere Tausend Mudschahedin eine erfolgreiche Offensive gestartet, einen lokalen Gottesstaat errichtet und die Scharia eingeführt. Wer wissen möchte, wie die Ideologie dieser religiösen und kulturellen Fanatiker aussieht, welchen lebensfeindlichen Entwurf für unser Zusammenleben sie im Herzen tragen, der sollte sich in solchen räumlich und zeitlich limitierten Hochburgen umschauen, wie wir es zum Beispiel im irakischen Norden (Ansar al-Islam) oder im syrischen Maalula (al-Nusra) getan haben. Eine Reise in solche Regionen ist immer vor allem eine punktuelle Spurensuche, denn zumeist verhindert es die Fülle der Vorfälle, gesicherte Zahlen und Statistiken zusammenzutragen. Was möglich ist: ein Überblick, die Bestandsaufnahme zumindest jener Orte, die man aufsucht. Wer war der

Aggressor, wie viele Islamisten waren hier, wie lange konnten sie ihr Unwesen treiben? Welche Schäden haben sie hinterlassen an Gebäuden und Kulturgütern? Und vor allem: Wie viele Menschen mussten unter ihnen leiden und auf welche Weise? In solchen Situationen helfen meist lokale Organisationen, mal die irakischen Peschmerga, mal ein syrischer Bürgermeister. In diesem Fall führt uns die jemenitische Armee durch den Süden des Landes. Mehrere Geländewagen mit Soldaten und Generälen, dazu fünf oder sechs Pick-ups mit aufgepflanzten schweren Maschinengewehren. Vor allem wenn wir an Feldern mit undurchdringlicher Vegetation vorbeikommen, richten alle ihre Waffen in diese Richtung. Angriffe von islamistischen Rebellen gehören auch jetzt noch zur Tagesordnung.

Besonders hart umkämpft war die Stadt Zindschibar. In einem modernen Fußballstadion, das wir besuchen, waren Gegner der al-Qaida-Terroristen inhaftiert worden, gefoltert und getötet. Die zerstörten Deckenverkleidungen, die ausgebrannten Fanbereiche auf den ersten Blick, Patronenhülsen, Blutspuren, Einschusslöcher auf den zweiten – Spuren eines Massenmords. Vor einem halben Jahr, im Frühjahr 2012, fand dann die Gegenoffensive der Regierung mit Unterstützung der Amerikaner statt. Kaum ein Haus ist unbeschädigt, kaum ein Mensch ist auf den Straßen. Hunderttausende sind in den Rest des Landes geflohen und auf die Hilfslieferungen der UN angewiesen. Diese Binnenflucht innerhalb des Jemen ist einer der Faktoren, die das humanitäre Drama so forciert haben. Wir besuchen – unter dem massiven Schutz von mehreren Dutzend bewaffneten Soldaten – ein Regierungsgebäude, das die Islamisten als Hauptquartier gewählt hatten. Als unser ägyptischer Kollege Walid sein Kameradreibein auch nur in der Nähe der Umzäunung aufstellt, werden wir ziemlich laut angebrüllt. Das ganze Gelände sei vollkommen vermint, wir müssten augenblicklich zurückkommen.

Awad begegnen wir einige Stunden später. Der Dorfälteste hat ihn rufen lassen, nachdem er mit uns gesprochen hatte. Er schleppt sich mit Krücken und verzerrtem Gesicht auf uns zu – ein Gezeichneter für den Rest seines Lebens. Auf dieser Landstraße sei es passiert, sagt der ehemalige Handwerker, er sei mit einer jungen Frau über den Asphalt in Richtung Dorfzentrum gelaufen. Mit seiner Nachbarin, sie seien nicht einmal Hand in Hand gegangen, sondern einfach nur nebeneinander spazieren gegangen. Dass die beiden nicht verheiratet waren, habe den Islamisten genügt. Sie hätten plötzlich angefangen, auf sie zu schießen. Die Frau wurde tödlich getroffen und starb an Ort und Stelle. Awad blieb schwer verletzt neben ihr liegen und wurde erst nach einer Ewigkeit von einem Verwandten geborgen und ins Krankenhaus transportiert. Dass er überlebt hat, ist ein Wunder. Aber er wird nie wieder arbeiten können.

Ein Nachbar: Khaled Ali, 35 Jahre, zwei Kinder. Die al-Qaida-Richter warfen ihm vor, eine Pistole gestohlen zu haben. Und sie verhängten umgehend die ihrer Ansicht nach gottgefällige Strafe. Mit einem Beil wurde Khaleds rechte Hand abgetrennt. Seine beiden Söhne stehen neben ihm, als er zu erzählen beginnt.

»Sie haben ›Allahu akbar‹ gerufen, als sie mir die Hand abgehackt haben, Allah ist groß. Es sind verdammte Lügner, sie haben hier alles vernichtet und gesagt, das ist das Gesetz Allahs.« Sein Armstumpf weist in immer größeren Kreisen in die Umgebung: »Schaut doch nur, wie wir heute leben müssen!«

Nicht überall, wo die Scharia eingeführt ist, finden solche Gräueltaten statt. In Ägypten zum Beispiel wird das islamische Recht nur im zivilrechtlichen Bereich angewandt. Die praktische Umsetzung ist also in den islamischen Ländern sehr unterschiedlich geregelt, nur in Saudi-Arabien und Mauretanien gilt sie ohne Abstriche. Es greift also zu kurz, die Scharia reflexartig mit der Todesstrafe oder dem Abtrennen von Extremitäten zu verbinden.

Häufig wird sie gerade dort mit besonderer Brutalität umgesetzt, wo lokale Terrorgruppen willkürlich »Recht« sprechen, so im Maghreb, in Syrien, im Irak und eben auch im Jemen.

Wieder fahren wir weiter, Militärwagen vor und hinter uns. Wie auf der Hinfahrt nehmen wir ein Stück der Küstenstraße. Jetzt zur Linken: ein öder Strand, bräunlich-hart, wie ein steiniger Weg bis zum azurblauen Meer. Rechter Hand: kilometerlange Schilfreihen, wunderschön schwingen sie im Wind. Doch die Soldaten werden jedes Mal besonders nervös, Maschinengewehre werden entsichert und auf die Pflanzen gerichtet. Wir fragen nicht, aber es ist eindeutig, dass hier wiederholt Patrouillen wie diese angegriffen worden sind. Die Kämpfer von al-Qaida sind zwar seit einem halben Jahr vor der Staatsgewalt geflohen in die unzugängliche Bergwelt in Richtung Saudi-Arabien. Doch offenbar sind ihre Späher noch immer hier – und manchmal auch Selbstmordattentäter.

Wie bereits gesagt, im Jemen gibt es kaum Industrie, wenige Handwerksbetriebe. Auf jeden Erwerbstätigen kommen schon jetzt 4,7 Menschen ohne Arbeit, jeder Arbeitsplatz, der nicht von Hilfsorganisationen künstlich gepäppelt werden muss, ist kostbar. Nicht aber für die Dschihadisten: Solange eine »korrupte«, eine »ungläubige« Regierung den Staat führt, muss dieser zerstört werden; auf die Menschen, ihr unmittelbares Umfeld und ihre Lebensbedingungen kommt es dabei nicht an. In den Augen der Gotteskrieger sind das gottgefällige Kollateralschäden.

Wir biegen von der Küstenstraße ab ins Landesinnere. Nach einer halben Stunde erreichen wir eine Hügellandschaft und winden uns nun die Serpentinen hinab und hinauf. Ein Dorf. Auf einen dieser Hügel gebaut. Wir sind hier, weil die Soldaten uns von einer Textilfabrik erzählt haben, die das Herz der Gemeinde darstellen soll, wichtiger als jedes Rathaus. Die Farmer aus dem Umland hatten ihre Baumwolle an diese Firma verkauft. Obwohl sie das Monopol besaß, zahlte sie nicht schlecht. 6000 Bauern lebten davon, 6000 Familien, insgesamt mehr als 40 000 Menschen. Bis die Gotteskrieger kamen.

Sie zerstörten die Produktion, erschossen die Vorarbeiter und Verantwortlichen, vertrieben die Arbeiter. Überall sehen wir die Überbleibsel des Terrors: Maschinengewehre, Handgranaten, Mörsergranaten, Panzerfäuste und sogar Flugabwehrgeschütze. Letztere wiegen mehrere hundert Kilo, sind ausladend, sind als Kriegswaffen illegal, kosten Zigtausende von Dollar. Und das im bitterarmen Jemen. Für mich eine Bestätigung der These, dass al-Qaida noch immer über viel Geld verfügt, auch nach dem Tod Osama bin Ladens. Die Unterstützer in den Golfmonarchien scheinen ihr Engagement reduziert zu haben und aufwendig zu verschleiern – beendet haben sie es offenbar nicht.

Wir fragen den Hausmeister, der vor wenigen Wochen wiedergekommen ist, lange nachdem die Terroristen in die Flucht geschlagen worden waren, ob wir in die große Halle gehen könnten. Das sei möglich, aber nur, wenn wir ihm folgen würden und nicht einen Zentimeter vom Weg abgingen.

»Das ganze Gelände ist vermint«, sagt der kleine Mann, »selbst da vorne, in dem Berg aus Hemden steckt eine Sprengfalle. Macht also nichts Unüberlegtes, okay?« Wir achten bei unserem Gänsemarsch peinlich darauf, möglichst in die Fußstapfen des Vorgängers zu treten. Als der Wächter die Schiebetüre zur Seite rollt, stehen wir gebannt da, aber er grinst gelassen: »Mafisch muschkela.« Kein Problem.

Drinnen in der 100 Meter langen und 50 Meter breiten Produktionshalle behalten wir unsere Gänsemarschtaktik bei, obwohl das natürlich auf dem Hallenbeton keinen Sinn ergibt. Auf dem Weg in die Hallenmitte synchronisieren wir sogar unsere Schrittfolge, sodass es sich anhört, als ob nur ein einziges Wesen liefe. Die riesigen Textilmaschinen, vor einem halben Jahr noch einsatzbereit und hochmodern. Sogar die Elektrik wirkt solide, hier muss ein versierter Starkstromtechniker gearbeitet haben. Der Hausmeister behauptet, hier sei so genug Sprengstoff versteckt, um alle Gebäude auf dem ganzen Gelände zu pulverisieren. Wir können die Apparaturen also nicht aus der Nähe zu filmen. Stattdessen: Im Gänsemarsch zurück zum Wagen.

6000 Arbeitsplätze haben die Islamisten hier nicht nur vernichtet, sondern mit ihren perfiden Sprengfallen zudem dafür gesorgt, dass sie auch in absehbarer Zeit nicht wieder entstehen können. Die Baumwollspinnerei und Weberei, die mit Abstand größten Arbeitgeber der ganzen Region, sind Geschichte. Straßen, Brücken, Elektrizitätswerke, Telefonleitungen, ja sogar Schulen – was immer Normalität bedeutet oder gar Hoffnung, das ist den Extremisten ein Dorn im Auge.

All die unterschiedlichen Eindrücke sind schwierig in Einklang zu bringen: Die Altstadt der jemenitischen Hauptstadt Sanaa ist die schönste, die ich in meinem Leben gesehen habe. Eine architektonische Augenweide aus Lehm, mal drei, mal fünf, mal acht Etagen hoch, in Braun und Grauweiß. Die Paläste, die Moscheen, aber auch einfache Wohnhäuser faszinieren wohl jeden Betrachter. Unvergesslich der Augenblick, als wir durch die engen, schattigen Gässchen gehen. Mit einem Mal halte ich an, denn was ich da im Winkel des Auges bemerkt habe, in diesem Keller, das kann nicht sein.

Ich halte an, gehe zurück und schaue jetzt bewusst: »Kommt mal her. Das gibt's ja gar nicht.«

Die Kollegen kommen langsam zurück und teilen meine Begeisterung: zwei alte Männer im Hintergrund, traditionell gekleidet, ihre Dolche glitzern in der Dunkelheit des tiefer gelegenen Raumes. Sie hantieren mit Dosen und Gläschen, was sie enthalten, sehen wir nicht. Doch nicht die beiden Greise sind es, die unsere Aufmerksamkeit erregen. Sondern das, was sich vor ihnen abspielt, zwischen ihnen und uns. Ein Kamel, von dem man nur Kopf und Höcker sieht, zieht schicksalsergeben seine Runden. Immer im Kreis, einen schwarzen Holzbalken hinter sich herziehend, der in die Mitte der Vorrichtung führt. Seine Laufstrecke ist in den Boden eingelassen. Entweder weil die Besitzer so jeden Fluchtversuch im Keim ersticken oder weil – und natürlich favorisieren wir diese Variante – das Kamel und seine Vorfahren in den vergangenen Jahrhunderten so lange im Kreise herumgelaufen sind, dass sie sich ins Erdreich eingegraben haben. Der Holzbalken treibt einen furchtbar schweren Stößel an, der im zentralen Mörser einige Kilogramm weißliche Körner langsam zermahlt. Aus einem Überlauf trieft eine fast durchsichtige Flüssigkeit: Sesamöl.

Die Altstadt von Sanaa und die Erlebnisse solcher Ursprünglichkeit wären ideal, um Touristen aus aller Herren und Damen Länder anzuziehen. Ein Impuls, den die jemenitische Konjunktur so dringend benötigen würde. Doch allgemeine Instabilität, häufige Terrorakte und häufige Entführungen schrecken diejenigen ab, die so wichtig wären für eine Genesung des Landes. Eines Landes, das auf dem besten Wege ist, ein *failed state* zu werden, ein gescheiterter Staat. Die Schwächsten bezahlen den höchsten Preis. Ein Säugling, der im Jemen außerhalb der großen Städte geboren wird, hat schlechte Chancen zu überleben.

Wir besuchen die Familie Hafez im Norden des Landes. Vater Ahmed, hager, freundlich-distanziert. Nicht einmal 30 Jahre ist er und hat schon viel Leid gesehen. Als Fahrer verdient er umgerechnet zwei Euro am Tag. Doch seine Chefs fragen ihn nur dann, wenn es etwas zu transportieren gibt, und das kommt nur alle paar Tage vor. Mit anderen Worten: Ahmed kann seiner Gattin Jenan im Monat nur etwa 20 Euro geben. Damit komme man nicht weit, erklärt die kleine Frau durch ihren dichten Schleier, als sie uns in ihre Küche führt. Ein Gaskocher, zwei Aluminiumtöpfe, ein paar Teller und Besteck. Sie spare, sagt sie uns, an allen Ecken und Kanten, vor allem beim Essen. Sie kocht heute – wie jeden Tag – Holba, eine nährstoffarme Suppe aus Bockshornklee. Dazu gibt es trockenes Brot und Wasser. Die Familie – Ahmed, Jenan und die dreijährige Tochter Batul – sitzt auf dem Teppich, geredet wird nicht viel. Manchmal ahnen wir, dass die Menschen vor Aufregung schweigen, wenn wir unsere Kamera aufgestellt haben, oder aus Scheu. Bei Familie Hafez scheint es anders zu sein. Scheu sind sie nicht, auch nicht aufgeregt. Es wirkt, als ob der junge Vater und die junge Mutter schon früher nicht allzu viel geredet hätten und als ob sie jetzt sehr viel nachdenken würden.

Vor ein paar Wochen war es, sagen sie uns, als die kleine Rahaf, ihre Neugeborene, plötzlich krank wurde. Eingefallen die Wangen, aufgedunsen der Bauch. »Sie ist unterernährt!«, habe ihnen ein Arzt erklärt. »Ihr müsst Rahaf sofort helfen, sonst ist es zu spät!« Doch der Arzt hatte selbst keine Idee, wie er die Kleine behandeln sollte. Infusionen, Spritzen, Vitamine? Fehlanzeige, wie in weiten Teilen des Landes. In Panik holten Ahmed und Jenan ihr gesamtes Erspartes aus dem Versteck im Schlafzimmer: knapp 50 000 jemenitische Real, umgerechnet 177 Euro. All das, was sie sich buchstäblich vom Munde abgespart hatten – für die Schule der Kinder, für deren Hochzeit vielleicht. Jetzt war das ganze Geld in wenigen Tagen aufgezehrt, in den Rachen von Kurpfuschern geworfen, die Geister auszutreiben versuchten, wo keine waren. Sie massierten, wo es nichts zu massieren gab, verabreichten Tabletten und Tees, wo nur Aufbaupräparate angebracht gewesen wären. Mutter Jenan beschreibt ihre verzweifelte Suche nach medizinischer Hilfe. Die schlimmste Auskunft hatte sie gleich zu Beginn erhalten, diese Auskunft kostete die Hafez mehrere Tage:

»Wir haben Rahaf zuerst in das lokale staatliche Krankenhaus gebracht. Der Arzt sagte uns, sie wäre nur ein wenig schwach. Es war ein Allgemeinarzt für Dutzende von Kindern, kein Spezialist. Ich habe ihn gefragt: ›Was hat meine Tochter denn?‹ Er hat gesagt: ›Gar nichts!‹«

Erst vier Tage später, nach all den angeblichen Wunderheilern, brachten Ahmed und Jenan ihre Tochter in die Provinzhauptstadt und auf die Intensivstation in Omran. Doch Dr. Sobhy und die anderen Kollegen konnten nichts mehr tun, auch die beste Infusion, die sie ihr gaben, kam zu spät. Erst war der Hunger gekommen, dann die Krankheit, und am Dienstag vor zwei Wochen war die kleine Rahaf tot.

Auch diese Geschichte endet auf einem Friedhof. Jeden Freitag kommen Ahmed und seine Frau Jenan hierher und pflegen das namenlose Grab ihrer Tochter. Manchmal pflanzen die beiden eine Blume, und die dreijährige Batul sitzt lachend dabei und klatscht in die Hände. Doch auch wenn sie jedes Mal eine ganze Kanne Wasser mitbringen und die Pflanze gießen, schon am gleichen Abend ist sie verdorrt.

Tränen auf dem Dorfplatz
Yida/Mundri, Südsudan, Dezember 2012

Man will 6000 Dollar von uns, damit wir überhaupt drehen dürfen. Natürlich bin ich sehr gespannt darauf, zum ersten Mal in den Südsudan zu kommen, denn oft reist man als Nahostkorrespondent ja nicht ins Afrika südlich der Sahara; aber bei so einer Sauerei mache ich nicht mit. »Dann fliegen wir eben nicht«, lautet meine Antwort auf die telefonisch gestellte Frage unserer jordanischen Producerin Alia Hamzeh, ob wir nun zahlen sollen oder nicht, »allein der Versuch, von uns Geld zu verlangen, ist eine Unverschämtheit!« Am Ende lassen wir es drauf ankommen und fliegen aus Kairo in die südsudanesische Hauptstadt Juba, ohne die Gewissheit zu haben, aus dem Flughafen überhaupt herauszukommen.

Natürlich klappt es, ohne dass wir die Summe zahlen, aber die Episode zeigt, wie korrupt und gesetzlos dieses Gebilde namens Südsudan schon jetzt ist, anderthalb Jahre nach der Staatsgründung. Und wie unsicher in jeder Beziehung es ist, hier als Journalist zu arbeiten.

Unser Flug mit einer kleinen Maschine geht von Juba zurück in den Norden, fast genau auf der gleichen Route, auf der wir gerade eben gekommen sind; nur rund 7000 Meter tiefer. Wir landen auf einer der eindrücklichsten Landepisten, die ich jemals gesehen habe. Nicht weil sie uneben wäre und unsere Maschine holpernd und ruppig darüberknattert. Nicht weil sie ausschließlich aus rotem Sand zu bestehen scheint und der Propeller eine waagerechte Windhose hinter sich herzieht, in der man eine Viertelstunde nichts mehr sieht. Nein, das Ungewöhnliche ist, dass links durch die Seitenfenster plötzlich etwas Metallisches erscheint, direkt neben der Rollbahn, etwas Riesiges, etwas, das mit Sicherheit nicht hierhergehört: Es handelt sich um eine Transportmaschine, die es bei der Landung schlicht zerlegt hat. Und damit nicht genug, als unsere Propellermaschine am Ende der Landebahn ihre Geschwindigkeit verlangsamt hat und eine vorsichtige Rechtskurve einleitet, um zur Halteposition zu gelangen, erscheint noch etwas Großes im steppenartigen, flachen Areal, das hinter dem definitiven Ende der Piste liegt, etwas, das einem auf Anhieb schlechte Laune macht: eine weitere gigantische Transportmaschine, wie die andere gut und gerne 50 Meter lang. Auch sie, die sich mit einer Tragfläche in den roten Sand Afrikas gebohrt hat: ein Opfer der für solche Flugzeuge zu kurzen und zu schlechten Landebahn.

Kameramann Martin Krüger, Producerin Alia und ich schütteln halb ungläubig, halb entsetzt unsere Köpfe. Wieder etwas, das ich so bislang noch nie in meinem Leben gesehen habe. Und das sollte mir auf unserer Südsudanreise noch mehrfach so gehen. Zum Beispiel als wir per Jeep durch das Flüchtlingscamp der Vereinten Nationen fahren. Durch die ständigen Erläuterungen der Verantwortlichen – »Wasserausgabe« … »Krankenhaus« … »Registrierung« … »Erstversorgung« … »Lebensmittellager« – bekommt man es nicht sofort mit. Erst wenn man einen Augenblick innehält und sich klarmacht, dass man jetzt eine halbe Stunde in eine Richtung fährt und das Lager immer noch nicht zu Ende ist. Yida, so der Name des Lagers, ist die größte humanitäre Einrichtung des Südsudan, mit einer Ausdehnung von etwa 20 Quadratkilometern. Es liegt im Bundesstaat Unity unmittelbar an der nicht definierten, umkämpften, blutgetränkten Grenze zum Sudan. Dort drüben, in den Nuba-Bergen, wird die Bevölkerung von der nordsudanesischen Armee aus der Luft angegriffen. Bomben aus heiterem Himmel, zum Teil improvisierte Sprengsätze, Vorläufer der syrischen Fassbomben. Die Menschen versuchen in den Südsudan zu fliehen, doch in der Regenzeit ist das ausgeschlossen – Matsch überall, die Flüsse treten über die Ufer und machen die Ebenen zu einem lebensgefährlichen, krokodilverseuchten Überschwemmungsgebiet.

Doch jetzt, zu Beginn der Trockenzeit, wird es langsam wieder möglich, Entfernungen zurückzulegen. Mit anderen Worten: Die Flüchtlingszahlen aus dem Norden steigen. Maria-Ellen Verney, die französische Lagerleiterin des Flüchtlingshilfswerks der Vereinten Nationen (UNHCR: United Nations High Commissioner for Refugees), drückt es so aus: »Im Augenblick kommen täglich rund 400 Flüchtlinge zu uns. Wir vermuten, dass bis zum Ende der Trockenzeit bis zu 1000 am Tag kommen werden.«

Sind diese heimatlosen Nordsudanesen in Sicherheit, wenn sie endlich im Camp ihre Zelte aufgeschlagen haben? Nein. Unfassbar, aber wahr: Yida ist das einzige Lager der Welt, in dem die Bewohner angegriffen werden, aus der Luft mit Transportmaschinen, genau wie in den Nuba-Bergen. Überall diese Erdbunker, neben jeder Kreuzung, hinter jeder Versorgungseinrichtung, mit groben, nach unten führenden Treppen, in den Lehm geschlagen. Zwei Meter tief die meisten, ein einfaches Refugium für einige Dutzend Menschen, für den Fall der Fälle.

»Das Lager wurde im vergangenen November bombardiert«, sagt der Italiener Alessandro Telo, auch er ein UNHCR-Mitarbeiter, »Wenn sich das wiederholen sollte, sind wir angehalten worden, uns in diesen Bunkern zu verstecken.«

Yida ist nicht nur das größte aller südsudanesischen Flüchtlingscamps, sondern auch das teuerste: Jedes Gramm Reis, jede Tablette muss eingeflogen werden, denn hier gibt es rein gar nichts. Auch in der Hauptstadt Juba, so erfahren wir später, ist es nicht viel besser: Überall in der Stadt die unvermeidlichen Geländewagen der Nichtregierungsorganisationen, die sie für horrende Summen erstanden haben. Ihre Mitarbeiter – so gut sie es auch meinen mit dem Südsudan – belegen die Hotels der Stadt und treiben die Preise in ungeahnte Höhen. Innersudanesische Flüge: wahnsinnig teuer. Die Restaurants: teurer als in Manhattan. Für ein halbes Hühnchen, nicht besonders appetitlich, zahlt man 34 US-Dollar. Die NGOs müssen irgendwo bleiben und zahlen jeden Preis. Ungewollt tragen sie dazu bei, dass der Alltag der Einheimischen noch schwieriger wird. Auf der anderen Seite muss man zugeben, dass dieser instabile Staat ohne ihre Hilfe in wenigen Tagen kollabieren würde.

Was ist das für ein Land, dieser Südsudan? Er wurde erst im Jahr 2011 gegründet, er ist der 193. und jüngste Staat der Welt. Dass man auch jetzt wieder von Kämpfen und Vertreibungen hört, ist kein Wunder: Die Nation steckt mit beiden Beinen tief in ihrer blutigen Geschichte.

Zuerst wurde der Südsudan (zusammen mit dem heutigen »Nord«-Sudan) von den Osmanen beherrscht, eine unmenschliche Treibjagd nach Sklaven begann, seit Mitte des 19. Jahrhunderts waren die arabischen Nordsudanesen im schwarzafrikanischen Südsudan zutiefst verhasst. Nach dem Ersten Weltkrieg wurde aus einer losen eine feste britische Kolonialherrschaft über beide Teile des Sudan, im Norden war die Amtssprache Arabisch, im Süden Englisch. Im Jahr 1955 verübten südsudanesische Soldaten ein Massaker an nordsudanesischen Beamten und Zivilisten. Damit begann der erste sudanesische Bürgerkrieg, ein Jahr vor der Unabhängigkeit des Gesamtsudan von Großbritannien 1956.

Als Militärs im Norden sich im Jahr 1958 an die Macht putschten, gingen sie mit brutaler Gewalt gegen die Sezessionsbestrebungen im Süden vor. Die Auseinandersetzungen zwischen dem Norden und dem Süden sollten erst 1972 mit der Autonomie des Südens enden und bis zu 700 000 Menschenleben fordern. Trotzdem dauerte es nicht allzu lange, bis der nächste Krieg sich abzeichnete. Drei Faktoren ließen die Spannungen in den siebziger Jahren wieder zunehmen: 1) Im Süden wurde Öl gefunden; 2) die nordsudanesische Regierung plante, Wasser aus dem Süden in den trockenen Norden umzuleiten; 3) der Norden verschrieb sich der islamistischen Politik und begann im Jahr 1983, die Scharia im bislang christlichen oder animistischen Süden einzuführen.

Als dann südsudanesische Truppen einen Befehl aus dem Norden verweigerten, begann der zweite sudanesische Bürgerkrieg. Er dauerte furchtbare 22 Jahre, von 1983 bis 2005. Im Süden wurde die Sudanesische Volksbefreiungsbewegung gegründet und ihr militärischer Arm, die SPLA. Deren Chef wurde John Garang, der dem Volk der Dinka angehörte. Aus dem Konflikt zwischen Norden und Süden (der parallel weiter bestand) wurde im Jahr 1991 zusätzlich ein innersüdsudanesischer Bürgerkrieg. Innerhalb der SPLA kam es zu einer ethnischen Spaltung: Unzufriedene Kämpfer vom Volk der Nuer setzten sich von den Dinka um John Garang ab, Riek Machar wurde zu Garangs Konkurrenten und Führer der Nuer. Diese verübten 1992 ein Massaker, bei dem etwa 1000 Menschen starben. Durch die nun beginnenden brutalen Gefechte gewann die feindliche nordsudanesische Regierung Oberwasser und konnte – mit der Unterstützung regierungstreuer Milizen – fast den gesamten Süden zurückerobern. Erst als die südsudanesischen Rebellen sich 1995 mit der nordsudanesischen Opposition verbündeten, wendete sich das Blatt: Die Regierung im nordsudanesischen Khartoum war in der Defensive und zu immer größeren Zugeständnissen bereit. Schließlich kam es unter dem Druck der USA zu jahrelangen Friedensgesprächen, die erst 2005 mit der Autonomie des Südens beendet wurden. Für 2011 wurde eine Volksabstimmung im Süden angesetzt, bei der die Bevölkerung entscheiden durfte, ob der Südsudan unabhängig werden sollte. 99 Prozent befürworteten das, und am 9. Juli 2011 wurde der Südsudan gegründet.

Nach dem Ausflug in den fragilen Norden müssen in der Hauptstadt noch einige Details unserer weiteren Pläne geklärt werden. Wir sitzen stundenlang in hässlichen Vorzimmern von Ministeriumsmitarbeitern, die sich als unglaublich wichtig empfinden, aber angeblich nichts für uns tun können. Unsere beantragten Dreharbeiten auf einem der Ölfelder kommen nicht zustande. Ein Blick auf die offenbar echte Patek Philippe an dem Handgelenk eines Abteilungsleiters legt die Vermutung nahe, dass erstens seine irregulären Einnahmequellen sein Gehalt bei weitem übersteigen und zweitens ein finanzielles Entgegenkommen unsererseits seine Befugnisse plötzlich potenzieren würde. Es bleibt ein theoretisches Gedankenspiel, denn an solchen Praktiken wollen und dürfen wir uns nicht beteiligen.

In einem an den Gestaden des weißen Nil gelegenen Restaurant treffen wir den deutschen Botschafter und am folgenden Abend einen Mitarbeiter einer Hilfsorganisation. Die heißt *Südsudanesische Evangelikale Mission* (SEM) und wird unter anderem von der österreichischen NGO *Licht für die Welt* finanziert. Unser Plan, den Experten in einem ihrer Hauptquartiere im Lande über die Schulter zu schauen, nimmt langsam Form an. Irgendwie gelingt es uns, einen Jeep, der noch nicht von den westlichen Hilfsorganisationen gekauft wurde, mit Fahrer zu ergattern. Es geht los, wir haben viel Mineralwasser, Dosenmahlzeiten und Cracker dabei. Und genügend Reservekanister mit Diesel. Da wo wir hinwollen, gibt es angeblich nicht mal eine Tankstelle.

Die Straßen sind eine einzige Katastrophe. Für die gerade mal 220 Kilometer benötigen wir mehr als zehn Stunden! Obwohl wir einen Geländewagen haben und obwohl der Fahrer sich wirklich auskennt. Wir werden nicht nur durchgeschüttelt, wir werden herumgeschleudert. Ohne sich mit mindestens einer Hand irgendwo festzukrallen, würde man ständig gegen den Sitznachbarn, gegen die Tür oder das Dach katapultiert.

Eines dieser eindrücklichen Bilder, die so viel mehr sagen als tausend Worte: Ein Wagen fährt von der Straße herunter und auf eine Brücke, die Kamera ist die ganze Zeit mittels Teleobjektiv nah dran an der Szene. Je weiter das Auto auf der Brücke vorwärtskommt, desto deutlicher wird, dass es sich um keine Brücke in unserem Sinne handelt, sondern dass das Wasser über der Fahrbahn zusammenschlägt. Die Räder des Wagens versinken, das Wasser reicht jetzt bis fast zur Fahrerkabine. Noch immer folgt Martins Kamera dem Geschehen und zieht langsam auf, sodass der Betrachter immer größere Ausschnitte sieht. Als der Wagen etwa auf der Brückenmitte angekommen ist, springt einem etwas Großes, Buntes ins Auge, auf der anderen Seite der Brücke. Es ist knallgelb, mit riesigen Reifen. Ein Lkw, der Tage zuvor den gleichen Versuch gemacht haben muss und vom Wasser schlicht weggespült wurde. Man darf davon ausgehen, dass sich an der jetzigen Lage des Lastwagens lange, lange nichts ändern wird. Wochen oder Monate.

Später eine ähnliche Situation, aber noch fataler. Wir sind an einer Senke angelangt, in der mehrere Pkw und Lkw steckengeblieben sind. Der Rückstau bei den Lkw ähnelt dem vor einer Grenze: Er ist mehrere hundert Meter lang. Im letzten Augenblick entscheidet unser Fahrer, besser umzudrehen. Noch ein paar Meter weiter und wir wären selbst eingesunken oder hätten nirgendwo mehr wenden können. Wir fragen uns durch und bekommen einen Tipp: In etwa zwei Kilometern auf der linken

Seite der Straße gebe es eine Abfahrt; nun ja, keine Abfahrt, sondern einen Weg.
»Weg?«, fragen wir.
»Weg auch nicht gerade. Mehr ein Trampelpfad!«
Großartig, denken wir und suchen die Abzweigung. Wir entdecken sie, als ein Pick-up, der uns entgegenkommt, einen weiten Bogen auf unsere Fahrbahn macht, der Fahrer dann plötzlich den Lenker einschlägt und im Dickicht verschwindet. Plan B scheint fast ebenso aussichtslos zu sein wie Plan A, ergibt unsere längere Diskussion. Aber eben auch nur fast. Denn wenn wir diesen Querfeldeinweg jetzt nicht versuchen, dann könnten wir genauso gut unsere Dreharbeiten beenden und zurückfahren nach Juba. Also – Luft anhalten, den ersten Gang einlegen und Vollgas.

Ich habe ja schon so einiges erlebt an Fahrbahnen. Aber wie fragwürdig auch immer ihr Zustand war, immerhin konnte man meistens sehen, wohin man fuhr. Vielleicht nicht gerade im Jahrhundertregen in Mosambik oder im bolivianischen Nebel auf der Motorradtour in den Anden; doch meistens eben schon – und wenn man nichts sah, drosselte man einfach das Tempo. Aber als unser Fahrer genau das versucht, drohen wir im Sand unter uns zu versinken. Also: Bleifuß.

Manchmal liegen Baumstämme am Boden, vermutlich abgebrochen von Kleintransportern, für die die Strecke eigentlich völlig ungeeignet gewesen wäre. Dann heißt es: entweder ausweichen oder drüberfahren. Manchmal schafft der Fahrer Ersteres, manchmal aber nicht. Dann springt der ganze Wagen in die Höhe und kracht zurück auf den Boden.

Irgendwann, vielleicht nach einer halben Stunde, stehen wir an der gleichen Landstraße, von der wir eben abgebogen sind. Das Schlammloch liegt hinter uns, etwa 500 Meter. Wir fahren hin, um in Augenschein zu nehmen, wem oder was wir durch unseren Umweg entkommen sind. Wir parken weit entfernt von der Senke, um keinem Fahrzeug im Weg zu stehen. Doch während wir langsam näher kommen, fährt uns niemand entgegen. Das liegt an dem Fahrer eines Lkw mit Anhänger, der sich mit laufendem Motor auf die Durchquerung der Senke vorbereitet. Diese ist etwa drei, vier Meter tief und 100 Meter lang. Feuchte schwarze Erde, an manchen Stellen steht das Wasser einige Zentimeter hoch. Der Fahrer will mit Vollgas durch die Senke und an unserer Seite wieder das Niveau der Straße erklimmen. Martin und ich sehen auf Anhieb, dass die Chancen gleich null sind. Denn zwischen den Spurrillen der Reifen erhebt sich fast überall eine massive Erdwulst, mehr als einen Meter beträgt die Differenz an manchen Stellen. Außerdem sind die Spurrillen so glitschig wie Schmierseife und oft nachgiebig wie ein schottisches Moor. In der Kombination aber machen diese beiden Probleme den Streckenabschnitt völlig unpassierbar. Fast auf der ganzen Länge sitzen Straßenhändler am Rand und warten auf Kundschaft. Als der Lkw Gas gibt, durch die Reifenlinie schlittert und nach wenigen Metern auf dem Erdhügel aufsetzt, haben sie in dem fluchenden Fahrer einen Kunden mehr. Zusammen mit den dahinter wartenden Fahrern und Businsassen dürften es jetzt locker 100 Menschen sein, die im Niemandsland gefangen sind. Und das möglicherweise für Wochen. Schweres Räumgerät scheint es im Südsudan kaum zu geben.

Martin und ich versuchen, Tipps zu geben. Zuerst müsse man die Spurrillen mit Holzbrettern oder Steinen befestigen und den Erdhügel dazwischen abtragen. Doch weder dem Fahrer scheint unsere Argumentation einleuchtend, noch können wir einen der anderen Zwangswartenden oder gar der Händler überzeugen. Mehrheitlich scheint die Meinung vorzuherrschen, dass es allein das Problem des Lkw-Fahrers sei und nicht ihres.

Ziemlich lädiert kommen wir kurz vor Sonnenuntergang in Mundri an, einer Art Kreisstadt mit einigen Tausend Einwohnern. Gerade haben wir einen großen Fluss überquert, als wir direkt danach ein winziges Schild lesen: Hotel.

Die SEM, unser lokaler Ansprechpartner, hat uns in einer anderen Unterkunft angemeldet. Aber, denken wir, es kann ja nicht schaden, trotzdem hier vorbeizuschauen. Als wir ankommen, liegt linker Hand ein gemauertes Gebäude, die Rezeption. Vor uns: eine langgezogene, ovale Freifläche und rechts eine Reihe von Wohncontainern. Wir fragen nach dem Preis, der uns mit umgerechnet drei Euro pro Person und Nacht nicht zu teuer erscheint, lassen uns die Schlüssel für einige Zimmer geben und nehmen die Container in Augenschein. Nachdem wir die erste Tür aufgeschlossen haben, macht sich im Team Entsetzen breit. Schimmelpilzkulturen an allen Ecken und Enden, der Boden offenbar seit Urzeiten nicht mehr gereinigt, das Fenster spinnwebenbedeckt und insektengesprenkelt, von den Zuständen im Bad ganz zu schweigen ... Wir geben sofort unsere Schlüssel zurück, fahren die zwei Kilometer zum Hotel der *Südsudanesischen Evangelikalen Mission*, lassen uns auch hier die Schlüssel geben und nehmen die Zimmer in Augenschein. Unfassbar, hier ist es noch dreckiger. Wir entscheiden uns schließlich für das kleinere Übel und fahren wieder zurück in die ursprünglichen Wohncontainer am Ortseingang.

Am nächsten Morgen besuchen wir die Zentrale der SEM, mehr als zehn Mitarbeiter diskutieren die Einsatzpläne für die kommende Woche und einige der heikelsten Fälle. Die NGO kümmert sich um erblindete Menschen und die Bekämpfung der Krankheiten, die zum Verlust der Sehkraft führen können. Und sie kämpfen gegen die Dummheit. Denn, so sagen uns die Mitarbeiter, es sei im Südsudan an der Tagesordnung, dass Familien ihre behinderten Kinder vor den Augen der Nachbarn verstecken, oft monate- oder sogar jahrelang. Aus Scham, aus

Angst vor bösen Blicken, aus Angst vor gesellschaftlicher Ächtung, aus mangelndem Einfühlungsvermögen in das Leben und das Leiden des eigenen Kindes, aus Bequemlichkeit, aus allerlei Gründen, die aus einem Mangel an Bildung resultieren.

Wir werden eines der Teams begleiten, das in einem weit entfernten Dorf eine Aufklärungskampagne fortführt, die den Umgang mit kranken Menschen verändern will. Noch einmal zwei, drei Stunden Fahrt und gemeingefährliches Gerüttel, dann sind wir angekommen. Verstreut stehende Hütten, ein Dorf, verteilt auf mehrere Quadratkilometer. Heute haben sich fast alle Dorfbewohner direkt an der Straße versammelt. Eng zusammengedrängt im Schatten unter einem weit ausladenden Baum sitzen die Männer und Frauen, schweigend, und schauen zu, wie die SEM-Mitarbeiter ihre Utensilien aus ihrem Geländewagen holen. Langsam baut sich Chefaufklärer Mattatio Korubu Kana vor den Dorfbewohnern auf und beginnt zu reden.

Nach einigen Minuten hält er ein DIN-A3-Bild in die Höhe, sodass alle es sehen können. Naiv gemalt, fast wie von einem Kleinkind. Ein Mann in einem Baum, er klettert hoch in den Ästen. Dann ein zweites Bild, der Mann ist heruntergefallen. Er humpelt auf Krücken davon. Ein anderes Beispiel: Eine Frau wird von einem Soldaten angeschossen und geht zu Boden. Und so weiter und so weiter … In unseren Breiten eine Selbstverständlichkeit, im Südsudan eine Neuigkeit: Menschen werden durch Unfälle, durch andere Menschen oder durch Viren krank, nicht durch Gott, der die Menschen strafen will. Nicht durch Geister, die uns ins Verderben stürzen wollen.

Dann geht es weiter, wie in der Vorschule: »Habt ihr schon einmal solche Fälle in eurer Verwandtschaft gehabt?« Ja, rufen alle durcheinander, ein Onkel sei von einem Motorrad angefahren worden, eine Nichte habe eine Infektion gehabt, der Vater sei erschossen worden.

Und, fragt Mattatio, gebe es auch Familienmitglieder, die nicht mehr sehen könnten? Etwas kleinlauter kommen die Antworten: Ja, die Schwester sei blind. Der Vater. Eine Cousine, der Bruder. Und, was glaubten sie denn: Sei Blindheit eine Strafe oder eine Krankheit?

Jetzt ist der SEM-Mitarbeiter exakt an der entscheidenden Grenzlinie angekommen zwischen medizinischem Wissen und Aberglauben. Viele schütteln sich widerwillig, als ob sie sich vor einer Antwort drücken wollten, die ihnen in den Mund gelegt wurde, die sie aber nicht glauben. Denn blind zu sein, das wird hier in der Region Mundri tatsächlich von den meisten als böses Omen angesehen, als Mal des Krankhaften, als Stigma. Sehr verhalten antworten einige der rund 70 erwachsenen Dorfbewohner deshalb, sehr kleinlaut.

»Es ist eine Krankheit!«, sagt ein Mann. Manche aus dem Kreis nicken bestätigend, viele schütteln den Kopf, die meisten schauen betroffen zu Boden; was sie denken, ist offensichtlich.

»Genau!«, erhebt Mattatio Korubu Kana jetzt kraftvoll seine Stimme. »Blind zu sein ist eine Krankheit! Und niemand kann etwas dafür. Nicht der Blinde und nicht seine Familie! Es gibt überhaupt keinen Grund, so einen Menschen vor den anderen zu verstecken.«

Stille. Ich ahne, was jetzt kommt.

»Gibt es denn hier jemanden, der etwas weiß von einem blinden Menschen, der irgendwo versteckt wird hier im Dorf?«

Niemand antwortet, alle scheinen den Atem anzuhalten, nur einige Babys auf den Armen ihrer Mütter stöhnen und schreien. Natürlich, denke ich, wird sich jetzt niemand melden. Viel zu beschämend. Wenn überhaupt, dann wartet derjenige, der etwas zu sagen hätte, bis die Versammlung vorbei ist.

Doch plötzlich hebt eine Frau ihren Arm und meldet sich zu Wort. Sie steht auf, in ihrem braunen Kleid, eine schöne Frau, ihren Säugling über die Schulter gelegt. Sie spricht im Stammesdialekt, sodass wir nichts verstehen. Die Schnelligkeit und Lautstärke dieser Mutter, die innere Gefasstheit deuten darauf hin, dass sie jetzt eine Erklärung zu einer anderen Person abgibt, jemanden anklagt. Was sie sagt, scheint nichts Persönliches zu sein, zumal die Frau zwischendurch keck lächelt. Doch dann kommt eine SEM-Mitarbeiterin zu mir und flüstert mir etwas ins Ohr, das ich nicht fassen kann: Die Frau in ihrem hübschen Kleid habe soeben gesagt, dass sie eine blinde Tochter habe und diese seit langer Zeit versteckt halte.

Mattatio und die äthiopische Gesundheitsberaterin Sophia Mohammed, auch sie eine SEM-Mitarbeiterin, nicken mir bedeutungsvoll zu. Es soll heißen, dass wir jetzt gemeinsam zur Hütte dieser Frau gehen. Martin und Alia sind genauso sprachlos wie ich, ohne Kommentar schnappen wir unsere komplette Ausrüstung und gehen hinter der Menschentraube her durch das weitläufige Dorf. Die Hitze ist drückend, obwohl tiefer Winter ist. Wir ziehen im Gänsemarsch über winzige Trampelpfade zwischen Gräben und Getreidefeldern, lassen Hütten und Plätze hinter uns zurück und kommen über staubige, nur von Unkraut bewachsene Freiflächen. Mindestens zehn Minuten dauert der Gang, eine Ewigkeit. Es wird wenig geredet, die Anspannung ist mit Händen zu greifen. Wir kommen zu einer weiteren Gruppe von Hütten, ein sauberer, gefegter Platz dazwischen, vereinzelt hocken Kinder auf Baumstämmen und rennen schreiend auf uns zu, als wir um die Ecke biegen. Zielstrebig geht die Frau, der wir alle folgen, zu ihrer Hütte, es ist die kleinste von allen. Der Eingang reicht gerade einmal bis zu meinem Oberschenkel, die Frau in braunem Kleid bückt sich sehr tief und ist – ohne eine weitere Verzögerung – in ihrer Behausung verschwunden. Hinter ihr treten auch die SEM-Leute ein.

Nur Sekunden nachdem die Frau, von der wir jetzt wissen, dass sie Esther Dativa heißt, in ihrer Hütte verschwunden ist, kommen die Helfer der *Evangelikalen Mission* auch schon wieder heraus aus dem niedrigen Eingang, hinter ihnen ein Mädchen, sie führen es vorsichtig an seinem Arm auf den Vorplatz. Ein nettes grünes Kleidchen trägt sie, die Haare fast bis zur Glatze geschoren, tastend, unsicher. Das Mädchen wirkt überfordert, überwältigt.

Mutter Esther kümmert sich nicht um die Kleine. Überlässt es in dieser einmaligen Situation völlig Fremden, sich um ihr Kind zu kümmern. Steht still und lächelnd dabei, teilnahmslos. Ihre Tochter heißt Wadia, gesprochen »Wadschia«, und ist sechs Jahre alt. Vollkommen blind, der grüne Star hat ihr das Augenlicht geraubt. Eine medizinische Behandlung für wenige Dollar hätte das verhindert, wenn sie wenige Monate nach Ausbruch der Krankheit stattgefunden hätte. Jetzt ist es um Jahre zu spät für eine Behandlung, Wadia wird ihr Leben lang blind sein. Mattatio, Sophia und ihre Kollegen reden mit dem Mädchen, sie wollen es beruhigen. Auch jetzt wirkt die Mutter unbeteiligt, sie setzt nicht einmal neben ihre Tochter, die mit einem Mal im Zentrum der Aufmerksamkeit steht, nachdem sie so lange in der Versenkung verschwunden war. Ich bitte die Äthiopierin Sophia, sie zu fragen, warum die Mutter ihre Tochter so lange versteckt habe.

»Sie kann doch gar nichts sehen«, meint Esther, »hier draußen auf dem Dorfplatz wäre es einfach zu gefährlich für sie gewesen!« Ihre Antwort wird wieder begleitet von diesem deplatzierten Lächeln.

Ein Interview mit Sophia schließen wir gleich an.

»Ich bin so traurig«, sagt die Gesundheitsberaterin, »es gibt unglaublich viele ähnliche Fälle in dieser Region. Wadia – ein Kind in diesem Alter – sollte doch mit seinen Freunden und Freundinnen spielen und nicht weggeschlossen werden. So etwas zu sehen, das tut mir unendlich weh!«

Mattatio nimmt einen kleinen Stock und bricht die Seitenästchen ab. »Hier«, sagt er zu Wadia, die auf einem Baumstumpf sitzt und begonnen hat zu weinen, »hier ist dein Gehstock, mit dem du bald alleine laufen lernst. Versuch es doch schon mal!«

Er drückt ihr den Stab in die Hand und wedelt damit hin und her, dann lässt er los und Wadia macht alleine weiter, so wie der Helfer es ihr vorgemacht hat, und mit dem anderen Handgelenk wischt sie sich die Tränen aus dem Gesicht.

Warum Wadia jetzt weint? Wegen der furchtbaren Schmerzen, die der permanente Augeninnendruck ihr verursacht? Weil sie jetzt durch die leisen Unterhaltungen um sie herum verstanden hat, dass sie niemals mehr sehen kann? Weil sie eigentlich gar nicht dieses Stöckchen nehmen will, um das Laufen zu lernen? Oder weil sie überwältigt ist von der allgemeinen Aufmerksamkeit, die sie noch nie zuvor gespürt hat in ihrem Leben? Wir wagen nicht, sie zu fragen.

Als ich Martin, der die Szenerie mit seiner Kamera einfängt, flüsternd etwas frage, antwortet er nicht. Ich schiebe es auf die ungeheure Konzentration, die seine Tätigkeit gerade erfordert. Bis ich sein zugekniffenes Auge sehe. Auch er hat Tränen in den Augen.

Schon oft habe ich mit Kameraleuten darüber gesprochen, dass sie die Kamera auch als Schutzschild sehen: Das Leben, das man durch den Sucher sieht, ist schwarzweiß, digital, unnatürlich, wie eine Szene aus einem Film, der irgendwohin projiziert wird und Betroffenheit nur schwer aufkommen lässt. Es sei denn, die Realität ist zu gewaltig, um sie so zu verdrängen. Wenn das Leid eines Menschen zu groß ist, um es als Pixel zu abstrahieren.

Am nächsten Morgen: Wir besuchen eine Augenarztpraxis in der Stadt Mundri. Die Entwicklungshelfer von SEM ziehen Fachleute zu Rate, wenn sie Kinder wie Wadia treffen und selbst nicht weiterwissen. Salome heißt die angehende Ärztin, ihre schwarzen

Haare hat sie in eng geknüpften Rastasträhnen über die Kopfhaut nach hinten gezogen. Doch dieser strenge Ausdruck trügt. Aufopferungsvoll kümmert Salome sich um ihre Patienten. Gerade in der Region um Mundri herum, sagt sie, gebe es überdurchschnittlich viele Krankheiten, selbst für ein Land wie den Südsudan: Epilepsie, alle erdenklichen Augenkrankheiten, Schädigungen lebenswichtiger Organe, Pilzbefall, Infektionen. Hervorgerufen durch Viren und Bakterien, durch Maden und Insekten, durch fehlende ärztliche Versorgung, durch Unterernährung und Schwächung des Immunsystems, durch denkbar schlechte Hygiene. All das auch eine Folge der Bürgerkriege.

Kaum ein Kind, sagt Salome, sei hier im Süden des Südsudan wirklich kerngesund. Ihre Zahlen sind verheerend: Jedes fünfte Kind kann nicht richtig oder gar nicht mehr sehen. Gemeinsam besuchen wir im Geländewagen ein zweites Mal die Patientin Wadia Dativa in ihrem Dorf.

Salome ist keine ausgebildete Augenärztin, nicht einmal studiert hat die Endzwanzigerin. Lediglich zwei Jahre hat sie eine Schnellausbildung zur Augenfachkraft absolviert. Und dennoch liefert sie die beste medizinische Versorgung, die die gesamte Region zu bieten hat. Wir kommen am Platz zwischen den Strohhütten an, Mutter Esther – heute in buntem Kleid – wartet schon auf uns, ihren Säugling auf dem Arm. Wadia sitzt daneben, versucht mit ihrer Hand ein winziges Zeichen der Zuneigung von ihrer Mutter zu bekommen, vielleicht ein Streicheln, vielleicht einen Trost. Vergeblich! Ich gebe zu, dass Esthers emotionale Kälte mich allmählich aggressiv macht, eine Haltung, die man sich als Journalist eigentlich nicht leisten sollte. Als ich dann erfahre, dass auch sie ein Opfer der Situation im Lande ist, dass sie von allen drei Männern in ihrem Leben verlassen wurde und nun mit den drei Kindern alleine dasteht, versuche ich, Verständnis für ihre Situation zu entwickeln. Es gelingt mir jedoch nur bruchstückhaft: Wadia ist nun mal ihr Kind, und Esther hat die Pflicht, sich um sie zu kümmern. Sechs Jahre hat sie das Mädchen schon weggeschlossen, da wäre doch jetzt endlich die Zeit gekommen, sich auf die Kleine einzulassen, ihr Zuversicht zu geben, ihre Tränen zu trocknen, ihre ausgestreckte kleine Hand zu nehmen, sie zu umarmen, sich zu entschuldigen für all das, was sie ihr angetan hat.

Salome geht mit Wadia in die Hütte, Hand in Hand. Die Untersuchung findet mit verschiedenen medizinischen Apparaturen statt, wobei die Speziallupe mit Leuchtdiode immer wieder zur Anwendung kommt. Einmal seufzt Salome, Wadias Augen scheinen kaum Anlass zur Hoffnung zu geben. Tapfer sitzt die Kleine da, zum ersten Mal höre ich ihre Stimme. Leise, als hätte sie ihre Stimmbänder kaum jemals benutzt, als würde sie mit mütterlichen Drohungen zum Stillsein gezwungen, um den Nachbarn nicht zu zeigen, dass hier noch ein weiteres Familienmitglied lebt.

Nachher sagt Salome, dass das Mädchen nach den ersten Untersuchungen wohl bald in ein Hospital gebracht werde, vielleicht nach Kampala im benachbarten Uganda. Dort werde Wadia operiert, um den Überdruck in ihren Augen zu mindern und so ihre Schmerzen zu lindern. Mehr aber sei nicht drin.

»Es gibt leider keine Heilungschancen. Aber damit diese Krankheit ihr nicht das ganze Leben verbaut, versuchen wir jetzt, die Mutter aufzuklären. Damit sie sich endlich um Wadias Entwicklung kümmert. Die Kleine wird bald mit anderen Kindern zur Schule gehen, sie wird Wasser holen, sie wird sogar kochen können. Ihre Krankheit ist nicht das Ende ihres Lebens. Wadia ist ein wichtiges Mitglied ihrer Familie!«

Was dann beginnt, stimmt uns versöhnlich: das sogenannte *Child-to-Child*-Programm. Die Entwicklungshelfer organisieren bei Fällen wie der verleugneten Wadia, dass Kinder aus der Nachbarschaft nach der Schule zusammenkommen und mit den behinderten und vernachlässigten Patienten spielen. Es wird gesungen, getanzt, in die Hände geklatscht. Eine Art wilder Gesellschaftstanz beginnt, bei dem die Kinder sich in zwei Reihen gegenüber aufstellen, aufeinander zulaufen, um dann wieder auseinanderzugehen. Auch Wadia ist dabei, in ihrem grünen Kleid, lachend, sie wirkt glücklich.

Ich schlage der *Weltspiegel*-Redaktion für den allerletzten Absatz folgende Formulierung vor: »Wadia genießt jede Sekunde, denn ihr Leben hat sich seit gestern zum Besseren gewendet. Und dennoch: Zwei Dinge wird sie nie mehr zurückbekommen: die letzten sechs Jahre – und ihr Augenlicht!«

Ob ich die Reihenfolge nicht umdrehen und das Positive an den Schluss stellen könne. Ich denke noch einmal nach, erkläre mich bereit, und so lautet der letzte Abschnitt schließlich: »Was Wadia nie mehr zurückbekommen wird, das sind die letzten sechs Jahre – und ihr Augenlicht. Und trotzdem: Sie genießt jede Sekunde. Ihr Leben hat sich seit gestern zum Besseren gewendet.«

Ob in Wadias Geschichte Hoffnung oder Trauer überwiegt – ich weiß es bis heute nicht.

10 years after
Basra, Irak, Februar 2013

Hajak Frawels Kinn- und Schnurrbart sind zu einer grauweißen Kuppel zusammengewachsen, die schwarzen Knopfaugen des Wissenschaftlers schauen aufmerksam umher. Er legt Wert auf sein Äußeres, trägt einen eleganten weißen Anorak und helle Wildlederschuhe. Nichts deutet darauf hin, als er mit schnellen Schritten über die Pfützen springt und durch den Regen in den Dienstwagen huscht, dass der Mittfünfziger Zahlen erfasst und archiviert, die tödliche Konsequenzen haben. Wir fahren durch Basra, die zweitgrößte Stadt des Irak, zehn Jahre nach dem Beginn des Irakkriegs, als ich aus Kuwait hierhergekommen war. Unser Teamwagen folgt dem weißen Transporter, in dem Hajak und drei seiner Kollegen vom irakischen Gesundheitsamt sitzen.

Die vielen Kanäle in der Innenstadt, die mich ein wenig an Amsterdam erinnern, haben wir schon vor längerer Zeit überquert, jetzt geht es hinaus aus der Stadt. Als wir eine Autobahn erreichen, fliegt die Landschaft an uns vorbei: eintönige Wüste. Hier, auf diesem Halbkreis um Basra herum, hatten die Kämpfe getobt, im März 2003. Die »Koalition der Willigen« hatte zwischen 1000 und 2000 Tonnen uranhaltige, panzerbrechende Munition eingesetzt. Diesem großen Vorteil militärischer Effektivität stand jener offenbar als unwichtig erachtete Nachteil gegenüber, dass die getroffenen irakischen Kriegsgeräte radioaktiv verstrahlt wurden und dass radioaktiver Staub in die Luft gelangte, der in alle Himmelsrichtungen geweht wurde.

Hajak Frawel und seine Männer haben jetzt fast zehn Jahre auf dem Buckel in ihrem Kampf gegen diese Strahlungsbelastung: Sie haben die Schlachtfelder untersucht und die radioaktiven Teile auf einen Militärschrottfriedhof transportieren lassen, weitab von jeder Stadt. Die Strahlenexperten um Hajak haben ganze Arbeit geleistet: Jetzt, im Jahr 2013, sind kaum mehr Überreste von Panzern, Truppentransportern oder Kampfflugzeugen in der Umgebung von Basra zu finden. Die größte Gefahr ist beseitigt. Nur noch auf wenigen Plätzen werden sie fündig, wie im Industriegebiet Hamdan, südlich des Stadtzentrums.

Als wir im strömenden Regen durch eine Lücke in einer übermannshohen, 100 Meter langen Wand aus Metallschrott fahren, sehen wir ein befremdliches Landschaftsgemälde: eine riesige Fläche, mindestens zehnmal so groß wie ein Fußballfeld, auf der sich verstreut metallische Gegenstände befinden, manchmal geordnet nach Größe, manchmal wirr und wild zusammengewürfelt – Kriegsschrott. Direkt nach dem Ende des Irakkriegs hatte man den Stahl aus der näheren Umgebung gesammelt und hier zwischengelagert. Haubitzen, geordnet, daneben Reifen in verschiedenen Größen, dahinter ein Feld voller Granaten. Nahe der Einfahrt liegen die besonders schweren Teile, mehrere halbe Panzer und andere stählerne Überreste von Armeegefährten. Hier in der Nähe hält der Transporter des Gesundheitsministeriums.

Hajak Frawel zieht seinen Anorak aus und zwängt sich – genau wie seine drei Kollegen – in einen hellweißen Ganzkörper-Schutzanzug. Nach nur wenigen Minuten sieht er mit seinen Stahlkappenschuhen, seinem Mundschutz und seinem Geigerzähler beinahe aus wie ein Astronaut. Dann beginnt die Arbeit: Jedes Stahlteil wird quadratzentimeterweise abgefahren mit dem Strahlenmessgerät. Plötzlich eine Szene, die an Absurdität kaum zu überbieten ist: Auf einem langgezogenen Munitionshaufen misst einer der Strahlenexperten in seiner Schutzkleidung die Metallteile, während sich nur zwei Meter neben ihm zwei Männer in abgewetzten Hosen bemühen, ebenjenen Stahl auf ein Motorrad mit angeschweißter Ladefläche zu hieven, um es kiloweise zu verkaufen. Von Uran – so sagen sie uns, als wir sie fragen – haben die beiden Schrotthändler noch nie etwas gehört.

»Die normale Belastung beträgt acht bis elf Mikro-Rem«, erläutert Hajak gedämpft durch seine Schutzkleidung, »das ist die natürliche Strahlung, die gesundheitlich unbedenklich ist.«

»Wie viel haben Sie denn schon einmal gemessen?«, frage ich neugierig.

Doch der Naturwissenschaftler bedeutet mir mit seiner Hand, es gut sein zu lassen: »Warten Sie ab. Sie werden es vielleicht selbst sehen können ...«

Wir verfolgen Hajak Frawel auf seinem mühsamen Weg durch Berge aus Stahl. Manchmal muss er fast in einen Panzerinnenraum hineinkriechen, um alle Stellen begutachten zu können. Nichts. Hajak macht weiter an einem Panzerrohr, das in den Himmel ragt. Nichts. Dann misst er einige der besonders langen Haubitzen, minutiös, geordnet, strukturiert. Nichts. Als der Strahlenexperte dann an der Unterseite eines weiteren Panzers weitermacht, beginnt der Geigerzähler plötzlich laut zu ticken, dann zu rattern, immer schneller. Der Zeiger schlägt nach rechts aus, bis zum Maximum. Jetzt belegt nur noch die digitale LCD-Anzeige, dass die Belastung immer größer wird. 50 Mikro-Rem, 100. 250, 500, 800, 1000 Mikro-Rem. Noch ist kein Ende, und aus dem akustischen Rattern ist längst ein durchgängiger Ton geworden. 1300 Mikro-Rem – die Spitze des Messgeräts fährt ein Stück nach links, die Werte fallen schnell zurück: 1200, 900 ... Dann kommt der Geigerzähler an die Stelle, wo er schon einmal gewesen ist, und schiebt sich noch ein paar Zentimeter weiter nach rechts. 1300, 1500, 1860.

Hajak fährt noch ein Stück in alle Richtungen, endet aber

immer wieder an diesem Punkt im Stahl neben einem glatten Durchschuss. Hier hat die Uranmunition den Panzer durchschlagen.

Hajak richtet sich auf: »Über 1800 Mikro-Rem«, sagt er in unsere Kamera, »das ist ein Wert, der 180-mal höher ist als die natürliche Belastung!«

Basra, Südirak, im März 2013: Die Amerikaner sind weg. Und die Briten. Und die Australier. Alle sind wieder in ihren Heimatkasernen, und die Iraker sind wieder ganz auf sich gestellt, allen Beteuerungen der westlichen Generäle und Politiker zum Trotz. Ähnlich wie Afghanistan. Was haben die Menschen von der Operation *Iraqi freedom* gehabt? Außer Zehntausenden von Toten, Hunderttausenden von Verletzten, wirtschaftlichem Niedergang, einer rapiden Zunahme von Angst?

Wenn es ein falscher Feldzug war, wie Obama sagt, dann muss es doch richtig sein, ihn zu beenden, oder? Im Prinzip: Ja. Aber nur dann, wenn man seine Scheuklappen anlegt und beim Abzug einfach nicht zurückschaut. Wenn man ausblendet, was hinter einem liegt. Wenn man sich ohnehin nicht für die Menschen interessiert hat. Wenn es beim Einmarsch um alles Mögliche ging: Demonstration von weltanschaulicher Stärke, Demonstration von militärischer Effektivität, Demonstration der Überlegenheit von Demokratie, Demonstration von Konsequenz, von Vergeltung, von vermeintlicher Gerechtigkeit. Aber niemals um die Verbesserung der Lebensbedingungen der Iraker und Irakerinnen.

Dass Washington Rache nehmen wollte für die Anschläge am 11. September 2001 und Osama bin Laden und seine Anhänger in Afghanistan und Pakistan jagte, war verständlich. Doch dass sie dann ganz Afghanistan okkupierten und auch dann nicht aufhörten, dass sie weiterhin blind um sich schlugen, weil der Hass noch nicht abgeklungen war, dass sie sich den Irak vornahmen, obwohl der rein gar nichts mit al-Qaida zu tun hatte – das deutete darauf hin, dass die verbliebene Supermacht USA eben doch nicht nur die Demokratie im Sinne hatte, eben doch nicht immer uneigennützig Menschen und Länder in Notsituationen rettete, eben doch nicht immer ein strahlendes Vorbild war.

George W. Bush hatte alle Warnungen seiner Mitarbeiter in den Wind geschlagen; die Weltgemeinschaft bewusst angelogen, weil Saddam Hussein nicht über Massenvernichtungswaffen verfügte; seine Soldaten nicht auf das vorbereitet, was sie erwarten würde; es für unwichtig befunden, ob seine Generäle die Menschen begriffen, die Religion oder die Geschichte, die Kultur oder die Sprache – und es dann seinem Nachfolger überlassen, aus dem Schlamassel herauszukommen. Eine klassische Lose-lose-Situation für Barack Obama: Die US-Truppen im Irak zu belassen, hätte ihn angesichts der immensen Kosten zu einem noch größeren Steuergeldverschwender und angesichts der islamistischen Selbstmordtaktik, gegen die kein militärisches Kraut gewachsen ist, zu einem Verlierer gemacht. Aus dem Irak abzurücken, war aber zunächst noch teuer und hätte zudem bedeutet, dass man dem Irak, der ja eigentlich zu einer blühenden Wüstenlandschaft hatte werden sollen, die Krücke wegzog.

Wir besuchen die staatliche Kinderklinik. Die Onkologin Jenan Ghalib Hassan, eine attraktive, seriöse Professorin mit Kopftuch, führt uns über die Stationen. Hirntumore, Hautkrebs, Lungenkrebs. Besonders überfüllt: die Leukämiestation. Sie nennt eine Zahl, eine Zahl wie ein Faustschlag: 1200 junge Patienten und Patientinnen liegen hier. Die durchschnittliche Überlebenschance liegt bei 50 Prozent. Viele sind schon vom Tod gezeichnet, wie der 16-jährige Karar. Aus tief in den Höhlen liegenden Augen blickt er uns an und kann vor Schmerzen nicht einmal auf das

Lächeln von Dr. Jenan reagieren. Sie spricht leise und beruhigend mit ihm, streichelt die eingefallene Wange und dreht seinen Körper ein wenig zur Seite, sodass wir seinen Rücken sehen. Ein einziges blutrotes Hämatom. Obwohl Karar immer häufiger Transfusionen bekommt, verschlechtern sich seine Blutwerte. So geht es weiter, Visite nach Visite, traurige Kinderaugen, schmerzverzerrte Münder, Tränen von Müttern, die auf klapprigen Stühlen neben klapprigen Betten sitzen und die Hände ihrer Kinder halten. Stundenlang. Tagelang. Wochenlang.

»Vor 1990 hatten wir etwa 15 neue Leukämiefälle pro Jahr«, sagt Dr. Jenan. Ich sehe ihr an, wie sie darum ringt, wissenschaftlich abgeklärt zu wirken, als sie die Zahlen nennt – aber ich merke, dass es in ihr tobt. »Diese Zahlen sind nach dem Zweiten Golfkrieg 1990/91 deutlich angestiegen. Und nach dem Irakkrieg 2003 bis heute haben wir Rekordwerte von bis zu 200 neuen Fällen pro Jahr.«

Diese Leukämiefälle, das sind Jungen und Mädchen aus Basra, wo die Briten radioaktive Munition verwandt haben. Und es sind jene Kinder in Ramadi und in Falludscha in der Provinz Anbar, wo die Amerikaner das Gleiche getan haben. Es sind die Opfer von zwei Kriegen, noch heute. Karar zum Beispiel war im Jahr 2003 sechs Jahre alt. Hat er seinen Blutkrebs von der damaligen hohen Strahlenbelastung bekommen, oder war die Verseuchung des Jahres 1991 dafür verantwortlich? Das kann man im Nachhinein nicht feststellen. Die USA und Großbritannien leugnen zudem, dass es überhaupt einen Zusammenhang zwischen dem Gebrauch von *Depleted Uranium* (abgereichertem Uran) und den vermehrten Krebserkrankungen gibt. Wissenschaftlich gesehen mag das sogar stimmen, denn es wurden keine detaillierten Untersuchungen gemacht. Ich aber kann mich dem nicht verschließen, was ich mit eigenen Augen sehe in dieser Woche im Südirak, und dem, was Ärzte wie Dr. Jenan mir erläutern. Sie lässt keinen

Zweifel daran, dass es exakt die beiden Kriege waren, die zu dem Anstieg von Krebsfällen geführt haben. Der Anstieg korreliert exakt mit dem Beginn der Kampfhandlungen. Dramatisch ist auch die extreme Zunahme von Fehlbildungen.

Darüber berichtet uns der Neurochirurg Dr. Mahmoud Swady, den wir in einer anderen Klinik treffen. Er ist sehr erstaunt, dass ein Fernsehteam nach Basra kommt und sich der »Katastrophe« annimmt, wie er sich ausdrückt. Groß gewachsen, Schnurrbart, Dr. Swady formuliert sehr ruhig und überlegt; wir sind uns auf Anhieb sympathisch. Er kramt sein Handy hervor und zeigt mir und Kameramann Martin Krüger ein Foto, das er zu Dokumentationszwecken gemacht hat. Ein Kleinkind liegt in einer sauberen Wiege, den Schnuller auf seiner Brust, das Gesicht zur Kamera gewandt. Der kleine Junge schläft. An seinem Hinterkopf wächst ein Wasserkopf, der so unglaublich gewaltig ist, dass man dieses Bild nie mehr vergisst: Der Wasserkopf (*Hydrocephalus*) ist deutlich größer als der eigentliche Kopf. Dr. Swady lädt uns ein, am Abend in seine Privatpraxis zu kommen, wo er fast jeden Tag Patienten wie den kleinen Jungen behandelt. Es könne aber auch sein, dass keine Familie kommt, sagt er, das ändere sich jeden Tag.

Wir beenden vorher noch unsere Dreharbeiten in dem Hospital, wo wir auch Interviews mit mehreren Müttern führen. Die meisten wissen nicht, woher die Krankheit ihrer Kinder kommt. Sie beten zu Allah; fast alle beginnen zu weinen, als wir mit ihnen sprechen.

Leere Augen von Kindern, Gesichter, aus denen jede Lebensfreude, jede Kraft, jede Zuversicht gewichen ist. Besonders schlimm finde ich den Fall einer Mutter, die ihren Arm zu ihrem kleinen Jungen streckt, der sich aber auf die andere Seite dreht, als ob er sich schon verabschieden würde. Als die Mutter ihn dann bei einer Arztvisite aufhebt, sieht man zum ersten Mal seinen Kopf: kahl, die Augen verquollen, die Haut stark gerötet.

Von einem Ohr zum anderen zieht sich über den Scheitel des Jungen eine mit dickem schwarzem Faden genähte Operationsnaht. Eine krankhafte Verwachsung des Kopfes. Die Operation: ein verzweifelter Versuch, die Wucherung zu stoppen.

Am Abend besuchen wir Dr. Mahmoud Swady in seiner Praxis. Im Wartezimmer sitzen mehrere Familien mit ihren Kindern, eingewickelt in Decken. Je länger wir mit ihm reden, das ist absolut klar, desto länger werden diese Mütter und Väter mit ihren Söhnen und Töchtern auf den Arzt warten. Ich beeile mich. Er spricht ein recht gutes Englisch, das er sich selbst beigebracht hat. Seine äußere Ruhe wird, als er auf meine Fragen antwortet, abgelöst von einem eindringlichen Tonfall. Auch er ist sich sicher, welche Ursache zu den furchtbaren Krankheiten seiner jungen Patienten geführt hat.

»Solche Fälle«, sagt Dr. Swady mit tiefer Überzeugung, »sind eindeutig auf den Einsatz von Uranmunition zurückzuführen. Die Krankheiten dieser Kinder sind eine Folge der Kriege im Irak. Sehen Sie selbst!«

Er öffnet die Tür und ruft eine Mutter mit ihrem Sohn herein. Instinktiv möchte ich den Raum verlassen, tue es aber natürlich nicht. Der kleine Yousuf Hussein Ali wird auf der Liege aus seiner Decke gewickelt. Bei dem fünf Monate alten Säugling ist der Wasserkopf nicht ein zweiter Ball, wie bei dem Jungen, dessen Foto uns Dr. Swady in seinem Handy gezeigt hat. Bei Yousuf hat der ganze Kopf sich aufgebläht, etwa ab der Höhe seiner Augen. Ich kann nur noch in seine Augen starren. Schmerzverzerrt sind sie, tief wie ein See, sie sehen aus wie die Augen eines Greises, denke ich.

»Sein Gehirn«, sagt der Arzt, »ist durch das anormale Wachstum des Kopfes auf die Größe einer Zitrone geschrumpft.« Als er dann erläutert, was er jetzt macht, brauchen Kameramann

Martin Krüger und ich uns nicht einmal anzuschauen. Wortlos sind wir uns einig, dass unsere Kamera diese Prozedur auf keinen Fall drehen wird.

Ich kann fast nicht hinschauen, als der Arzt das tut, was er zuvor beschrieben hat: Er nimmt eine große Spritze mit einer langen Nadel. Die Mutter weiß, was jetzt kommt, und schließt die Augen, während sie ihre Hände um ihren Yousuf legt; diese Prozedur muss jede Woche wiederholt werden, manchmal sogar häufiger. Mit einem festen Ruck fährt die Spritze in den Kopf des Kleinen. Dr. Swady stöhnt, Yousuf schreit wie am Spieß, die Mutter hat noch immer die Augen geschlossen. Sie weint nicht. Vielleicht nicht mehr. Während er langsam das Ende herauszieht und in der Spritze ein Unterdruck entsteht, beginnt eine gelbe Flüssigkeit hineinzuschießen.

»Dies ist das Wasser, das sich immer wieder im Kopf von Yousuf bildet. Ich sauge es ab, sonst würde der Druck im Gehirn so sehr steigen, dass der Junge sicher sterben würde.« Die Flüssigkeit spritzt Dr. Swady in einen Metallbecher, den er vorbereitet hat, und setzt noch einmal an. Ich kann es nicht fassen. Der Arzt muss es bemerkt haben, er sagt, ohne mich anzusehen: »Ich mache das etwa zehnmal. Am Ende habe ich 50 Milliliter entnommen.«

Auch danach hat das Grauen kein Ende. Dr. Swady dreht den Körper des Kleinen um, damit wir seinen Rücken sehen können. Das ist gar nicht so einfach. Eine Hand muss den vergrößerten Kopf zur Seite legen, damit der Hals des Jungen nicht verdreht wird. Es ist eine Tortur, auch nur zuzuschauen. Mein Körper hat zu zittern begonnen.

»Sehen Sie hier, Thomas«, wendet sich der Neurochirurg an mich, »Yousufs Rücken ist offen.« Nachdem er mir die Wunde gezeigt hat, durch die man tief hineinschauen kann in den Körper, legt er ihn behutsam wieder auf die andere Seite. »Außerdem ist er von der Brust abwärts gelähmt«, sagt er und pikst mit einer Nadel auf Yousufs Oberschenkel. »Und hier, seine Füße sind stark verwachsen ... Und das sind nur die sichtbaren Symptome. Mehrere innere Organe sind geschädigt!«

Als die Behandlung beendet ist und Dr. Swady jetzt mit der Mutter spricht, schaltet Martin die Kamera wieder ein. Ich nehme mir das Mikrofon mit der weißen 1 auf blauem Grund.

»Dr. Swady«, beginne ich, »was denken Sie, wenn Sie ein Kind wie Yousuf behandeln?«

»Solche Kinder zu sehen, das ist«, er kommt ins Stocken, »das ist ... eigentlich unbeschreiblich. Die Behörden liefern zwar Medikamente an die Kliniken«, sein Ton wird plötzlich kurz und trocken, »aber bei Kindern wie unserem Yousuf hier verweigern sie jede Hilfe. Man müsste ihn dringend in eine Spezialklinik bringen, ins Ausland, wo man ihm besser helfen kann. Doch die Behörden sagen schlicht und einfach ›Nein, solche Fälle sind hoffnungslos‹.«

Dr. Swady ist fertig mit seiner Antwort und wendet sich wieder dem Kleinen zu, der jetzt in den Armen seiner Mutter liegt und weiter schreit. Schon hat er sich ein wenig gebückt, doch dann hält er inne und richtet sich wieder auf. Während er mich anschaut, spricht er sehr, sehr leise – mehr zu sich selbst: »Aber das ist doch eine Frage der Menschlichkeit!«

Pro Grab ein halber Quadratmeter oder weniger, mehr braucht man nicht für die kleinen Körper. Oft besteht es nur aus einem Haufen grobem Beton. Der Kinderfriedhof von Basra – auch Plastikblumen spenden kaum Trost.

Eine der wenigen Ausnahmen bildet das Grab der Familie Rahim, die gerade wieder hierhergekommen ist, wie fast jeden Tag: Vater Adel, groß, hager, seine strengen Gesichtszüge im Schatten unter seinem schwarz-weiß gemusterten Palästinensertuch, seine Frau weinend, schwarz verschleiert, und die beiden Söhne Abbas und Khalid, beide haben große Ohren und anständige Kleidung, beide wirken auf mich, als würden sie gerne herumtoben, es aber nicht können, weil sie so müde sind. Vater Adel zündet zwei Räucherstäbchen an, Lavendel, glaube ich, und stellt sie in den Holzschrein mit gleich drei Fotos seines jüngsten Sohnes Abdallah mit den riesigen Knopfaugen. Gestorben ist er am 3. Januar 2013, seine Speiseröhre war deformiert. Liebevoll, das alles: Ein Plastikkoran, aufgeschlagen, prangt vor dem untersten Foto Abdallahs, genau wie Plastikhände, die zu Allah beten. Dieses untere Foto ist mit Folie gegen Staub und Sonne geschützt.

Als ob sie es nicht fassen könnten und als ob sie es nicht akzeptieren wollten. Die Rahims trauern seit einem Monat um ihren Jüngsten, und das Ehepaar hat gleichzeitig Angst um Abbas und Khalid. Die Ärzte haben ihnen gesagt, auch diese beiden seien verstrahlt.

»Früher kannten wir Diabetes. Oder Bluthochdruck«, eifert sich der Vater, »aber doch nicht Krankheiten wie diese. Die verdammten Kriege sind schuld.« Und er zeigt in die Runde, auf die riesige Fläche um ihn herum, wo Tausende von Gräbern seine Anklage bestätigen: »Das sind doch Kinder! Die haben doch noch kein Immunsystem!«

Wenige Meter nebenan wird das nächste Grab ausgehoben, die Stahlhacke trifft auf grobe Steine, es knirscht ganz fürchterlich. Der Grund: Hier wird halb im Mutterboden und halb auf dem Weg gegraben, den man durch eine tiefe Kiesschicht stabilisiert hat. Warum gräbt man das Loch nicht – wie bei den Rahims – in normaler schwarzer Erde? Weil der Platz knapp wird auf dem Kinderfriedhof von Basra. Weil es fast nirgendwo mehr einen Flecken gibt, der groß genug wäre für einen neuen Leichnam, so winzig er auch ist.

Da stehen sie nebeneinander: Großvater Askar, Vater Amir und Sohn Karim, drei Generationen von Totengräbern. Karim führt die Arbeiten aus, seine Hacke schlägt Mal um Mal in die fest gepressten Kiesel und schaufelt das Erdreich auf den Gehweg, wo Vater Amir es auf einem Haufen sammelt, den man bequem mit einem Eimer abtransportieren kann. Karim macht seine Sache gut, wohlwollend ruhen die Blicke seines großgewachsenen, in eine braune Galabeia gewandeten, graubärtigen, Brille tragenden Großvaters auf seinen Schultern. Vater Amir trägt neben einem bunten, turbanartig geschwungenen Kopftuch und einer dicken, unordentlichen Jacke eine braungrüne Camouflagehose, die er offenbar einem britischen Soldaten abgekauft hat. Und schließlich der Jüngste in der Runde, kurzgeschorene Haare, moderne, wenngleich abgewetzte helle Stoffhosen und ein Pullover mit dem sportlichen Aufdruck *Roadster*. Karim wächst schnell hinein in die Dynastie der Friedhofsgärtner. Umgerechnet 30 bis 50 Euro verlangen die Privatunternehmer für eine letzte Ruhestätte – im Irak ist das sehr viel Geld. Die wenigsten Familien haben die Mittel für zusätzlichen Grabschmuck. Wenn man ein gutes Stück Erdreich findet, weitab vom Gehweg und ohne Kiesel, dann dauert es gerade mal fünf bis zehn Minuten, bis so ein Kindergrab ausgehoben ist, wir werden Zeugen vieler Grabungen.

Enkel Karim buddelt noch ein wenig weiter, Amir und Askar haben sich derweil ein wenig zurückgezogen, um die Pläne für diesen Tag zu besprechen. Vater Amir holt aus seiner Militärhose ein Notizbuch hervor, die Registratur des Kindstodes in Basra, Südirak: Die karierten Seiten füllen sich jeden Tag mit Namen, Daten, Telefonnummern und vor allem ungefähren Lagebeschreibungen, damit man das jeweilige Grab auch nach Jahren wiederfindet. In etwa so: »Saleh Abdel Ibrahim, 2 Wochen, gest. 15.10.2005. Zehn Schritte hinter Baumreihe in Richtung Wegkreuzung III.«

Außerdem umfasst jede Rubrik, die durch einen waagerechten Strich vom Vorgänger und vom Nachfolger getrennt ist, einige persönliche Bemerkungen. Das hat der Großvater schon gemacht, und das macht auch sein Sohn so ähnlich: etwa ob besonders viele Familienmitglieder bei der Schnellbeerdigung dabei waren oder kaum jemand, wie viel bezahlt wurde oder wie die Kinder aussahen. Als ich Amir danach frage, runzelt er die Stirn und schüttelt den Kopf. »Viele, viele Missbildungen«, raunt er, »es sind immer mehr geworden.« Bis er Details erzählt, vergeht eine ganze Zeit. Solche Erlebnisse machen offenbar selbst Totengräber sprachlos.

»Manchmal beerdigen wir Kinder mit vier Händen oder mit drei. Manchmal haben die Kinder zwei Köpfe.« Amir hält seine Hand vor sein Gesicht, als würde er beten. Doch dann gehen die beiden Handflächen seitlich schräg nach oben und auseinander, um zu versinnbildlichen, wie es natürlich wäre und wie unnatürlich die Verdoppelung ist. »Es gibt jede Art von Missbildung, die man sich vorstellen kann«, sagt er, »manchmal ist der Kopf völlig deformiert, und die Augen ...«, er hält beide Hände jetzt über seinen Kopf und berührt ihn an zwei Stellen, jeweils ein paar Zentimeter rechts und links vom Scheitelpunkt, »liegen nicht vorne, sondern oben!« Dann nickt er, wie um sich selbst zu bestätigen, dass das kein Hirngespinst ist, sondern tägliche Realität, zehn Jahre nach dem Beginn des Irakkriegs.

Habe ich jemals geweint auf einem Dreh? Ich frage mich das auf unserem schweigsamen Marsch in Richtung Trauerhalle, weil ich wieder dieses Gefühl habe, dieses unmäßige Mitleid mit den Schwächsten der Schwachen, die keine Chance haben gegen diese Zumutungen. Ja, habe ich. Es war in Albanien, an der Grenze zum Kosovo, in dem Serben gemordet und geraubt, vergewaltigt und gebrandschatzt haben. Wir berichteten aus Kukes, dem ersten kleinen Dorf auf albanischer Seite, wohin alle Kosovaren zwangsläufig kamen, die den nahegelegenen Grenzübergang passiert hatten. Ein riesiger Dorfplatz, auf dem die Familien sich sammelten – mit ihren Pkw, mit ihren Traktoren, zu Fuß. Ich ging mit dem Kameramann im Schlepptau auf einen Trecker zu, der genau in diesem Augenblick zum Stehen kam, der Motor erstarb. Auf dem Anhänger eine Großfamilie, zwei Dutzend Menschen. Alle – wirklich alle – weinten. Ein kleiner Säugling, wenige Tage alt, war exakt in der Sekunde an Unterkühlung und einer Lungenentzündung gestorben, als der Trecker die Grenzlinie passierte – in dem Moment, in dem die Familie also in Sicherheit war. Wie in Trance blieb ich an der Familie dran, die einen schäbigen Holzsarg erstand, das Kind beerdigte und dann weiter floh in die Ebene und die Lager in der Nähe der Hauptstadt Tirana. Die ganze Nacht konnte ich nicht schlafen, im Kopf schnitt ich bereits die Szenen, suchte die O-Töne heraus und formulierte den Text. Als der Cutter am nächsten Tag kam, war er sehr erstaunt, wie schnell die sieben Minuten fertig waren, denn ich konnte ihm genau sagen, wie alles auszusehen hatte. Und als er den Schnitt beendet hatte, war ich schon fertig mit dem Text, den ich auswendig konnte. Als ich beim Sprechen des Textes ins Mikrofon dann zu der Stelle kam, als der Großvater den Namen des Kindes mit Kugelschreiber auf ein einfaches Holzbrett schrieb, damit wenigstens sein Name irgendwo auf dieser Welt einmal gestanden hatte, da versagte mir die Stimme, da rollten die Tränen, da konnte ich meinen Job nicht mehr machen. Auch nach dem zwanzigsten Anlauf nicht, ich weinte zu heftig. Ein Sprecher las dann den Text schließlich in Stuttgart, der Beitrag konnte gesendet werden. Seit diesem Tag im Jahr 1999 habe ich dienstlich nicht mehr geweint. Doch als wir auf dieses Haus zugehen, wo die Kinder präpariert werden für ihre letzte Ruhe, muss ich so intensiv an meine Erlebnisse in Albanien denken wie noch nie.

Mittagszeit auf dem Kinderfriedhof von Basra: 100 mal 200 Meter; das macht Tausende von menschlichen Tragödien. Persönliche Schicksale, familiäre Dramen im Halbstundentakt. Sechs winzige Körper sind bereits begraben worden, und schon wieder kommen Familien, oder um genauer zu sein, fast ausschließlich die Männer. In dem Arm des Vaters, des Onkels, des Großvaters: Textilbündel mit einem Leichnam. Es wird nicht viel geredet. Am Eingang hat man sie hierhergeschickt: zur Totenwäsche. Die Kamera bleibt natürlich wieder draußen, aber ich will es mit eigenen Augen sehen. Die Leichname werden ausgewickelt und auf eine Betonpritsche gelegt, winzig sind die Körper, weißlich gelb. Wasser aus einem grünen Schlauch ergießt sich auf die Körper, Totengräber Amir wäscht sie mit den bloßen Händen, einmal hält er einen an den beiden Beinen in die Höhe. Robust – dieses Wort fällt mir ein. Nicht nachlässig, nicht sensibel geht Amir mit dem Säugling um, sondern sachgemäß und – robust. Die Körper werden abgetrocknet, eingewickelt und wieder den Verwandten übergeben.

Fassungslos stehen Martin und ich dabei. Man glaubt, das alles könnte gar nicht mehr furchtbarer werden. Dann kommt die Familie Razzak.

Es sind Vater und Sohn. Doch der ältere ist nicht der Vater des toten Mädchens, sondern deren Onkel. Sein Bruder, so sagt er, suche gerade einen Parkplatz. Allerdings ist draußen – das wissen wir – genug Platz, und er müsste längst hier sein. Ich glaube, der Vater hält es auf dem Friedhof nicht aus und wartet, bis sein Bruder und sein Neffe es hinter sich gebracht haben. Der winzige Mensch, den auch sie in ein Tuch eingeschlagen haben, heißt Atjaf. Sie ist in dieser Nacht gestorben. Auch Atjaf wird gewaschen, getrocknet, in Leinen gewickelt und den beiden Verwandten übergeben. Doch dann lehnen die Männer jenen Flecken Grund ab, den der Totengräber Karim ihnen zeigt, und das meiner Meinung nach vollkommen zu Recht. Hier, zwischen zwei Betongräbern, die aussehen wie ein Fladen, ist nicht einmal Platz für eine Zeitung, wenn man sie doppelt zusammenfalten würde. Also suchen die beiden zusammen mit Karim, dem jüngsten der Totengräber, nach einem alternativen Ort. Ohne Erfolg. Entweder sind die Stellen zu schäbig oder schon reserviert, wie Karim entschuldigend erläutert.

Für mich persönlich ist jetzt das Maximum erreicht. Zwei Männer, die schockiert sind, die die Schreie der Mutter noch im Ohr haben und die des Vaters, der im Wagen auf sie wartet, sie finden buchstäblich keinen würdigen Platz für Atjafs Grab, auch wenn es noch so winzig sein muss. Es hört nicht auf, sie laufen unter den Bäumen durch, kommen von dem Gebiet am Zaun wieder zurück, streben hinüber in die Senke. Nichts.

»Das gibt's doch nicht!«, meint Martin neben mir.

Irgendwann scheinen die drei sich auf einen Ort geeinigt zu haben, der die letzte Ruhestätte des Mädchens werden könnte. Wir kommen jetzt mit unserer Kamera hinzu und drehen, was passiert. Auch hier handelt es sich um einen Raum zwischen zwei Betongräbern, der nicht viel länger und breiter ist als ein großer Herrenschuh. Immerhin: gute Muttererde, das Loch ist mit dem Spaten in Windeseile ausgehoben, und Atjaf kann beerdigt werden. Noch einmal öffnet Karim die Leinentücher, um ihrem Onkel und ihrem Neffen den letzten Blick auf sie zu ermöglichen. Wunderschön kommt sie mir vor. Ihre Haut ist rosig, ihre Lippen sind voll, ihr Haar ist pechschwarz.

Dann legt Karim das Mädchen auf den rohen Boden, ihr Gesicht wird nach Mekka ausgerichtet, wie all die anderen neben ihr. Sie sei an Atemstillstand gestorben, sagt uns ihr Onkel, hervorgerufen durch Herz-Kreislauf-Versagen. Atjaf Razzak wurde drei Tage alt. Damit gehört sie schon zu den älteren.

Die meisten sterben gleich bei der Geburt.

Fasten mit den Muslimbrüdern
Kairo, Juli 2013

Ammar geht nicht auf Partys, interessiert sich nicht für Frauen, nicht für das Kairoer Fußballderby zwischen al-Ahly und dem Zamalek SC. Ammar beschäftigt sich am liebsten mit dem Koran. Der junge Mann liest ihn immer und immer wieder, Sure für Sure, und lernt die Worte und Sätze auswendig. Ammar Yasser Hassanein ist 22 Jahre alt und studiert Informatik an der Universität Zaqaziq im Nildelta. Er ist freundlich, ernst, aufgeschlossen und reserviert zugleich. Er ist ein Muslimbruder.

Ich treffe ihn inmitten seiner zahlreichen Glaubensbrüder und -schwestern, mich fasziniert, dass er so vieles in sich vereint. Und weil ich eine Tochter in etwa dem gleichen Alter habe, bilde ich mir ein, ihn besser verstehen zu können als etliche seiner Mitbrüder, bärtige alte Herren. Eine Welle des Entsetzens ist über die Versammlung der Islamisten geschwappt, angstgeweitet die Augen, einige schwimmen in Tränen. Alles haben die erzkonservativen Religiösen verloren an ihren ewigen Feind, den ägyptischen säkularen Staat. Wieder einmal.

Ich rufe mir die wesentlichen Ereignisse der letzten beiden Jahre am Nil in Erinnerung: Am 25. Januar 2011 beginnen die Proteste gegen Präsident Hosni Mubarak, der am 11. Februar, nach 30 Regierungsjahren, zurücktritt. Rund 850 Menschen kommen während der Unruhen zu Tode. Zu Beginn des Jahres 2012 erhält die *Freiheits- und Gerechtigkeitspartei*, der politische Arm der Muslimbrüder, bei den Parlamentswahlen 45 Prozent der Stimmen.

Der islamistische Block – unter Einschluss der Salafisten – erhält eine Zweidrittelmehrheit am Nil. Als Mitte Juni die Stichwahl bei den Präsidentschaftswahlen stattfindet, wird der ehemalige Muslimbruder Mohammed Mursi zum ersten zivilen Präsidenten der Neuzeit in Ägypten gewählt. Die Islamisten können ihr Glück kaum fassen.

Schon nach einem Jahr ist die Stimmung auf der Straße gekippt. Im Sommer 2013 wird Mursi von seinen immer zahlreicheren Gegnern für Verfassungsbrüche verantwortlich gemacht, für die Verarmung der Ägypter, für Stromausfälle und Benzinknappheit. Bis Teile des Volkes nach dem Militär rufen und die junge Demokratie beenden wollen. Am 3. Juli 2013 setzt Armeechef al-Sisi den amtierenden Präsidenten Mohammed Mursi ab, setzt die islamistisch geprägte Verfassung außer Kraft und übernimmt die Macht. Es beginnt die Zeit der Repression: Als am 8. Juli Muslimbrüder vor einem Gebäude der Sicherheitskräfte in der Hauptstadt weitgehend friedlich für die Freilassung ihres Idols beten, werden 53 Islamisten erschossen, 400 verletzt.

Heute, am 13. Juli 2013, nur fünf Tage später, liegen die Nerven der Muslimbrüder blank. Überall im Lande werden sie verfolgt und haben alles verloren. Für sie ist Mohammed Mursi der demokratisch gewählte, legitime Präsident Ägyptens und seine Absetzung ein *coup d'état*, ein Militärputsch. Doch ihre Gegner sind nicht nur in der Mehrzahl, sondern haben auch die Armee auf ihrer Seite. Und die Medien, die fast komplett wieder auf Linientreue umschalten. Feldmarschall Abd al-Fattah al-Sisi wird zum »Retter der Demokratie«, obwohl er sie abgeschafft hat.

Als wir nach Mitternacht im Viertel Nasr City ankommen, sehen wir wieder diese Pfeile aus Licht, der Nachthimmel erstrahlt grün. Tausende Laser richten sich wirr auf diesen Militärhubschrauber, der gerade Flugblätter abwirft über dem Protestcamp in Rabaa al-Adaweyya. Es sind die gleichen Laser, die vor zehn

Tagen am 3. Juli die Helikopter mit den Ägyptenflaggen und die gerade stattgefundene Absetzung Mohammed Mursis ganz in der Nähe, oberhalb des berühmten Tahrirplatzes, euphorisch begrüßt hatten. Hier im Protestcamp der Muslimbrüder sind die Lichter genau anders gemeint: als Verteidigung gegen die staatliche Einmischung aus der Luft. Es hat etwas Tragisches an sich, dass die Gegner des Militärs ihrer Abscheu mit der gleichen Farbe und Geste Ausdruck verleihen müssen wie zuvor die Befürworter ihre Begeisterung.

Auf den Flugblättern steht auf Arabisch der Appell, dass die Muslimbrüder ihren Widerstand aufgeben und an den Verhandlungstisch zurückkehren sollten. Doch das schließen sie aus, hier im Protestcamp; mit den verhassten Generälen will niemand reden. Nicht jedenfalls, bevor ihr Idol Mohammed Mursi wieder Präsident ist. Die erbosten Islamisten um den Rabba-Platz versuchen, mit den Flugblättern ein Feuer zu machen. Doch es gelingt ihnen nicht, das Militär hat Blätter mit einer nicht brennbaren Folie verwendet. Der Zorn der Männer schlägt um in blinde Wut, überall stehen sie und halten vergeblich die Ecken der Papiere in Streichholz- oder Feuerzeugflammen. So stehen sie da, die religiösen Männer, die gerade ihre Vormachtstellung eingebüßt haben – verzweifelt, wütend, fassungslos. Und nicht einmal dieses Zeichen ihres Widerstands will gelingen.

Ich bin mit meinem Team hierhergekommen, um eine ganze Nacht und den darauffolgenden Tag mit den Muslimbrüdern zu verbringen. Es ist Ramadan, und die Muslime begehen den Fastenmonat bekanntlich, indem sie von Sonnenaufgang bis Sonnenuntergang nichts essen und trinken. Es ist halb drei am Morgen, und an einem der Eingänge zu dem Protestcamp – von Männern mit Schlagstöcken und Schutzhelmen gesichert – spüren wir sofort eine aggressive Atmosphäre. Diese nicht brennbaren Flugblätter haben das Fass zum Überlaufen gebracht.

Viele sind außer sich, ein junger Mann mit schwarzem Bart und schwarzen Augen drängt sich vor unsere Kamera.

»Wir sind keine Idioten«, schreit er beinahe und hält dabei das angesengte, verhasste Flugblatt hoch, mit dem die Armee Dialogbereitschaft fordert, »das Blut unserer Märtyrer wurde nicht umsonst vergossen. Wir bleiben hier, bis wir gesiegt haben oder selbst zu Märtyrern geworden sind!«

Dann drängeln wir uns durch zum Zentrum des Lagers, dem Platz vor der Rabba-al-Adaweyya-Moschee. Enge Gassen ohne Licht, überall schlafen Menschen auf Decken oder auf dem Beton, hier und da wird in Gruppen diskutiert, vorsichtig bewegen wir uns vorwärts. Es sind nicht Tausende, sondern Zehntausende, die hier mit ihrer Anwesenheit dokumentieren, dass sie Mohammed Mursi noch immer als ihren Präsidenten sehen. Für diese Überzeugung sind sie bereit zu leiden, es ist nichts Neues für sie.

Wir steigen die Treppen zu dem Haus empor, das links neben der Moschee liegt. Es ist umgewandelt worden zu einem Feldlazarett. Verwundete mit Schussverletzungen, Prellungen, Knochenbrüchen. Opfer der jüngsten Auseinandersetzungen mit den Sicherheitskräften; doch Schuldige gibt es auch in den Reihen der Muslimbrüder; einige von ihnen tragen Waffen und nehmen billigend in Kauf, dass die Lage eskaliert. Dutzende Tote schon zu diesem Zeitpunkt – doch das wäre alles nichts gegen jenen Tag, wenn Polizei und Armee dieses Protestcamp räumen würden. Denn niemand, den wir in dieser Nacht und am nächsten Tag treffen, will weichen.

Hier also, in diesem improvisierten Hospital, treffe ich auf den jungen Ammar Yasser Hassanein. Seine Wunde am Unterschenkel wird von einem der Ärzte untersucht. Ein Schuss hat die Wade getroffen, zu seinem Glück aber keinen Knochen. Auch am Kopf, so sagt der junge Mann, sei er mit einem Holzknüppel geschlagen worden. Ammar schüttelt mit dem Kopf, er ist noch heute entsetzt darüber, mit welcher Brutalität die Sicherheitskräfte gegen ihn und seine Brüder im Geiste vorgegangen sind.

»Ich habe gegen den Militärputsch gekämpft, und ich habe unser gewähltes Staatsoberhaupt Mohammed Mursi verteidigt. Ich wäre bereit gewesen, dafür den Märtyrertod zu sterben, wie die anderen.«

Gerade einmal fünf Tage ist es her, dass Soldaten und Polizisten auf ihre Glaubensbrüder geschossen haben, vor der Präsidentengarde in Kairo. Dort – so glaubten die Islamisten – sei ihr Idol inhaftiert, ihr Vorbild, ihr Präsident und der ganz Ägyptens, Mohammed Mursi. Die staatlichen Sicherheitskräfte behaupten, einige aus der mehrere Hundert Mann starken Gruppe hätten das Gebäude angegriffen und Schusswaffen benutzt, man habe sich also nur verteidigt. Die Muslimbrüder dagegen behaupten, Polizei und Armee hätten aus heiterem Himmel auf sie geschossen. Und das, obwohl sie gerade das Morgengebet verrichtet hätten. Welche Version auch immer im Detail stimmt – gewiss ist, dass die Sicherheitskräfte exzessive Gewalt angewendet haben. Viele Islamisten sind durch Kopfschüsse gestorben, was darauf hindeutet, dass Scharfschützen eingesetzt wurden. Auffallend auch, wie viele der Muslimbrüder gleich mehrere Schusswunden abbekommen haben, ein Signal dafür, dass aus Maschinengewehren in die Menge geschossen wurde.

Im Hospital: Ein Arzt entfernt Schrotkugeln aus der Augenbraue eines vielleicht Zehnjährigen. Auch wenn hier und heute das medizinische Equipment nicht den höchsten Ansprüchen genügt, die Muslimbrüder haben sehr viele gute Ärzte in ihren Reihen. Sie sind im Volk dafür bekannt, dass man zu ihnen kommen kann, wenn man krank ist; die Armen brauchen in ihren Krankenhäusern nichts zu zahlen. Desgleichen verteilen die Muslimbrüder, die *Ichwan al-Muslimin*, landesweit Nahrung und helfen manchmal bei der Wohnungssuche. Das ist einer der

Gründe, weshalb die Organisation im einfachen Volk so beliebt ist und weshalb ihr früherer Funktionär Mohammed Mursi bei den ersten freien Wahlen in Ägypten den Sieg davontragen konnte. Kritiker werfen den Muslimbrüdern vor, sich nur deshalb sozial zu engagieren, um die Menschen auch politisch auf ihre Seite zu ziehen. Ob das stimmt oder nicht, dafür sind kaum belastbare Anhaltspunkte zu finden. Fakt ist: Ohne die zumeist kostenlose Versorgung weiter Bevölkerungsteile durch Mediziner der Brüder wäre es um das staatliche Gesundheitswesen am Nil deutlich schlechter bestellt. Mein Gesprächspartner Ammar drückt es so aus:

»Ich bin im Geiste der Bruderschaft aufgezogen worden«, sagt er mit leiser Stimme, nachdenklich, konzentriert, obwohl wir sofort umringt sind von Passanten. »Und später habe ich selbst begriffen, dass es tatsächlich das Ziel der Muslimbrüder ist, den Menschen zu dienen. Und dass sie das Modell eines modernen, progressiven Islam auf ihre Fahnen geschrieben haben.«

Wo wir auftauchen – egal ob die Kamera läuft oder nicht –, werden wir umringt. Ständig folgt uns eine Traube von frommen Menschen, und sie wird umso größer, je länger wir an einem Ort stehen bleiben. Und trotzdem ist uns nicht unwohl dabei. Denn neben all der extremen Neugierde entdecken wir in den Gesichtern der Zuhörer und Zuschauer so etwas wie Dankbarkeit. Dafür, dass das deutsche Fernsehen bei ihnen ist und sich für ihre Sicht der Dinge interessiert. Das wird immer seltener, denn die meisten ägyptischen Medien haben sich längst distanziert von den Verlierern der sogenannten Revolution 2.0. Es stimmt: Wir interessieren uns für sie, für ihre Argumente, für ihre Ängste, für ihre Pläne. Vielleicht übersehen sie deshalb, dass wir trotzdem noch längst nicht auf ihrer Seite sind, genauso wenig wie wir auf Seiten des Militärs sind.

Es ist kurz nach drei am Morgen. Ich rüste mich für meinen

nächsten Kamera-Auftritt, um mich herum bereiten sich die Menschen mit Gebeten und Waschungen auf den Beginn des heutigen Fastens vor. Um 3:28 Uhr – *wenn man einen schwarzen von einem weißen Faden unterscheiden kann*[23] – ist es so weit: Die Megafone werden angestellt, die Muezzins stimmen ihre Gesänge an. In diesem Moment beeindruckt mich der Gedanke, dass 1,5 Milliarden Muslime das Gleiche tun wie diese Betenden in Kairo. Ich erzähle in die Kamera, wo wir uns gerade befinden, und erkläre ein paar Hintergründe. Dann schwenkt die Kamera um auf die Betenden. Einer von ihnen, etwa in der Bildmitte: Ammar.

Der Student ist wegen seiner Schussverletzung von den vorgeschriebenen Verbeugungen befreit. Er sitzt auf einem Plastikstuhl, so weit nach vorne gestreckt wie möglich. Die Kniefälle deutet er an, man sieht, dass es ihm peinlich ist. Sein Vater, Yasser Hassanein, war bis vor kurzem Abgeordneter im ägyptischen Shura-Rat, dem Oberhaus. Er betet neben seinem Sohn. Als das erste der fünf Gebete beendet ist, fragen wir ihn nach seiner Meinung. Unsere Frage, wie es seinem Sohn gehe, wischt er brüsk beiseite:

»Es geht ihm besser, Allah sei Dank, aber hier geht es nicht um meinen Sohn Ammar. Was in dieser Sekunde passiert«, und er zeigt in einem weiten Bogen umher, »nicht nur hier auf dem Rabaa-Platz, sondern auf allen Plätzen Ägyptens, das ist die wahre Fortsetzung der Revolution des 25. Januar! Wir sind diejenigen, die die Hoffnungen und Sehnsüchte unseres Volkes repräsentieren.«

Nicht nur sein Sohn nickt dabei, sondern auch all die Männer, die sich um Yasser geschart haben. Und dann sagt der bärtige Ex-Politiker einen Satz, der für spontanen Applaus sorgt: »Die ägyptische Armee sollte die Feinde Ägyptens bekämpfen. Stattdessen zielt sie auf unsere Söhne. Es ist eine Katastrophe!«

Es wird heller, es wird heißer, träge sitzen die Menschen nebeneinander, beten leise vor sich hin, flehen Allah an, das Unrecht von ihnen fernzuhalten. Die Muslimbrüder sind wieder in der Opferrolle angekommen, die sie über acht Jahrzehnte innehatten, unterdrückt vom König, den Engländern, Nasser, Sadat, Mubarak ... Und es wird beileibe nicht vorbei sein mit den Qualen, denn ihre politischen und sozialen Organisationen sollen verboten werden, sie selbst als Terroristen gebrandmarkt und alle, die zu ihnen halten; faktisch oder auch nur angeblich.[24]

Eine Integrationsfigur, wie etwa Nelson Mandela es für Südafrika war, ist nicht in Sicht am Nil. Das ägyptische Volk verehrt keinen Vermittler, sondern – wie stets zuvor, außer bei dem Zivilisten Mursi – einen Law-and-Order-Mann aus dem Militär. Ausgleich ist nicht erwünscht, sondern rigoroses Durchgreifen, Verzeihen gilt als schwach, Bestrafen als stark, auch wenn der Delinquent bereits wimmernd am Boden liegt. Wie soll es gelingen, ein Land zur Ruhe und Stabilität zu führen, wenn man einen großen und wichtigen Teil des Volkes aussperrt und kriminalisiert?

Am Nachmittag schwirrt mir der Kopf vor lauter Diskussionen und aufgeregten Statements vor unserer Kamera. Ich sitze für meinen letzten »On-Teil« – so nennen wir das Erscheinen des Reporters im Bild – auf einer ziemlich großen Bastmatte, neben mir Ammar. Um uns herum, vom Rand der Matte in etlichen Kreisen bis zur Straße hin, sitzen die hungernden und durstenden Muslime. Ich habe aus Respekt einen Tag mitgemacht, das heißt, es sind jetzt 18 Stunden her, dass ich gegessen oder getrunken habe. Ich wollte wissen, wie es sich anfühlt. Gegen Mittag ist mir schlecht geworden vor Hunger, der Brechreiz war deutlich unangenehmer als das Fasten selbst. Verheerend aber wirkt der Wassermangel mitten im ägyptischen Sommer. Schwindel, Kraftlosigkeit, Müdigkeit ... Ich kann es also nachvollziehen, dass man das Fastenbrechen sehr vorsichtig beginnen muss:

mit einem Schluck Wasser und einer Dattel. All das erzähle ich in wenigen Worten in die Kamera, und damit denjenigen Zuschauern, die am kommenden Montag im ARD-*Morgenmagazin* den *Moma-Reporter* einschalten.

Außerdem berichte ich, dass ich zwar sehr viele wütende Demonstranten im Protestcamp getroffen und gesprochen, dass aber nicht ein Einziger von ihnen mit Gewalttaten gedroht habe. Die *Ichwan al-Muslimin* haben sich in den letzten Jahrzehnten zum Besseren gewandelt, lautet meine Bilanz. Leider wird die Friedfertigkeit der überwiegenden Mehrheit der Muslimbrüder nach dem Sommer 2013 keine Rolle spielen. Man wird sie zu Sündenböcken für alles erklären, was schiefgelaufen ist am Nil, sie werden allesamt als Terroristen abgestempelt werden, verfolgt und verhaftet.

Ammar Yasser Hassanein, mein junger Gesprächspartner an diesem unglaublich spannenden und aufschlussreichen Tag in Kairos Viertel Nasr City, lächelt, als ich ihn vor laufender Kamera frage, ob er denn jetzt zufrieden sei, in wenigen Augenblicken endlich wieder essen und trinken zu können.

»Allah, der Erhabene, hat mir die Kraft gegeben, bis jetzt durchzuhalten.« Der 22-jährige Ammar wirkt wie ein alter Prediger. »Wir sind jetzt kurz vor dem Iftar, dem Fastenbrechen, und ich bin glücklich!«

Typisch für ihn – und für alle um ihn herum – ist die Konzentration auf das alles bestimmende Thema. Man kann fragen, was man will, und immer folgt ein ähnlicher Nachsatz.

»Aber gleichzeitig hoffe ich, dass Gott Ägypten zum Erfolg verhilft und dass der gewählte Präsident zurückkehrt. Der Militärputsch hat die Demokratie beendet. Hoffentlich wird das Volk bald wieder entscheiden.«

Das Gebet beginnt, wieder verneigen sich die Tiefgläubigen in Richtung Mekka. Besonders viele sind es genau hier, wo unser

Team gerade die letzten Einstellungen gedreht hat. Ich wundere mich, denn die Straße ist lang, doch weiter entfernt sieht man deutlich weniger Betende. Als ich die Menge und den Platz eine Zeitlang beobachte, wird mir klar: Sie beten genau vor dem Gebäude, das für ihre Feinde steht, ein Symbol ist für ihre Unterdrücker. Die Muslimbrüder beten vor einer Zweigstelle des Verteidigungsministeriums.

Zuckerbrot und Peitsche

Riad und Dschizan, Saudi-Arabien, Dezember 2013

Ich persönlich habe Saudi-Arabien immer mit Wüste, Sand und Öl verbunden, nicht jedoch mit der größten Molkerei der Welt. Aber genau hier steht sie, die al-Safi-Dairy-Farm, rund zwei Autostunden außerhalb der Hauptstadt Riad. Wie bei Geschäften, Gebäuden und Wagen in Saudi-Arabien üblich, ist auch diese Molkerei gigantisch aufgebläht: mehr als 50 000 Kühe, die pro Tag über 800 000 Liter Milch geben[25], die dazugehörende Danone-Fabrik steht direkt auf dem 29 Quadratkilometer großen Joint-Venture-Gelände. Ein typischer Wüstenkuhstall ist 500 Meter lang, bietet 1500 Tieren Platz und Schatten und wird bei Temperaturen von mehr als 27 Grad mit Hunderten von Wassersprühanlagen befeuchtet, damit die Kühe keinen Herzinfarkt bekommen. Anfang Dezember, als wir dort sind, wird drei Stunden pro Tag gesprüht, von 12 bis 15 Uhr – im Sommer, wenn es in der Sonne 70 Grad und 50 Grad im Schatten sein können, laufen die Anlagen fast durchgehend. Viermal pro Tag werden die Milchkühe zum Melken getrieben, wie automatisch drängen sich die Tiere erst hinter- und dann nebeneinander in den Pferch. Die Euter der Rasse »Holstein«, aus Deutschland importiert und in der saudischen Wüste weiter gezüchtet, werden von Dutzenden meist pakistanischen, indischen oder nepalesischen Arbeitskräften desinfiziert und die Sauger angeschlossen. Gut zehn Liter pro Melkvorgang, im Durchschnitt produziert die saudische Kuh 42 Liter pro Tag. Rekordhalter in den jeweiligen Einheiten sind die Tiere, die mittelfristig auf über 60 Liter kommen und an Spitzentagen bis zu 75.

Das Futter wird zum Teil in Saudi-Arabien angebaut, wodurch im Schnitt 100 Liter Wasser gebraucht werden, um einen Liter Milch zu produzieren. Die Regierung verlangt deshalb, dass Teile des Grüngemischs importiert werden müssen, vor allem aus den USA. Klee zum Beispiel oder Cornflakes, die zu gelben Bergen aufgehäuft sind, um von Traktoren in gigantische Trichter gefüllt zu werden. Die mehrfarbigen Ingredienzien werden hier dann zu einem grünlichen Brei vermahlen. Im Sommer würde es reichen, den Tieren einen einzigen Tag nicht genügend Wasser und Futter zur Verfügung zu stellen, und alle 50 000 wären tot. Ich spreche mit dem Manager Tareq al-Shuweimi al-Jammaz. Selbst wenn die Zusammensetzung des gewohnten Essens nur wenig abgeändert würde, sagt er, reagierten die Kühe umgehend allergisch. Die gewohnte Hochleistungsmilchproduktion gerate dann ins Stocken (von 42 auf unter 20 Liter im Schnitt), und es dauere fast zwei Wochen, bis das alte Niveau erreicht sei. Die Sensibilität ihrer Tiere ist für die Milchproduzenten eine ständige Herausforderung.

Al-Safi versorgt die ganze arabische Halbinsel und exportiert darüber hinaus auch in den Irak und den Libanon. Nach dem Ausbruch des Bürgerkriegs haben die Milchmanager von Lkw auf Flugzeuge umgestellt, denn der Landweg durch Syrien ist aus logistischen Gründen ebenso unmöglich wie der Landweg durch Israel aus politischen. Eine leichte Steigerung der Kuhzahlen auf vielleicht 70 000 sei vorstellbar, meint der Manager, aber dann sei Schluss: Jedes zusätzliche Tier würde im Prinzip nur eine Futterimportsteigerung bedeuten. Mit dem erhöhten Aufwand aber werde die Gewinnmarge so gering, dass das Ganze zu einem Nullsummenspiel verkomme – selbst auf der sandigen Alm.

Als unser Kameramann Martin Krüger nach den Dreharbeiten

im Skiurlaub einem österreichischen Milchbauern von unseren Erlebnissen erzählte, wandte der sich kopfschüttelnd um und ließ ihn einfach stehen. 50 000? Er selbst hatte 500 Kühe und war einer der größten Bauern in der Region. Dieser Deutsche, glaubte er bestimmt, müsse in der Wüste seinen Verstand verloren haben.

Die Molkerei beweist, dass Saudi-Arabien einen extrem hohen technischen Standard erreichen kann, wenn es will. Selbst strengste Hygienevorgaben werden mühelos eingehalten. Die Saudis lieben Rekorde und Extreme und schrecken daher vor immensen technischen Herausforderungen nicht zurück. Westliche Forschungsergebnisse und Technologien benutzen sie völlig ideologiefrei. Die Knappheit von Ressourcen spornt sie einerseits an (Milchproduktion), lässt sie andererseits aber völlig kalt (Wasserknappheit). Schließlich zeigt sich, dass die USA ein guter Partner zu sein scheinen, dem die Saudis seine Maisprodukte selbst dann abkaufen, wenn die europäische Konkurrenz deutlich näher liegt und damit billiger wäre.

Khaled ist krank und hätte beinahe nicht kommen können. Ein Besuch im Krankenhaus in Dschidda und ein paar starke Tabletten haben den Flug in die Hauptstadt Riad schließlich doch noch möglich gemacht. Ich begrüße ihn in der Empfangshalle einer einzigartigen sozialen Einrichtung, die gigantisch ist, selbst für saudische Verhältnisse. Ein Raum, der gut und gerne 2000 Quadratmeter misst und mehreren Ministeriumsdelegationen Platz böte. Khaled krächzt und zeigt ein spitzbübisches Lächeln, es bricht immer wieder aus ihm hervor. Männer wie ihn gibt es vermutlich nicht viele. Ein paar seiner früheren Verbündeten leben irgendwo im Untergrund, gejagt von Eliteeinheiten, andere sind entweder noch im Gefängnis oder tot. Khaled ist eine seltene Ausnahme, weil er lebt, eine Frau und Kinder hat, einen Job und eine Zukunft.

Khaled al Jehani war Terrorist, ein Mitglied des engsten Kreises von al-Qaida in der Zeit vor und kurz nach den Terroranschlägen vom 11. September. Er kannte Osama bin Laden recht gut wie auch den Ägypter Aiman al-Zawahiri, die damalige Nummer zwei und heutige Nummer eins in der Hierarchie von al-Qaida. Khaled Scheich Mohammed, Mastermind der Attacken auf das World Trade Center in New York, hat er auch getroffen, in Pakistan und Afghanistan. Der 38-jährige Namensvetter, der heute nach Riad gekommen ist, sagt, dessen Plan sei ursprünglich gewesen, acht Flugzeuge zu kapern statt der vier, die es schließlich im September 2001 waren. Er wurde nach den Kämpfen um die afghanische Bergfestung Tora Bora gefangen genommen und am 1. Januar 2002 nach Guantánamo verfrachtet. Bis Ende 2005 saß der Gefangene Nr. 155 dort ein – kein wirklicher Entscheidungsträger, aber einer der hochrangigen Ausbilder mit Zugang zur Elite. Seine Spezialität: Sprengstoffe und Attentate. Als ehemaliger Mitarbeiter einer Elektrizitätsfirma in Saudi-Arabien hatte er größere Grundkenntnisse als manch ein Mitstreiter und bemühte sich seit seinem Untertauchen im Jahr 1997 (zuerst auf den Philippinen, dann in Pakistan und Afghanistan), von seinen Ausbildern den Rest zu erfahren, jede Kleinigkeit, jeden Zündmechanismus, jede Eigenschaft der verschiedenen Sprengstoffe.

Khaled begrüßt in dieser riesigen Empfangshalle seine früheren Lehrer, die sich in einer Ecke versammelt haben. Drei Wangenküsse für jeden, den Religionslehrer, den Psychologen, den Kunstlehrer, den Historiker und eine ganze Reihe von Projektleitern und Verantwortlichen. Alle lächeln, alle sind froh, ihren Khaled wieder einmal hier zu haben, alle können sich an ihn sehr gut erinnern. Sie haben ihn zurechtgebogen, reintegriert in die Gesellschaft, verwandelt, umgedreht, zurückgeholt ins Leben. Das *Mohammed-bin-Nayef-Zentrum für Beratung und Betreuung* ist die friedfertige und aufgeklärte Hälfte der saudischen Antwort auf den Terrorismus seiner Jugendlichen. Die andere Hälfte wird uns erst später gezeigt.

Phase 1 der Entradikalisierung: Konsultationen in den Staatsgefängnissen. Es werden diejenigen Terrorverdächtigen ausgewählt, die sich aus ihren Milieus lösen wollen. »Psychisch Kranke«, sagt uns der Kunstprofessor Ahmed al-Suwailih, »haben hier nichts zu suchen!« Phase 2: Die Intensivbetreuung in einem der Zentren. Diesem in der Hauptstadt oder jenem in Dschidda am Roten Meer, weitere sind in der Entstehung. Diese Phase 2 dauert zwölf Wochen. Ziel ist es, dass sich der Häftling (der hier nicht Häftling, sondern »Nutznießer« des Programms genannt wird) von seiner Vergangenheit verabschiedet, lernt, abgeklärt über die Religion zu sprechen, und begreift, dass es sein Hauptproblem war, den Koran nicht richtig verstanden zu haben. Der Gehirnwäsche der Extremisten, sagen die Trainer, die nebenbei zumeist Professoren an bekannten Universitäten sind, müssten sie etwas entgegensetzen. Eine entscheidende Funktion hat der tägliche Religionsunterricht: Die ehemaligen Terroristen sollen verinnerlichen, dass selbst der strenge saudische Wahhabismus nicht zum Heiligen Krieg gegen Ungläubige aufruft. Und dass das, was man ihnen in Internetforen und den Ausbildungslagern am Hindukusch beigebracht hat, eine bösartige Verzerrung darstellt, die gegen den Koran verstößt. So wird dieser gemeinsam gelesen und immer wieder dessen Friedfertigkeit unterstrichen – oder zumindest dessen Verzicht auf ein Anspornen zu Mordanschlägen. Überhaupt wird viel diskutiert in den drei Monaten, im Idealfall sollen die »Schüler« ohne ein Zutun der Lehrerschaft fühlen, wie viel Leid sie anderen gebracht und welchen Irrweg sie beschritten haben. Es wird daneben auch viel Sport getrieben, jedes der Wohnheime hat einen eigenen Swimmingpool. Und es wird gemalt.

Wir besuchen ein eigenes Museum für die Werke der »Nutznießer«. Die Terroristen bilden Kleingruppen und werden kunsttherapeutisch behandelt, üben sich im Umgang mit den Sinnen. Wir betrachten ein Stillleben mit Kochtopf über Lagerfeuer – es hängt in Augenhöhe an der schneeweißen Wand, von Halogenlampen perfekt ausgeleuchtet. Professor al-Suwailih drapiert die künstlerischen Gehversuche seiner Rekonvaleszenten überaus professionell, nicht zuletzt für seine Chefs aus dem Königshaus und Besucherdelegationen aus dem Ausland. Wenige der Gemälde zeugen von Talent, aber darum geht es natürlich nicht. Eher um die Formen und die Farben.

»Grob gesagt«, erläutert der Kunstprofessor, »schätzen wir helle und frohe Farben und finden dunkle pessimistisch und bedenklich.«

Und dann nimmt er mich zur Seite und beginnt einen Rundgang durch die einzigartige Ausstellung. Al-Suwailih lobt klare Linien und gerät bei Pastell geradezu ins Schwärmen; bei einem großflächigen Bild in Dunkelgrün dagegen kommt er ins Stocken und rümpft die Nase.

»Schauen Sie hier«, er weist auf die sich überlagernden Halbkreise, »da ist viel Kontrast, da ist viel Aggression.« Dann führt er mich an die Wand rechts vom Eingang. »Unglaublich! Schauen Sie doch selbst!«

Ich entdecke zunächst nichts auf den beiden Schwarz-Weiß-Bildern, offenbar Tuschezeichnungen auf einfachem DIN-A3-Papier. Kreise, Striche, Schraffierungen, abstrakte Formen – schulterzuckend wende ich mich um.

»Sie müssen sich das aus der Distanz anschauen«, sagt er.

Ich gehe langsam zurück, und dann sehe ich es: zwei Zahlen, verborgen im wirren Dekor. Eine 9 und eine 11. Das Datum der Terroranschläge. Bis zur Entlassung dieses Künstlers in die Freiheit sollte man nach Ansicht des Kunstprofessors besser noch eine ganze Weile warten.

Anschließend erklärt man uns anhand von Statistiken in einem kreisrunden Konferenzraum, das Programm sei insgesamt ein riesiger Erfolg. Nicht einmal zwei Prozent der 2630 bisherigen Teilnehmer seien ins Terrormilieu zurückgekehrt und hätten sich wieder al-Qaida angeschlossen. Die breite Masse hingegen habe dazugelernt. Mit einem Startguthaben von 2500 Dollar und einer nicht eben üppigen monatlichen finanziellen Zuwendung für die Dauer eines halben Jahres werden die vormaligen Extremisten geläutert entlassen – während die meisten ihrer Gesinnungsgenossen, von Mali bis Manila, getötet werden.

Ich glaube nicht, dass die Zahlen aus der Luft gegriffen sind, auch wenn ich sie nicht überprüfen kann. Was mich umtreibt, ist die Tatsache, dass der Lehrkörper, der uns Rede und Antwort steht, angesichts der Erfolge des Programms stolz sein könnte, es aber nicht zu sein scheint. Eine bedrückende Übervorsichtigkeit liegt im Raum, ein massives Misstrauen uns gegenüber. Später erfahre ich, dass vor wenigen Wochen eine einstündige Dokumentation in den USA ausgestrahlt wurde, bei der das Team verbrannte Erde hinterlassen hat. Entgegen ihrer Zusage waren in dem Fernsehbeitrag die Gesichter der »Nutznießer« nicht verfremdet worden, sondern klar zu erkennen. Nach diesem Vertrauensbruch hat das Reintegrationszentrum beschlossen, keinem Team mehr zu erlauben, aktuelle Teilnehmer des Programms zu filmen, weshalb man nur das Treffen mit dem schon geläuterten Khaled zulässt.

Rückblickend erzählt er mir: »In Guantánamo habe ich begonnen, über das nachzudenken, was ich getan habe. Als sie mich dann im saudischen Gefängnis gefragt haben, ob ich bereit sei, an einem Lebenstraining teilzunehmen, konnte ich es nicht fassen. Ich war darauf eingestellt, gefoltert und umgebracht zu werden. Und dann das!« Der 38-Jährige schüttelt den Kopf. »Sie haben nicht geprügelt, sie wollten reden!«

Ich stehe auf einem dicken braunen, aus vermutlich Hunderten von Teilen zu einem einzigen Rechteck zusammengenähten Teppich und schaue diesem lächelnden, auf Anhieb sympathisch wirkenden Mann ins Gesicht – und er mir. Ist das Lächeln echt? Ist er wirklich das Paradebeispiel für den Erfolg der Einrichtung? Hat er sich wirklich im Wesen gewandelt? Bereut er, was seine Mitstreiter getan haben, die er unterstützt hat?

Ich höre eine Spur von Begeisterung, als Khaled vom Abend des 11. September 2001 spricht, an dem alle in den afghanischen Lagern jubelten vor Freude. Der Abend, an dem sie geglaubt hätten, Allah sei ihnen gnädig gewesen und habe den Ungläubigen eine tiefe Wunde zugefügt. Khaled grinst ein wenig zu breit, finde ich, seine Stimme erhebt sich eine Spur zu hoch für einen, der dem Töten abgeschworen hat. Ich bin mir unsicher, ob al-Qaida wirklich Vergangenheit ist für ihn. Ob er nur so lange Familienvater spielt, bis seine Genossen ihn wieder aktivieren? Ob er wie ein Süchtiger unruhig wird, wenn er sich vorstellt, seine Feinde in die Luft zu sprengen?

Sein Lebensweg legt aber in der Tat nahe, dass er sich verändert hat: Nach dem dreimonatigen Programm sei er ein neuer Mensch geworden, sagt Khaled. Seine Aggressionen seien weg gewesen, sagt er. Sein Hass verflogen. Seine Hoffnung auf ein normales Leben mit einer eigenen Familie zurückgekehrt, das er nicht nur abgeschrieben, sondern das er gar nicht mehr gewollt hatte. Mit Hilfe des Innenministeriums habe er den Weg zurück in den früheren Beruf geschafft, die gleiche Staatsfirma hatte einen Posten für ihn, freilich in einer anderen Abteilung in einem anderen Gebäude mit anderen Kollegen. Auch bei der Suche nach einer Wohnung wurde Khaled finanziell unterstützt. Die Aussöhnung mit den Eltern sei dann der letzte Schritt gewesen, der wichtigste. Dreimal wurden die al-Jehanis bei der Suche nach einer Ehefrau für Khaled abgewiesen. Die vierte Familie akzeptierte den höflichen Mann und gab ihre Tochter zur Vermählung frei, im Jahr 2007 war das. Seither lebt er mit seiner Familie in Dschidda. Reem und Sara, zwei gesunde Töchter, kamen auf die Welt, und im Frühjahr 2013 dann die Geburt des Sohnes Saad. Khaled zeigt mir Fotos, alle lächeln, eine Vorzeigefamilie.

Dabei war Khaled einer, der damals unbedingt sterben wollte im Kampf für Allah. Und der Osama bin Laden nach einem Gespräch unter vier Augen im Mai 2001 viel zu lasch fand, weil der ihm ein Leben mit einer Familie versprochen hatte, die Khaled zu diesem Zeitpunkt gar nicht mehr wollte. Khaleds Fanatismus bestimmte alles, wie bei den meisten Gotteskriegern war die Sehnsucht nach dem Tod ungleich stärker als die Liebe zum Leben.

»Osama bin Laden war nicht so, wie ich es erwartet hatte«, sagt Khaled. »Er hatte weniger Ausstrahlung, als alle gesagt hatten, er war ein trauriger, kraftloser, alter Mann. Wenn im September nicht dieser Anschlag geschehen wäre und wir alle blitzschnell gejagt worden wären und uns in Tora Bora die Raketen um die Ohren geflogen wären, dann wäre ich weggegangen von ihm. Ich wollte nach Tschetschenien, wo ich wirklich für unsere Ziele kämpfen wollte, und hätte dort endlich sterben können.« Khaled und Osama – zwei Saudis in Afghanistan. Zwei von Tausenden. 15 der 19 Attentäter vom 11. September 2001 kamen aus Saudi-Arabien.[26]

Warum wurde die Golfmonarchie zu einer sicheren Rekrutierungsbasis für die Islamisten? Ein kurzer Blick zurück in die Geschichte. Mitte des 18. Jahrhunderts ließ sich der Islamgelehrte Mohammed Ibn Abd al-Wahhab nach längerer Abwesenheit wieder in seiner Heimatstadt al-Uyaina nieder, im Zentrum der arabischen Halbinsel. Er hatte unter anderem Mekka besucht, Medina oder auch Basra. Schon die hanbalitische, streng konservative Glaubensrichtung des Islam, der er selbst angehörte, war ihm zu schwammig geworden. Der begabte Imam, der bereits mit zehn Jahren den Koran auswendig rezitieren konnte, formulierte deshalb seine Sicht der Dinge in seinem *Buch des Ein-Gott-Glaubens*, das sich rasend schnell verbreitete. Es war die Konzentration auf den Wortlaut des Koran. Nicht nur, dass nach seinem Verständnis jede Sure eine klare Handlungsanweisung für die Muslime beinhaltete, von der Körperreinigung bis zum Verhältnis zu anderen Religionen, von der Erschaffung der Welt bis zur Kleidung, von der Ernährung bis zur Begegnung von Männern und Frauen. Al-Wahhab war darüber hinaus der Meinung, dass nur exakt diese Worte des Propheten heilig seien, alles andere war für ihn »Schirk«, blasphemisches Hinzufügen von unreinen Lehren, eine Verschmutzung der heiligen Schrift durch menschliches Teufelszeug. Ein konkretes Beispiel: Ein Vater, der neben dem Grab seines Sohnes mit diesem in Gedanken spricht, ist nach dieser Lesart Götzendiener. Jede Form von Volksglauben, auch das Schreiben von Wunschzetteln an Allah, wird strikt abgelehnt. Und jeder, der sich seiner rigiden Lehre nicht anschloss, wurde zum »Kafir«, zum Ungläubigen. Als er zum ersten Mal heiratete, trat der Schwiegervater seiner Form des Islam bei und tat zum Zeichen seines neuen Glaubens drei Dinge: Er ließ einen Baum fällen, der nach dem Volksglauben heilig war; er zerstörte ein Grab, das für viele Menschen die letzte Ruhestätte eines Heiligen war; und er steinigte eine Ehebrecherin.

Mohammed Wahhab ließ sich später im Herrschaftsgebiet des Emirs Mohammed Ibn Saud nieder und heiratete dessen Tochter. Beide Männer schlossen einen historischen Pakt: Ibn Saud wollte der Lehre des Imams folgen, dieser sagte seine religiöse Unterstützung für die Ausbreitung von Ibn Sauds weltlicher Macht zu. Die Kräfte wurden nicht nur gebündelt, sie potenzierten sich.

Wie eng diese Kooperation über anderthalb Jahrhunderte fortbestand, zeigt die Biographie von Abd al-Aziz Ibn Saud. Er wurde im Jahr 1880 geboren und war – das zeigt schon sein Name – Mitglied der Herrscherfamilie der Sauds; zudem war sein Vater der Imam der Wahhabiten. Abd al-Aziz konnte im Jahr 1902 mit der Hilfe bewaffneter Kamelreiter seine Heimatstadt Riad zurückerobern, die zwischenzeitlich an einen feindlichen Stamm gefallen war. Danach begann ein exakt dreißig Jahre währender Eroberungszug auf der arabischen Halbinsel. 1924 gelang es Abd al-Aziz Ibn Saud sogar, die Haschemiten, den Clan der direkten Vorfahren Mohammeds, aus Mekka und Medina zu vertreiben.

1932 rief er den Staat Saudi-Arabien aus, eine absolute Monarchie ohne Verfassung, ohne Parlament. Staatsreligion war nicht nur der Islam allgemein, sondern dessen radikale Variante, der Wahhabismus. Nur sechs Jahre später erfolgte ein weiterer, mindestens ebenso revolutionärer Umbruch wie die Staatsgründung: Am 4. März 1938, nach fast zweijährigen vergeblichen Versuchsbohrungen einer nordamerikanischen Firma, die die Bohrrechte erworben hatte, sprudelte aus der Quelle »Dammam 7« in der Nähe eines winzigen Fischerdorfs am Persischen Golf plötzlich Erdöl. Am ersten Tag 1585 Barrel, drei Tage später bereits 3690 Barrel. Die saudi-arabischen Staatseinnahmen stiegen von sieben Millionen US-Dollar im Jahr 1939 auf 200 Millionen im Jahr 1953, als Ibn Saud starb.

Er hinterließ eine sunnitische Nation, die konservativer – oder besser reaktionärer – hätte gar nicht sein können. Schon Schiiten gelten den Wahhabiten bis heute als verirrte, gotteslästernde Sekte. Aber ausgerechnet mit der Inkarnation der Ungläubigkeit, den USA, hatte der Staatsgründer einen Pakt abgeschlossen.[27] Die Amerikaner bekamen bevorzugten Zugang zu saudischem Öl, im Gegenzug bekamen die Saudis Schutz vor Feinden in Form von Waffen und Kriegstechnologie.

Aus zwei Gründen also ist das Potenzial für eine Radikalisierung innerhalb der saudischen Gesellschaft überproportional hoch: Zum einen ist die Schule des Wahhabismus so intolerant, dass westliche Beobachter sie selbst bereits für radikal halten. Von dieser Islamvariante zum Extremismus, der schiitische Regierungen bekämpft (wie in Syrien), ist es nur ein kleiner Schritt. Zum anderen ist das von vielen Saudis für dekadent gehaltene Königshaus ausgerechnet mit den Vereinigten Staaten eine innige Verbindung eingegangen, die auch auf den Straßen Kairos, Ammans, Bagdads und Sanaas als das personifizierte Böse gelten. Doch nirgendwo in der arabischen Welt ist der Hass auf die USA so groß wie im Land der heiligsten Stätten des Islam.

Saudi-Arabiens Kampf gegen den Terror, die andere Seite der Medaille: Wir besuchen das SWAT-Team des Innenministeriums zur Terrorabwehr, wir sitzen in einem Empfangsraum, saudischer Kaffee, Wasser und Datteln, ein furchtbar schlechter Film, der mit immensem Aufwand gedreht und dann von einem Laien geschnitten worden sein muss. Häuserkampf, Straßenkampf, Geiselbefreiung aus einem Flugzeug und so weiter.

Wenige Minuten später werden wir mit einem Sonderbus zu einer Tribüne gefahren, auf der sonst Delegationen Platz nehmen, Minister, Staatspräsidenten oder Könige. Vor uns: eine betonierte Fläche, etwa viermal so groß wie ein Fußballplatz. Ein General wird vom Kommandanten vorgestellt, der grüßt uns militärisch, wir winken zurück. Plötzlich: Eine Kolonne von drei Wagen fährt von hinten auf die Betonfläche und nähert sich mit hoher Geschwindigkeit der Tribüne. Ein vierter Wagen schießt heran, der die anderen ausbremst, bewaffnete Männer springen heraus und eröffnen das Feuer, das von Männern, die aus den beiden Begleitfahrzeugen herausspringen, erwidert wird. Die Terroristendarsteller werden »erschossen«, einer nach dem anderen. Der mittlere Wagen dreht mit einem 180-Grad-Schwung um und sucht das Weite, bis aus dem Nichts ein Transporthubschrauber herangeschossen kommt, die VIP-Darsteller aufnimmt und mit irrsinniger Geschwindigkeit abhebt. Er fliegt vor der Tribüne vorbei in den Himmel, und die Show ist vorbei.

Wir hetzen weiter von Vorführung zu Vorführung. Hundert Männer machen für uns Kampf- und Kraftsport, Seile werden aus einem Hochhaus geworfen, an ihnen klettern ein Dutzend Soldaten in Windeseile hinauf in die oberste Etage und lassen Handgranaten detonieren. An weiteren Seilen rennen andere die Wand senkrecht hinab. Schusstraining in einer der modernsten Anlagen der Welt, wie man uns stolz mitteilt. Zwei Schützen in der Mitte von zwei beweglichen Ringen, auf denen Pappfiguren stehen. Von den Soldaten sind sie zuerst nur als Strich zu erkennen, denn sie wenden sich ab. Ein ständiges Bewegen, die beiden Männer sind eingekreist. Wann immer eine gegnerische Pappfigur sich blitzschnell um 90 Grad dreht und den Schützen ihre Vorderseite zuwendet, knallt es ein paarmal und die Pappe hat auf Stirnhöhe oder in der Brust ein paar mehr Löcher. Dann führt man uns Waffen vor: deutsche Maschinengewehre von Heckler & Koch und Raketenwerfer. Die Leopard-Panzer und die Mannschaftswagen zeigt man uns nicht.

Häuserkampf mit Rauchbomben und etwa 20 Transportern, Vorführung von Sprengfallen, in Bücher eingebaut, in Telefone und als Selbstmordversion an einem Soldaten. Die Detonationen finden zwar gut und gerne 50 Meter entfernt statt, aber die Flammen kommen uns doch so nahe, dass man die Hitze des Feuerballs auf der Wange spürt. Man zeigt uns mit Nachtsichtgeräten bei absoluter Dunkelheit Hundestaffeln und Bombenentschärfungsroboter. Und nachdem wir geschätzte 400 Mitglieder der saudischen Eliteeinheit beobachten konnten, inszeniert man eine Geiselbefreiung aus einem Flugzeug für uns.

Es gibt nicht viele SWAT-Teams auf der Welt, die regelmäßig solche Aktionen üben können, und wenn man mit echter Munition üben will, wie die Saudis, dann braucht man ein Flugzeugmodell – wie jenes, in das wir jetzt geführt werden. Eine unterirdische Halle mit dem Nachbau einer Boeing, nur die Tragflächen und das Heck sind gestutzt. 32 Kameras übertragen das Geschehen in eine Kommandozentrale, in der die Performance der einzelnen Soldaten aufgezeichnet und bewertet wird.

Beim *Mohammed-bin-Nayef-Zentrum für Beratung und Betreuung* hatte ich gefragt, ob 350 Professoren, die ganzen Einrichtungen und das Geld für die Reintegration nicht Unsummen verschlingen würden. Die Antwort des Programmleiters: »Money is not an issue!« Geld ist kein Thema! Dass das gleiche für das Special-Weapons-and-Tactics-Team gilt, ist so offensichtlich, dass ich nicht einmal frage.

Zuckerbrot für die Wandlungsfähigen, Peitsche für die renitenten Feinde des Königreichs. Beide Strategien gehören zusammen und wurden initiiert nach den Anschlägen der Jahre 2003 bis 2005. Vor allem die Attacke gegen drei Wohnanlagen für Ausländer am 12. Mai 2003 war für die saudische Regierung ein Schock. 39 Menschen kamen dabei ums Leben, und zum ersten Mal seit langer Zeit (der letzte große Anschlag hatte im November 1979 stattgefunden[28]) musste man zugeben, dass der Terror zurückgekommen war nach Saudi-Arabien und dass die Attentäter nun die Königsfamilie selbst ins Visier genommen hatten. 9/11 war in den USA geschehen, mehrere Tausend Kilometer entfernt. Jetzt aber war der Terror zurückgekommen, den man mit allen finanziellen Mitteln zu besänftigen, durch die Finanzierung der Dschihadisten in Afghanistan an den Hindukusch abzuschieben und durch milliardenschwere zusätzliche Sicherungsmaßnahmen zu verhindern gesucht hatte.

Warum unternimmt Saudi-Arabien fast alles, um den Terrorismus zu bekämpfen? Warum hat das Königshaus eine solche Panik? Warum gibt es dort überhaupt so viele radikale Islamisten? Jörg Armbruster und ich hatten zu diesem Fragenkomplex schon einmal eine Dokumentation für die ARD produziert.[29] Mein Kollege übernahm die saudische Innensicht, ich schaute von außen auf das Königreich. In Riad hatten er und sein Team mit liberalen wie dogmatischen Gelehrten geredet, mit Wahlkommissionen, Schauspielern, Jugendlichen, Studenten und Professoren, ehemaligen Terroristen und – dies keine Selbstverständlichkeit – mit Frauen. Sie waren stundenlang im Nationalmuseum gewesen, wo sie die fast messianische Verehrung des Staatsgründers Ibn Saud dokumentierten. Ferner waren sie im Lande unterwegs und in den riesigen Erdölterminals, auch nach Dammam waren sie gefahren, das nach den ersten Ölfunden 1938 von einem verlassenen Fischerdorf zu einem Industriekomplex geworden war.

Die Kombination zwischen den eindrücklichen Impressionen aus dem Nationalmuseum und meinen aus mehreren Quellen zusammengesuchten Archivaufnahmen machte die komplizierte Geschichte der Entstehung Saudi-Arabiens anschaulich. Vor allem die Aufnahmen vom Kreuzer USS Quincy sind mir in Erinnerung geblieben: Staatsgründer Ibn Saud und Franklin D. Roosevelt, wenige Monate vor dessen Tod, auf dem Schiffsdeck, mit Decken gegen die Kälte geschützt, kurz vor dem Ende des Weltkriegs und kurz vor dem Anfang einer neuen Weltordnung, in der die Verbindung dieser beiden Männer respektive ihrer Nachfolger zu einem der mächtigsten Bündnisse des Globus wurde. Die USA erhielten exklusiven Zugang zum saudischen Öl, die Königsfamilie erhielt den militärischen Schutz durch Washington.

Ibn Saud war eine widersprüchliche Doppelehe eingegangen mit den strenggläubigen Wahhabiten zu Hause und der Weltmacht USA. Die Zerreißprobe war im Ehevertrag festgeschrieben. Nach dem Jom-Kippur-Krieg 1973 beschloss die Organisation der arabischen Erdöl exportierenden Staaten (OAPEC) ein Öl-Embargo gegen den Westen, der Israel unterstützte. Der Preis für das Barrel Öl vervierfachte sich und Saudi-Arabien frohlockte: Es ertrank fast in Petrodollars, und die Saudis konnten in Rüstungstechnik investieren. Bei McDonnell Douglas, bei Northrop, bei Lockheed. Panzer, Kampfjets, Abwehrsysteme. Hundert-Milliarden-Deals im gegenseitigen Interesse.

Dann das Entscheidungsjahr 1979: Der schiitische Ajatollah Chomeini übernahm die Macht im Iran, und in Saudi-Arabien gerieten die Monarchen in Panik. Wenn der Schah von Persien so einfach gestürzt werden konnte, dann waren auch sie in großer Gefahr. Damit nicht genug, 500 radikale Fundamentalisten besetzten wochenlang die heiligsten Stätten des Islam; der islamistische Terror hatte zum ersten Mal auf der arabischen Halbinsel sein Gesicht gezeigt.

Als die Rote Armee in Afghanistan einmarschierte, um die kommunistische Regierung gegen Angriffe von Mudschahedin-Gruppen zu unterstützen, wurden diese Gotteskrieger vom Westen gepäppelt, um Moskau zu schaden. Für die Saudis war Afghanistan – mittelfristig – ein sehr willkommenes Überdruckventil: Die radikalsten Islamisten verließen ihre ungeliebte Heimat und kämpften gegen die ungläubigen Russen, Riad schickte seine Ölmilliarden hinterher, um den »Heiligen Krieg« zu sponsern. Saudi-Arabien und die USA »kämpften« mit ihren Scheckbüchern auf der gleichen Seite. Ein sehr bezeichnender Filmschnipsel zeigt den US-Sicherheitsberater Zbigniew Brzeziński[30] in Afghanistan, als er Anfang der achtziger Jahre zu den Gotteskriegern spricht:

»Ihr werdet eure Häuser und eure Moscheen zurückbekommen. Euer Anliegen ist richtig, und Gott ist auf eurer Seite.«

Ausweis der Naivität einer Weltmacht, die nur eines im Ziel hatte: die Sowjetunion zu bekämpfen. Dass sie aber gleichzeitig ein islamistisches Netzwerk stark machte und so auch einen Saudi-Araber namens Osama bin Laden, wurde von den USA offenbar massiv unterschätzt. Die saudische Königsfamilie wusste zwar um die potenzielle Gefahr, unterschätzte sie jedoch ebenfalls. Was sollten einige bärtige Gotteskrieger im Hindukusch schon ausrichten gegen die geballte finanzielle und militärische Macht auf der arabischen Halbinsel? Doch gleich mehrere Dinge wurden übersehen: Afghanistan war zu einem Sammelbecken der radikalsten Dschihadisten geworden, die in ihren Lagern Gelegenheit gehabt hatten, sich ideologisch auszutauschen, an Kriegswaffen auszubilden, den Umgang mit Militärsprengstoff zu lernen und – sich Geld zu besorgen. Die Transmission des Hasses hatte da bereits begonnen, wie mir die al-Qaida-Expertin Maha Azzam im Chatham House, einem Londoner Thinktank, sagte:

»Der Heilige Krieg richtete sich zuerst gegen die Sowjets. Aber bereits in Afghanistan veränderte sich dieser Dschihad mühelos in einen Kampf gegen andere westliche Kräfte.«

1990 marschierte Saddam Hussein in Kuwait ein. Osama bin Laden bot an, die Invasionstruppen des Irak mit seinen Gotteskriegern zu bekämpfen und zu besiegen.[31] Saudi-Arabien hatte plötzlich die schlimmste Zerreißprobe seit Bestehen des Landes zu bestehen. Alle Widersprüche, alle Unehrlichkeiten, alle Lügen, alle Selbsttäuschungen traten jetzt zutage. Wohin sollte das Land sich wenden?

Zu den radikalen Islamisten? Das wäre Wasser auf die Mühlen der wahhabitischen Gelehrten gewesen, ein Signal des Königshauses an sie, ihnen die religiöse Deutungshoheit zu überlassen. – Zur Weltmacht USA? Es wäre ein weiterer Ausdruck der gegenseitigen Verbundenheit in wirtschaftlicher und militärischer Hinsicht gewesen, ein Bekenntnis zu Stabilität und Sicherheit, zur Freundschaft zwischen ungleichen Partnern, zur *entente terrible*.

Der König entschied sich gegen Osama bin Ladens Hilfsangebot und zog den alten Bündnispartner Washington vor. Hätte er George Bush sen. vor den Kopf gestoßen, hätte er nicht nur den schützenden Schirm der Aufklärer, Flugzeugträger und Bombergeschwader verlassen, sondern auch den Absatzmarkt für sein Öl aufs Spiel gesetzt und die eigenen Investitionen in den USA. Etliche Milliarden Petrodollar waren bereits an der Wall Street angelegt worden, an den wichtigsten Firmen der USA waren die Saudis beteiligt – mit einer falschen Entscheidung hätten sie alles verlieren können. Man war verwachsen wie – mit diesem Bild hat es der Terrorismusexperte Rolf Tophoven beschrieben – siamesische Zwillinge, eine operative Trennung hätte beide tödlich verletzt. Und damit nicht genug: Der Monarch erlaubte den Amerikanern, auf saudischem Boden Militärcamps zu errichten. Das bedeutete für das Land der heiligsten Stätten des Islam: Militärpriester, Kreuze, christliche Symbole in den Wüstencamps und sogar weibliche Soldaten.[32] Um zu verstehen, welchen Affront das für einen Wahhabiten darstellte, muss man sich vergegenwärtigen, wie die *Mutawa*, die Religions- oder Sittenpolizei, im saudischen Alltag wirkt. Die Beamten der *Behörde für die Förderung der Tugend und die Verhinderung des Lasters* schlagen beispielsweise Frauen, die ihren Fußknöchel oder ihre Haare zeigen. Als im März 2002 in einer Mädchenschule in Mekka ein Großfeuer ausbrach und die jungen Frauen vor den Flammen flüchten wollten, ließen die Sittenwächter sie nicht heraus, weil die Mädchen unverschleiert waren.[33] Religiöse Moralvorstellungen gehen in Saudi-Arabien sogar vor Menschenleben. Wahhabitische Imame haben einen unvorstellbaren Einfluss auf den Alltag am Golf.

Für Anhänger dieser Richtung des Islam – genauso wie für

die radikalen, gewaltbereiten Islamisten vom Terrornetzwerk al-Qaida – war die Stationierung von christlichen amerikanischen Soldaten und Soldatinnen im Land von Mekka und Medina nichts anderes als Gotteslästerung. Augenblicklich formierte sich fundamentalistischer Widerstand: Es sei die Achse Riad–Washington gewesen, die das Unheil gebracht hatte, die Kampfansage der Extremisten galt jetzt beiden.

Gegner des Königshauses müssen das Land verlassen, um sich zu schützen. Wir besuchen zu Beginn des Jahres 2005 – unter strengsten Sicherheitsvorkehrungen – ein geheimes Radio- und Fernsehstudio, irgendwo in London. Ich treffe Saad al-Fagih, den Gründer der »Bewegung für islamische Reform in Arabien«. Die saudischen Geheimdienste haben bereits versucht, ihn zu überwältigen und zu entführen, erzählt er uns zur Begrüßung. Wir wissen nicht, ob das stimmt; aber es wäre kein Wunder. Denn aus diesem Studio werden Schockwellen ausgesandt, direkt ins Herz des saudischen Systems. Gerade arbeitet er an einem Aufruf an die Bürger seines Heimatlandes, sich in eine Liste einzutragen, um der »unislamischen Königsfamilie« den Kampf anzusagen. Al-Fagih ist mit Sicherheit kein Demokrat, im Gegenteil, er kommt aus dem Umfeld der salafistischen Sunniten, früher hatte er gar Kontakt zu Osama bin Laden und wurde kurz vor unserem geheimen Besuch auf die britische und amerikanische Terrorliste gesetzt.

Was der »saudische Staatsfeind Nummer zwei« (nach der Nummer eins, Osama bin Laden, der zu diesem Zeitpunkt noch lebte) besonders kritisiert, ist der Lebenswandel der – zu diesem Zeitpunkt, so sagt man – gut 10 000 männlichen Mitglieder der Herrscherfamilie. Bei unserem Besuch in Saudi-Arabien 2013 spricht man sogar von rund 40 000. Saad al-Fagih in London, ein bekennender Hasser der Königsfamilie, nennt uns abstruse Beispiele für die Dekadenz und Verschwendungssucht der Mitglieder der Königsfamilie, die wir nicht ernst nehmen, etwa, dass Innenminister Prinz Naef in seinen Palästen jeden Tag 600 Schafe schlachten lässt für den Fall, dass er zu Besuch kommt und ein paar Kumpel dabeihat. Wir verlassen uns eher auf abgeklärtere Beobachter, wie Professor Gary Sick von der Columbia University:

»Man schätzt«, sagt der Leiter des *Middle East Institute* in New York, »dass die königliche Familie ein Viertel aller nationalen Bruttoeinkünfte vereinnahmt, nur um die Tausende von Prinzen und Prinzessinnen zu versorgen und zu füttern.«

Jörg Armbrusters Impressionen im Land selbst belegen, dass es auf der anderen Seite immer mehr arbeitslose Saudis gibt, bereits jeder dritte Jugendliche ist ohne Job und ohne Perspektive. Eigentlich logisch: Asiaten aus Pakistan, Nepal, Bangladesch und anderen armen Ländern erledigen fast alle simplen Arbeiten bei niedrigster Bezahlung, etwa als Putzfrauen, Chauffeure, Gärtner, Taxifahrer und Bauarbeiter. Obwohl man die Staatsjobs in Ministerien und Behörden schon so weit aufgeblasen hat, dass kaum jemand acht Stunden lang weiß, was er tun soll, gibt es eben bei weitem nicht genügend Stellen, um alle Saudis zu versorgen, die nicht direkt der Königsfamilie entstammen.

Zum Ende unserer aktuellen Reise im Jahr 2013 zeigen die Betreiber der Umerziehungszentren uns in Riad noch eine weitere Dependance kurz vor ihrer Fertigstellung: ungleich größer, noch teurer und exquisiter als das bisherige Hauptquartier. Ein Hörsaal, der zugleich als Kino dienen kann, eine blitzblanke Schwimmhalle mit 50-Meter-Becken, ein hochmoderner medizinischer Trakt mit einer Ausstattung, die jedes städtische Krankenhaus in Deutschland vor Neid erblassen ließe, oder ein Gym, das es mit jedem Fitnessstudio der westlichen Welt aufnehmen kann. Für einen gesundenden Geist in gesundem Körper gewissermaßen.

Was immer das saudische Königshaus für richtig und wichtig hält, das unterstützt es mit unvorstellbaren finanziellen Zuwendungen. Gigantomanie ist zum Standard in der Golfmonarchie geworden, ob bei Molkereien, bei der Größe von Empfangshallen oder bei der Terrorabwehr. Dass Saudi-Arabien und die USA heute für die Bekämpfung des islamistischen Terrors Jahr für Jahr Milliarden ausgeben müssen, ist eine zwangsläufige Entwicklung: Beide hatten die Dschihadisten in Afghanistan in den achtziger Jahren gesponsert, wenn auch aus unterschiedlichen Motiven. Für Washington war die Zielsetzung eine außenpolitische, militärische und geostrategische: der Sieg über die sowjetischen Konkurrenten. Riad dagegen unterstützte die Gotteskrieger aus Gründen der sozialen Hygiene: Jeder Extremist, der am Hindukusch kämpfte, bekämpfte eben nicht mehr die Königsfamilie. Beide Parteien bagatellisierten die Dynamik der islamistischen Bewegungen, die sie selbst mit Waffenlieferungen, militärischem Training und logistischer Hilfe erst geschaffen hatten. Nach der Ideologie der Gotteskrieger fragte niemand, solange sie in Afghanistan ihren Zweck erfüllten. Schon bald danach erwies sich das als ein sträfliches Versäumnis, denn deren Weltanschauung war schon damals potenziell global ausgerichtet. Es war nur ein winziger Schritt von der Bekämpfung sowjetischer Ungläubiger zur Bekämpfung aller, die ihnen als gottlos gelten: Demokraten, Feministinnen, Schwule, Diktatoren, Kolonialisten, Imperialisten, Wissenschaftler, Journalisten, Christen, Schiiten, ja selbst liberale Sunniten – alle gerieten in ihren Fokus. Man hätte es wissen können, wenn man ihre Schriften analysiert hätte.

Aus der großen Menge aller möglichen Feinde wählten die Extremisten zunächst genau jene zwei, von denen sie selbst gerade noch profitiert hatten. Mit den Terroranschlägen in den USA am

11. September 2001 und den Attacken in Saudi-Arabien ab 2003 trafen die Dschihadisten ihre beiden ideologischen Todfeinde. Nun tun diese alles in ihrer Macht Stehende, um sich vor weiteren Angriffen zu schützen. In Saudi-Arabien verschlingt dieser Abwehrkampf – ob mit Zuckerbrot oder Peitsche – etliche Milliarden.

Wie viele Jahrzehnte dieses System des »immer mehr« noch funktionieren wird, ist schwer zu berechnen; insbesondere in der jetzigen Phase, wo das Erdöl so billig ist wie seit Jahren nicht mehr. Und doch ist absehbar, dass es genau dann in sich zusammenbricht, wenn die Quellen versiegen. Wenn es so weit ist, wird eine der mächtigsten Koalitionen der jüngeren Geschichte aufgelöst werden. Wenn die USA keine Energie mehr aus Saudi-Arabien geliefert bekommen, dann werden sie aufhören, das Land vor seinen Feinden zu schützen. Für die Golfmonarchie könnte das ein schnelles Ende bedeuten, aber auch für die USA hätte ein Lieferstopp für billiges Öl unvorhersehbare Konsequenzen, jedenfalls solange sie nicht neue fossile Quellen auftun, ihren Konsum einschränken oder alternative regenerative Energien nutzen.

Die schon fast 70 Jahre währende Liaison zwischen Riad und Washington ist heute ein Auslaufmodell.

Anmerkungen

Die verschiedenen möglichen Schreibweisen der arabischen Namen und Ausdrücke orientieren sich möglichst nah an der deutschen Diktion. Obwohl die Hauptstadt des Irak im Arabischen بغداد mit dem Buchstaben *Ghain* geschrieben wird (und es also korrekterweise »Baghda:d« heißen müsste, oder zumindest »Baghdad«) wird die im Deutschen geläufige Schreibweise »Bagdad« verwendet. Das Gleiche gilt etwa für »Riad« statt (korrekterweise) »Riadh«. Auch eine von der Aussprache arabischer Wörter rührende, häufig verwendete Schreibweise bei sogenannten Sonnenbuchstaben wurde nicht übernommen. So heißt es im Folgenden etwa »Hotel al-Raschid« statt dem mustergültigen »Hotel ar-Raschid«. Weitere Beispiele für den Verzicht auf die Sonnenbuchstaben: »al-Nusra« statt »an-Nusra«, oder »al-Zarqawi« statt »az-Zarqawi«. Die am Englischen ausrichtete Schreibweise des Buchstaben ج (*Jiim*) als »J« wird nicht übernommen, sondern die an der Aussprache orientierte Diktion »Dsch«: Dschihad, Dschizan, Dschedda usw. Auf eine vollständige Teutonisierung des Arabischen wird jedoch verzichtet. So wird nicht die häufig verwendete Schreibweise »al-Kaida« übernommen, sondern – da es sich bei dem »k« in Wirklichkeit um den arabischen Buchstaben ق (*qaaf*) handelt – das korrektere »al-Qaida«.

1 Siehe die aktuelle und interessante Analyse von Annette Ranko: Die Muslimbruderschaft. Porträt einer mächtigen Verbindung, Hamburg 2014.

2 Hasan al-Banna: Jihad in Islam. www.2muslims.com/directory/Detailed/227153.shtml

3 Etwa bei der radikalislamischen HAMAS im Gazastreifen. Siehe Zaki Chehab: Inside Hamas. The Untold Story of Militants, Martyrs and Spies, New York 2007.

4 Die TV-Sendungen *Morgenmagazin*, *Mittagsmagazin* und *Nachtmagazin* der ARD.

5 Formulierung aus der *New York Times* zitiert nach: *Der Spiegel* 36/1970, siehe auch *Der Spiegel* 5/1970.

6 Con Coughlin: Saddam Hussein. Portrait eines Diktators, München 2002, S. 301.

7 Die USA hatten den Schah beliefert, nun übernahmen diese Rolle (auf einem sehr niedrigen Niveau) Libyen, Nordkorea, die Sowjetunion, Österreich und China. Daneben gab es noch 1985/86 Lieferungen eines amerikanisch-israelischen Konsortiums. – Die Liste der Waffenverkäufer an den Irak aber ist ein Who's who der Rüstungsproduzenten: Ägypten, Brasilien, BRD, DDR, Dänemark, große Lieferungen aus Frankreich; England, Italien, Jordanien, Jugoslawien, Kanada, Österreich, Polen, Rumänien, Schweiz, riesige Lieferungen aus der Sowjetunion; Tschechoslowakei, Südafrika, Ungarn, USA (erstaunlich geringe Exporte) und schließlich wieder mit großem Anteil: China. Vgl. die interaktive »Arms Transfer Database« des Stockholm International Peace Research Institute (SIPRI): armstrade.sipri.org/armstrade/page/values.php.

8 Zum Beispiel von der Firma Karl Kolb in Dreieich bei Frankfurt (Slogan: »Im Dienste der Menschheit durch Dienst an der Wissenschaft«). Siehe *Spiegel* 8/1991 und die Dokumente der CIA: cia.gov/library/reports/general-reports.

9 Völkerrechtlich legitimiert durch die Resolution 678 des UN-Sicherheitsrats vom 29. November 1990.

10 Siehe auch Michael Müller: »Die Golfregion nach dem Krieg. Ein ökologisches Desaster«. In: Georg Stein (Hg.): Nachgedanken zum Golfkrieg, Heidelberg 1991, S. 260 ff.

11 Hans Graf Sponeck, den ich in Deutschland traf, Leiter des *Oil-for-food*-Programms 1998 bis 2000, der aus Protest zurücktrat, nennt die Zahl von 500 000 Kindern, die zwischen 1990 und 1999 starben. Siehe ag-friedensforschung.de/regionen/irak/sponeck3.html.

12 Abgedruckt z.B. in Hans von Sponeck und Andreas Zumach: Irak. Chronik eines gewollten Krieges, Köln 2003, S. 146 ff.

13 Die vier jeweils 43 Meter langen Schwerter, deren Formen von dem westfälischen Spezialunternehmen H+H Metallform in Drensteinfurt gefertigt werden sollten und wegen der Größe des Projekts an eine britische Firma weitergegeben wurden, bestanden aus den Resten irakischer Waffen aus dem Ersten Golfkrieg. Die Unterarme und Fäuste, die diese Schwerter trugen, waren denen des irakischen Präsidenten nachgebildet. So originalgetreu, dass die Blaupausen nach Saddams Entdeckung durch US-Soldaten nach dem Krieg eine wichtige Rolle bei der Identifizierung spielten. Denn die Daumenabdrücke des Diktators lagen noch bei der britischen Firma Morris Singer in Hampshire. Siehe Achmed A. W. Khammas und Abha Seiz: Der Daumen der Macht. heise.de/tp/artikel/22/22 216/1.html.

14 Dem *Project for the New American Century* gehörten u. a. folgende Männer an: Richard Armitage (Vizeaußenminister), Richard Perle (Präsidentenberater) oder John Bolton (UN-Botschafter der USA).

15 Nach dem rund zweiwöchigen Einsatz konnten wir die unversehrten Fahrzeuge in Kuwait praktisch ohne Verlust wieder verkaufen, womit wir unter dem Strich einige Tausend Dollar eingespart hatten.

16 Con Coughlin: Saddam Hussein. Portrait eines Diktators, München 2002, S. 253.

17 Diese Einschätzung entspricht auch der Weltanschauung der al-Qaida. Nach Ayman al-Zawahiri haben »die islamfeindlichen westlichen Kräfte« sechs Hauptinstrumente für ihren Kampf gegen den Islam: die UNO, die korrupten Führer der muslimischen Völker, die multinationalen Konzerne, die Kommunikations- und Datenübertragungssysteme, die Presseagenturen sowie die humanitären Nichtregierungsorganisationen (Gilles Keppel: Die arabischen Kreuzzüge. Die arabische Welt und die Zukunft des Westens, München 2004, S. 124).

18 *Abu Musab al-Zarqawi – Porträt eines Phantoms*, ARD, 19. 1. 2006.

19 Der 6. Oktober ist ein nationaler Feiertag, in Kairo überquert man beispielsweise die 6th-of-October-Bridge, um zur Satellitenstadt 6th-of-October zu gelangen.

20 Zum Beispiel nach dem Schlaganfall Hafez al-Assads im Jahr 1983. Damals hatte Rifaat eine Miliz von 55 000 Mann hinter sich versammelt. Siehe auch die interessante Analyse der Situation *vor* dem Tode des Präsidenten von Reiner Biegel: Syrien – Machterhalt im Hause Assad trotz Veränderungen? Schriften der Konrad-Adenauer-Stiftung 2000. Online zugänglich unter www.kas.de.

21 Der libanesischen Premier Rafiq Hariri wurde am 14. Februar 2005 durch eine Autobombe in Beirut getötet. Eine Untersuchung der UN geht davon aus, dass möglicherweise Damaskus seine Finger dabei im Spiel hatte. Hariri hatte sein Amt gerade aus Protest gegen die syrische Einflussnahme aufgegeben.

22 Siehe auch die Analyse von Jörg Armbruster: Der arabische Frühling. Als die islamische Jugend begann, die Welt zu verändern, Frankfurt am Main 2011, S. 83 ff.

23 Siehe die leicht verständlichen »Konversationen« zum Thema Islam aus der Feder der 2003 verstorbenen Orientalistin Annemarie Schimmel: Im Namen Allahs, des Allbarmherzigen. Der Islam, Düsseldorf 1996. Zum Thema Ramadan/Fasten: S. 85 ff.

24 Die Flut von Hasstiraden, die ägyptische Medien 2013 über die Muslimbrüder rollen ließen, ist unvorstellbar. Die ehemalige Regierungspartei

wurde nicht nur diffamiert, sondern entmenschlicht. Selbst einige Journalistenkollegen in Kairo befanden, man solle sie nicht nur einsperren, sondern »umbringen«. Reporter von *al-Dschazira (Al Jazeera)* haben positiv berichtet über Mohammed Mursi und kritisch über den »Militärputsch« der Armee. Die Folge: Aus ihrem Zimmer im *Hotel Marriott*, an dem ich jeden Tag zweimal vorbeikomme, wurden der australische Korrespondent Peter Greste und seine Kollegen abgeführt. Das Urteil in einem der absurdesten Prozesse gegen die Journalisten: zweimal sieben, einmal zehn Jahre wegen Unterstützung einer terroristischen Vereinigung. Erst am 1. Februar 2015 – nach 400 Tagen Haft – wurde Greste wieder entlassen, im Gegensatz zu seinen arabischen Kollegen. Als unsere eigenen ARD-Kollegen im Januar 2014 nach einem Bombenanschlag als erstes Team vor Ort in Kairo waren, wurden sie vom aufgebrachten Mob als Mitarbeiter von *al-Dschazira* beschimpft, als Terroristen. Es hat nicht viel gefehlt, und die drei Kollegen wären regelrecht gelyncht worden. Kameramann Martin Krüger ist ehemaliger Rugbyspieler der deutschen Nationalmannschaft und weiß, wovon er spricht. Als die Meute ihn in einen Häusereingang drängen wollten, sagt er, sei ihm bewusst gewesen, dass er dort in der Enge keine Chance haben würde. Er kämpfte buchstäblich ums Überleben. Als zufällig ein Zivilpolizist vorbeikam, schoss er mit seiner Pistole mehrfach in die Luft – und die drei Kollegen konnten in letzter Sekunde, zum Teil schlimm verletzt und blutend, fliehen.

25 Nicht alle der 50 000 Kühe geben Milch. Weit mehr als 10 000 von ihnen sind noch zu jung dafür, einige Tausend auch schon zu alt, um noch den Durchschnittswert von 42 Litern pro Kuh und Tag zu erreichen. Ferner sind mehrere Tausend der Tiere nur für die Züchtung vorgesehen. Rund 20 000 Kühe erreichen Spitzenwerte von über 40 Litern/Tag.

26 Siehe auch Michael Scheuer: Through Our Enemies' Eyes. Osama bin Laden, Radical Islam and the Future of America, Washington 2003, S. 169 ff.

27 Siehe auch Madawi ak-Rasheed: A History of Saudi-Arabia, Cambridge 2002, S. 104 f.

28 Aus Protest gegen die »Verwestlichung« des Königshauses stürmten während der Hadsch radikale Islamisten die Große Moschee in Mekka. Die Ziele der wahhabitischen Extremisten: Sturz der »sündigen« Monarchie, Zurückweisung des Westens, Verbot des Unterrichts für Frauen, Abschaltung des Fernsehens und die Ausweisung von Ungläubigen.

29 *Lunte am Ölfass. Droht Saudi-Arabien eine Katastrophe?* ARD, 30. 3. 2005.

30 Zu der Überzeugung Zbigniew Brzezińskis, dass Afghanistan zum Vietnam der Russen werden müsse, siehe: Bob Woodward: Veil. The Secret Wars of the CIA 1981–1987, New York 1987, S. 78 f.

31 Steve Coll: Die Bin Ladens. Eine arabische Familie, München 2008, S. 417 ff.

32 Die Folge der Entscheidung des Königshauses gegen Osama bin Laden war dessen erneute Radikalisierung. Siehe auch Yossef Bodansky: Bin Laden, New York, 1999, S. 191. »Unser Land« – so Osama – »ist zu einer amerikanischen Kolonie geworden.«

33 Sarah Leah Whitson von *Human Rights Watch* in New York drückte es mir gegenüber so aus: Fünfzehn Mädchen »verbrannten in dieser Schule wenigstens zum Teil deshalb, weil die Religionspolizei der *Mutawa* es ihnen nicht erlaubte, vor dem Feuer aus der Schule zu fliehen. Begründung: Die Mädchen waren nicht von Kopf bis Fuß verschleiert.« – Der Spuk hat übrigens ein Ende: Im Jahr 2010 dekretierte das Erziehungsministerium, dass Feuerwehrmänner künftig auch dann Mädchen aus dem Flammeninferno retten dürfen, wenn sie nicht den islamischen Kleidungsvorschriften entsprechend gekleidet sind.

Dank

An Kerstin. Danke dafür, dass du immer Geduld hattest mit jenem Rumtreiber, der an deiner Seite stehen sollte und beileibe nicht immer stand. Dafür, dass ich dich bereits mit den Umzugskisten in Rio de Janeiro alleinlassen und mich in die Antarktis absetzen durfte. Danke für dein Verständnis, ohne das weder mein Beruf noch dieses Buch möglich gewesen wären.

An Hannah. Danke dafür, dass du deinen Dad in all den Jahren mit Indios, Auftragskillern, sunnitischen Stammeskämpfern, Muslimbrüdern, Analysten und Politikern geteilt und mich nach monatelanger Abwesenheit trotzdem wieder in die Arme genommen hast. Danke, Hannsky, dir möchte ich dieses Buch widmen.

An meine Schwester Ilse Viefhues-Aders. Dir gebührt besonderer Dank für die sorgfältige grammatikalische und inhaltliche Korrektur des Manuskripts und viele hilfreiche Vorschläge.

An meinen südamerikanischen Kameramann und Cutter Thorsten Thielow, mit dem zusammen ich ein eigenes Buch über unsere Abenteuer auf vier Kontinenten geschrieben habe. Nachdem es in keine Verlagsschublade passte, habe ich einige Erlebnisse in dieses Buch übernommen. ¡Vámonos! amigo otra vez, alguna vez.

An meinen Kairoer Kollegen, das Sprachgenie Dr. Alfred Huber. Für die Durchsicht des Manuskripts und die Korrektur der arabischen Ausdrücke und seine nicht enden wollende Geduld bei meinen Versuchen, ins hochkomplizierte, aber wunderschöne Arabisch einzutauchen.

An das Team vom Hoffmann und Campe Verlag und meinen Lektor Philipp Werner. Danke für Ihre kompetente Arbeit und Ihre Improvisationslust, wenn die Deadline für die Abgabe wegen noch einer spannenden Reise in den Irak wieder einmal nach hinten geschoben werden musste.

Viele haben es mir im Laufe der Jahre ermöglicht, meine Arbeit so zu machen, wie ich sie machen will. Stellvertretend für viele, viele andere geht mein Dank an:

Reinhard Moderecker, Produktion SWR Stuttgart. Du warst immer da für uns Ausländer, bei jeder einzelnen Überspielung für den *Weltspiegel*, zu jeder Tages- und Nachtzeit. Du hast alles gegeben, und manchmal mehr, als du konntest.

Vera Klose, Team der *Tagesschau*. Wenn ich von irgendwoher auf der Welt angerufen habe, saßest du am anderen Ende der Leitung. Danke, dass ich seit Jahren zu deiner Familie gehöre. Wenn du Mitte 2015 in den verdienten Ruhestand gehst, wirst du uns Korrespondenten fehlen.

Corinna Männle und Knut Schaflinger, Team der *Tagesthemen*. Euren Umgang mit uns Autoren, vor allem aber den mit den Themen muss man eigentlich mit dem Wort »liebevoll« bezeichnen. Inhaltliche Kompetenz, verbale Ausdrucksstärke und langer Atem, das ist es, weshalb ein wichtiges Projekt bei euch stets in guten Händen liegt.

Anne Will, Team der *Tagesthemen*-Moderatoren. Andere hatten ihre Moderation bereits fertig, wenn sie anriefen, du hast vor allem zugehört, denn du warst stets umfassend interessiert an den Themen und an unserer Lage im Irak. Du hast dich zuerst bei uns informiert, bevor du die Zuhörer informiert hast.

Karola Baier, Team des *Weltspiegels*, BR. Statthalterin des guten redaktionellen Geschmacks, mal feinfühlig, mal knüppelhart, immer überdurchschnittlich. Danke, dass die Feinarbeit an den Texten mit dir jedes Mal ein Erlebnis war.

Stellvertretend für all die mutigen Menschen, die mir im Nahen Osten begegnet sind, richte ich in Gedanken meinen Dank an Mushtaq. Du wurdest von einem Sprengsatz zerfetzt, als du deine Mitmenschen in Bagdad schützen wolltest. Danke für deinen Humor, deine Offenheit und deinen Kampf für eine bessere Welt. Möge Allah mit dir sein.